福建教育学院资助出版

"福建省'十三五'中小学名师名校长培养工程丛书"编委会
（福建教育学院培养基地）

丛书主编：郭春芳
副 主 编：赵崇铁　朱　敏
编 委 会：（按姓氏笔画排序）
　　　　　于文安　杨文新　范光基　林　藩　曾广林

名校长卷

主　　编：于文安
副 主 编：简占东
编　　委：陈　曦　林文瑞　林　宇

名 师 卷

主　　编：林　藩
副 主 编：范光基
编　　委：陈秀鸿　唐　熙　丛　敏　柳碧莲

 福建省"十三五"名师丛书

体悟物理：
高中物理专题研究性学习

罗 翀 ◎著

图书在版编目(CIP)数据

体悟物理:高中物理专题研究性学习/罗翀著.—厦门:厦门大学出版社,2021.6
(福建省"十三五"名师丛书/郭春芳主编)
ISBN 978-7-5615-8192-6

Ⅰ.①体… Ⅱ.①罗… Ⅲ.①中学物理课—教学研究—高中 Ⅳ.①G633.72

中国版本图书馆 CIP 数据核字(2021)第 081656 号

出 版 人	郑文礼
责任编辑	李峰伟
出版发行	*厦门大学出版社*
社 址	厦门市软件园二期望海路 39 号
邮政编码	361008
总 机	0592-2181111 0592-2181406(传真)
营销中心	0592-2184458 0592-2181365
网 址	http://www.xmupress.com
邮 箱	xmup@xmupress.com
印 刷	厦门集大印刷有限公司
开本	720 mm×1 000 mm 1/16
印张	19
插页	2
字数	332 千字
版次	2021 年 6 月第 1 版
印次	2021 年 6 月第 1 次印刷
定价	68.00 元

本书如有印装质量问题请直接寄承印厂调换

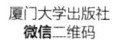
厦门大学出版社
微信二维码

厦门大学出版社
微博二维码

◎ 总　序

"百年大计,教育为本;教育大计,教师为本。"教师队伍建设是教育质量提升的关键。2018年,中共中央、国务院印发《关于全面深化新时代教师队伍建设改革的意见》,吹响了新时代教师队伍建设改革的集结号,提出教师队伍建设改革的目标是"到2035年,教师综合素质、专业化水平和创新能力大幅提升,培养造就数以百万计的骨干教师、数以十万计的卓越教师、数以万计的教育家型教师"。福建省委、省政府牢记习近平总书记"福建没有理由不把教育办好"的殷切嘱托,以高度责任感、使命感,坚持教育优先发展,始终将建设一支师德高尚、业务精湛、结构合理、充满活力的高素质专业化教师队伍作为基础工作,出台了一系列政策措施,激发广大教师投身教育综合改革的积极性、主动性、创造性。福建省教育厅为打造基础教育高层次领军人才队伍,实施"强师工程"核心项目——中小学名师名校长培养工程,旨在培养一批在省内外享有盛誉的名师名校长,促进我省教育高质量发展。

"十三五"期间,福建教育事业紧紧围绕"新时代新福建"发展战略,坚定不移走以提升质量为核心的内涵发展之路,着力推动规模、质量和效益的协调发展,努力让教育改革发展成果更多地惠及民生,让人民群众有更多的获得感。2017年,省教育厅会同财政厅启动实施了"十三五"中小学名师名校长培养工程,在全省遴选培养100名名校(园)长、培训1000名名校(园)长后备人选、100名教学名师和1000名学科教学带头人。通过全方位、多元化的综合培养,造就一批师德境界高远、政治立场坚定、理论素养深厚、教学能力突出(治校能力突出)、教学风格鲜明(办学业绩卓越)、教育视野宽阔、富有开拓创新精神、在省内外有较大影响力的名师名校长,为培育闽派教育家型校长和闽派名师奠定基础,带动和引领全省中小学教师队伍建设,为推进我省基础教育优质均衡发展、办好人民满意教育,为"再上新台阶、建设新福建"提供有力的人才保障。

为扎实推进福建省"十三五"中小学名师名校长培养工程,保障实现预期培养目标,福建教育学院作为本次名师名校长培养工程的主要承担单位,自接到任务起,就精心研制培养方案,系统建构培训课程,择优组建导师团队,不断创新培养方式,努力做好服务管理,积极探索符合名师名校长成长规律的培养路径,确保名师名校长培养培训任务高质量完成,助力全省名师名校长健康成长,努力将培养工程打造成全省乃至全国基础教育高端人才培养示范性项目。

在培养过程中,我们从国家战略需求、学校发展需求和教师岗位需求出发,积极探索实践以"五个突出"为培养导向,以"四双""五化"为培养模式的基础教育高端人才培养路径。其中"五个突出":一是突出培养总目标。准确把握目标定位,所有培养工作紧紧围绕打造教育家型名师名校长而努力。二是突出培养主题任务。2017年重点搞好"基础性研修",2018年重点突出"实践性研修",2019年重点突出"个性化研修",2020年重点抓好"辐射性研修"。三是突出凝练教学主张(办学思想)。引导培养对象对自身教学实践经验(办学治校实践)进行总结、提炼、升华,用先进科学理论加以审视、反思、解析,逐步凝练形成富含思想和实践价值、具有鲜明个性的教学主张(办学思想)。四是突出培养人选的影响力与显示度。组织参加高端学术活动,参与送培送教、定点帮扶服务活动,扩大名师名校长影响。五是突出研究成果生成。坚持研训一体,力促培养人选出好成果,出高水平的成果。

"四双":一是双基地培养。以福建教育学院为主基地,联合省外高校、知名教师研修机构开展联合培养、高端研修、观摩学习。二是双导师指导。按照理论联系实际原则,为每位培养人选配备学术和实践双导师。三是双渠道交流。参加省内外及境外高端学术交流活动,积极承办高水平的教学研讨活动,了解教育前沿情况,追踪改革发展趋势。四是双岗位示范。培养人选立足本校教学岗位,同时到培训实践基地见学实践、参加送培(教)活动。

"五化":一是体系化培养。形成"需求分析—目标确定—方案设计—组织实施—效果评估"的培养链路,提高培养专业化、精细化、科学化水平。二是高端化培养。重视搭建高端研修平台,采取组织培养人选到全国名校跟岗学习、参加国内高层次学术会议和高峰论坛、承担省级师训干训教学任务等形式,引领推动名师名校长快速成长。三是主题化培养。每次集中研修,都做到主题鲜明、内容聚焦,坚持问题导向和结果导向,努力提升培养的针对性和实效性。四是课题化培养。组织培养对象人人开展高级别课题研究,以提升理性思维、学术素养和科研水平,实现从知识传授型向研究型、从经验型向专家型的转变。五是个性化培养。坚持把凝练教学主张(办学思想)作为个性化培养的核心抓手,引导培养人选提炼形成系统的、深刻的、清晰的教育教学"个人理论"。

通过三年来的艰苦努力,名师名校长培养工作取得了显著成效,积累了丰硕成果,达到了预期目标。名校长培养人选队伍立志有为、立德高远的教育胸襟进一步树立,办学理念、政策水平和管理能力进一步提升,立功存范、立论树典的实践引领能力进一步提高,努力实现名在信念坚定、名在思想引领、名在实践创新、名在社会担当。名师培养人选坚持德育为先、育人第一的教育思想进一步树立,教书育人责任感、使命感和团队精神进一步强化,教育理论素养进一步提升,先进教育理念进一步彰显,教育教学实践和创新能力进一步增强,独特教学风格和教学主张逐步形成,教育科研和教学实践均取得了丰硕成果。一是专项研究深。围绕教学主张或教学模式出版了38部专著。二是成果级别高。84位名校长人选主持课题130项,其中国家级6项;发表CN论文239篇,其中核心16篇;53位名师培养人选主持省厅级及以上课题108项,其中国家级7项;发表CN论文261篇,其中核心81篇。三是奖项层次高。3位获2018年教育部基础教育国家级教学成果奖二等奖;15人获得2017年、2018年福建省基础教育教学成果奖,其中特等奖3位、一等奖7位、二等奖5位;1位评上国家级"万人计划"教学名师;34位培养人选评上正高级职称教师;13位获"特级教师"称号;2位获"福建省优秀教师"称号。四是辐射引领广。开设市级及以上公开课、示范课203节;开设市级及以上专题讲座696场;参加长汀帮扶等"送培下乡"活动239场次;指导培养青年骨干教师442人。

教育是心灵的沟通,灵魂的交融,思想的碰撞,人格的对话,名师名校长应该成为教育的思想者。在我省名师名校长培养对象即将完成培养期时,福建教育学院培养基地组织他们把自己的教学(办学)思想以著作的形式呈现给大家,并资助出版了"福建省'十三五'名校长丛书""福建省'十三五'名师丛书",目的就是要引领我省中小学教师进一步探究教育教学本质,引领我省中小学校长进一步探究办学治校的规律,使名师名校长培养对象成为新时代引领我省教师奋进的航标,成为办人民满意教育的先行者。结束,是下一阶段旅程的开始,希望我省名师名校长培养对象不忘立德树人初心,牢记为党育人、为国育才使命,积极投身新时代新福建建设,为福建教育高质量发展再建新功。是为序。

福建教育学院党委书记、教授、博士

郭春芳

2020 年 8 月

校本教研的"体悟"

随着21世纪初《基础教育课程改革纲要(试行)》的颁布,基础教育课堂改革开启了新纪元,改革春风扑面而来,基础教育课堂正在静悄悄地发生变化,从"知识传授"向"知识建构",乃至"动态生成"的课堂转型已不可逆转。20世纪80年代的传统课堂,教师面对排排坐的学生,一张讲台、一块黑板、一支粉笔,单向传递知识的场景,正在走进教育的历史博物馆。各地中小学校的课堂改革呈现出百花齐放的局面,转型中的课堂改革极大地激发了一线教师无穷的智慧和无限的创造。

福建省三明第一中学(以下简称三明一中)正高级教师、特级教师罗翀带领的物理教学研究团队,以高中物理专题研究性学习课程为载体,践行"让教学变成研究"的理念,提出"体悟物理"的教学新主张,体现在课堂教学中即为倡导学生自主建构、体验知识,适时动态生成,领悟物理学的本质属性,造就进阶式的物理课堂。这一研究不再是浅表的个人认知过程的研究,也不再局限于简单的"教学步骤""教学方法"之类的行为主义研究,而是立足于社会建构主义,把"学习"视为一种社会文化的实践性研究。经过近10年的跋涉前行,"体悟物理"主张的现实意义、教育内涵、基本观点、框架体系等日渐丰满,研究成果荣获了2018年基础教育教学成果国家二等奖和福建省省级特等奖。

课题成果获高级别奖,说明研究得到专业人士的高度认可和充分肯定。回顾研究过程,如果站在教育本位高度来反思三明一中这项基础教育课题研究,确乎还有更加不同寻常的意义和启示。以个人陋见,"体悟物理"可以为基础教育校本研究提供3方面的有力实证:

第一,校本研究是教学改革的新路径。三明一中为省一级达标高中,省首批示范性普通高中培育建设学校,是全省优质高中的第一团队学校。学校地处三元区,除了每年向三明市域内各县(市、区)招收少量特长生,初中毕业生源只有1600人左右,是全省初中生源基数最小的示范性普通高中建设学校。但三明一中的教育教学质量一直保持优良态势,重要原因就是坚持校本教研一系列教学改革。"周邦虽旧,其命维新",近30年来,三明一中在创新创造中前进,在求变应变中发展,其教学改革既有如总校制办学、分层次教学"宏观""宏大"的整体改革,又有如地理思维导图、体悟物理"微观""微小"的学科研究。学校是教育真正发生的地方,而体悟物理的研究是基于学校真实问题的研究,体现了"教学即研究,研究即课题"的理念。从某种意义上说,校本"微观"真实问题的研究比"宏观"整体性的改革,更能促进学校有特色、个性化发展,是学校教学改革的新路径。

第二,校本研究是教师发展的大平台。教师专业发展需要自主自觉、持续持久,需要教学反思、终身学习,需要专家引领、同伴互助,更需要有效的载体、良好的平台。周而复始,数十年如一日的"庸常"教学,容易让教师产生职业倦怠,形成专业成长瓶颈,校本研究在思索、质疑、互动、争辩中迎接挑战、超越自我,持续激发个体专业成长的内趋力。校本研究要以教育通识、专业见识为基础,还要超越见识革故鼎新,创新理论、大胆实践。创新必须"吾日三省吾身",做到"专涵养者,日见其不足",不断学习新理论、掌握新技术,校本研究就是教师在换脑、充电、反思、创造的过程中,不知不觉地推进了自身的专业成长。在校本研究过程中,合作、平等、有温度的团队文化能让其成员为研究目标不懈努力,也能让有志于从事研究的教师在专家、同伴引领和帮助下将"经验"升华为课题、论文、优质课,从而在专业发展中走得宽阔、持久。"体悟物理"课题作为教师专业成长的载体,引导以罗翀为首的三明一中一批物理教师走上了专业成长的康庄大道,他们中涌现了正高级教师、特级教师、省学科带头人等各级各类名师,收获了教研的成就,提高了职业的认同,享受了教育者的幸福。

第三,校本研究是质量提升的恒动力。课堂是提升教学质量的主渠道,知识传授、思维碰撞以及教师发挥的影响力几乎都在课堂上完成。追求课堂的高质量、高效益是教学研究永恒的主题,细细品味"体悟物理"中的课程实施、专题设计、典型课例,可以感受到三明一中物理教师的课堂教学走过了三重境界。第一境界——"见山是山,见水是水":关注学生知识能力的培养与解题技巧的训练,将课堂教学过程细化成若干步骤,让师生有条不紊地完成教学目标。运用现代教育技术,实现教与学方法的变革,摆脱行为主义束缚,创新变革课堂内容和形式,不再流于表面化模仿,而是引导学生深层次建构,此第二境界——"见山不是山,见水不是水"。体悟物理的课堂走到了动态生成、关注师生生命价值阶段,课堂教学的高峰体验给师生带来生命的丰盈和灵魂的滋润,更多地关注体悟、体验、价值和人性,此第三境界——"见山还是山,见水还是水"。课堂的问题解决好了,教学质量何愁不能提高。三明一中以小基数生源,办出了高质量学校,不仅有学科奥林匹克竞赛国际金牌、高考全省理科状元,还有惠及每一位学子的享誉省内外的办学质量,这其中校本教研功不可没。

罗翀老师是我的老同事,我们一起工作了17年,他勤劳敬业、执着追求、坚守理想。北京人艺有句行话——戏比天大,讲的是老一辈艺术家敬业恪守的精神。借用此话,在教学工作中——课比天大!这4个字承载的不只是教学技巧,更是教育情怀。罗翀老师就是一位具有"课比天大"教育情怀的孜孜不倦的追求者。愿"体悟物理"走得更深更远,大放光彩!

些许杂思,代为序。

刘若嘉
2020 年 2 月 21 日

目 录
CONTENTS

第一章 我的物理教学主张与追求 …………………………………… 1
   第一节 体悟物理
      ——教学主张的凝练 ………………………………………… 2
     一、教学主张的形成背景 ………………………………………… 2
     二、教学主张的现实意义 ………………………………………… 3
     三、教学主张的理论依据 ………………………………………… 3
     四、教学主张的含义与基本观点 ………………………………… 5
     五、教学主张的教学应用与实施 ………………………………… 7
     六、结束语 ………………………………………………………… 27
   第二节 体悟物理与专题研究性学习关系 ……………………… 28
     一、在专题研究中引领学生体悟实验探究过程 ……………… 28
     二、在专题研究中引领学生体悟物理思想方法 ……………… 29
     三、在专题研究中引领学生体悟人文教育思想 ……………… 30

第二章 专题研究性学习课程的开展背景及内涵 ……………… 32
   第一节 专题研究性学习课程的研究缘起 ……………………… 33
     一、有关问题的提出 ……………………………………………… 33
     二、课程研究的目的 ……………………………………………… 34
     三、课程研究的意义 ……………………………………………… 34
     四、课程研究的假设 ……………………………………………… 35
     五、课程有关核心概念 …………………………………………… 35

第二节 专题研究性学习课程的研究述评 ·············· 38
　　一、研究背景 ································· 38
　　二、理论基础 ································· 39
　　三、国内外专题研究性学习开展现状及研究文献述评 ········ 40

第三章　专题研究性学习课程的规划及方案 ············ 45
第一节　研究程序和工作机制 ····················· 46
　　一、研究设计 ································· 46
　　二、研究对象 ································· 48
　　三、研究方法 ································· 48
　　四、技术路线 ································· 49
第二节　具体实施方案 ························· 50
　　一、课程目标 ································· 51
　　二、课程管理 ································· 51
　　三、课程结构 ································· 53
　　四、课程实施 ································· 55
第三节　选题内容开发的研究 ····················· 57
　　一、高中物理专题研究性学习选题内容开发的原则 ········· 57
　　二、高中物理专题研究性学习选题内容开发的探索 ········· 58
　　三、关于选题内容开发研究的分析与讨论 ·············· 64
　　四、专题研究性学习课题报名、研究登记及论文答辩样表 ····· 65
第四节　教学策略设计的研究 ····················· 68
　　一、高中物理研究性学习专题探究问卷调查结果分析 ········ 68
　　二、高中物理专题研究性学习的实施模式与流程 ·········· 71
　　三、高中物理专题研究性学习的教学策略研究 ············ 75
　　四、教学实验样本的学习水平与考试成绩前后测比较实验 ····· 81
　　五、关于教学策略设计研究的分析与讨论 ·············· 87
第五节　评价模式构建的研究 ··················· 105
　　一、高中物理专题研究性学习活动的评价原则 ··········· 105
　　二、高中物理专题研究性学习活动的评价内容 ··········· 105
　　三、高中物理专题研究性学习活动的评价方式 ··········· 106
　　四、关于评价模式构建研究的分析与讨论 ············· 113

第四章 专题研究性学习课程的实施策略研究 …… 115

第一节 "螺旋型"教学结构的物理概念教学
——专题探究与概念教学的融合实施研究 …… 116
一、"螺旋型"教学结构的理论简介 …… 116
二、"螺旋型"教学结构在 A 层次物理概念教学中的试验设计 …… 117
三、对"螺旋型"教学结构的几点反思 …… 122
四、结束语 …… 126

第二节 "探究式"教学模式的物理规律教学
——专题探究与规律教学的融合实施研究 …… 126
一、科学探究能力的培养目标 …… 126
二、物理探究式教学模式的实践探讨 …… 127
三、试验效果及反思 …… 131
四、结束语 …… 132

第三节 "探索性"设计思想的物理实验教学
——专题探究与实验教学的融合实施研究 …… 132
一、高中物理探索性实验设计指导思想 …… 133
二、高中物理探索性实验设计策略 …… 133
三、高中物理探索性实验思想方法论 …… 139
四、结束语 …… 140

第四节 "进阶式"建模方法的物理习题教学
——专题探究与习题教学的融合实施研究 …… 140
一、进阶式物理建模教学的结构流程 …… 140
二、进阶式物理建模教学的实施 …… 141
三、结束语 …… 144

第五节 "STS 教育"课题探究的物理科技活动教学
——专题探究与科技活动的融合实施研究 …… 145
一、STS 的缘起和内涵 …… 145
二、STS 与教育 …… 146
三、高中物理渗透 STS 教育的教学策略 …… 146
四、课题探究教学实施的 3 个环节 …… 151
五、物理教育中开展课题探究教学还需注意的两个问题 …… 154
六、结束语 …… 155

第六节　高中物理思维与探究能力培养教学
　　——专题探究与能力提升的融合实施研究 ………… 155
　　一、高中物理学科能力的概念和内涵 ……………………… 156
　　二、高中物理学科能力培养的实践和探讨 ………………… 158
　　三、结束语 ……………………………………………………… 165

第五章　专题研究性学习课程的教学课例研究 ………… 166
第一节　"磁场对电流的作用"创新教学设计
　　——专题探究与概念教学的融合研究课例 ………… 167
　　一、关于教学结构模式与教学流程的设计 ………………… 168
　　二、关于教学指导思想与教学过程的设计 ………………… 169
　　三、板书和课后小实验设计 ………………………………… 179
　　四、教有所思 ………………………………………………… 179
第二节　测电源 E、r 实验中系统误差修正
　　——专题探究与规律教学的融合研究课例 ………… 180
　　一、伏安法测定电动势和内阻的系统误差分析 …………… 181
　　二、伏安法测定电动势和内阻的系统误差修正 …………… 183
　　三、教学小结 ………………………………………………… 186
第三节　"伏安法测量电表内阻"探究教学设计
　　——专题探究与实验教学的融合研究课例 ………… 186
　　一、高中物理探究式教学设计的指导思想 ………………… 187
　　二、"伏安法测量电表内阻"的探究式教学设计 …………… 188
　　三、达到的教学效果及启示 ………………………………… 196
第四节　"等效负载法"处理变压器问题
　　——专题探究与习题教学的融合研究课例 ………… 197
　　一、利用等效负载法处理变压器的两个核心问题 ………… 197
　　二、所获教学启示 …………………………………………… 204
第五节　"探究·发展"专题研究性学习活动采撷
　　——专题探究与科技活动的融合研究课例 ………… 206
　　一、物质的透光性能的研究 ………………………………… 206
　　二、探究不同因素对自感系数的影响 ……………………… 216
　　三、用不同方法验证机械能守恒定律 ……………………… 224
第六节　高中物理竞赛解题能力的培养

  ——专题探究与能力提升的融合研究课例 …………… 231
  一、提升学生利用数学方法描述物理模型的能力 …………… 232
  二、培养学生掌握常用解题方法解决物理问题的能力 …… 234
  三、建立"教师引导、独立探究、小组讨论"激发学生思维潜能 ……
    ……………………………………………………………… 237

第六章 课程实施效果及反思 …………………………… 238
第一节 课程实施的效果 ………………………………… 239
  一、本研究所解决的理论与实践问题 ………………………… 239
  二、成果出版与发表情况 ……………………………………… 240
  三、成果影响和发挥示范引领作用 …………………………… 242
  四、三明一中项目组教学成果统计(部分) ………………… 243
第二节 物理专题研究性学习成效举偶 …………………… 248
  一、课题成果一：从古至今的美妙
    ——"古代诗歌中的物理学"调查报告 ………………… 248
  二、课题成果二：在生活中应用物理
    ——"电磁感应现象在生活中应用"研究报告 ………… 266
第三节 讨论及展望 ……………………………………… 276
  一、本课程研究的内容与方法 ………………………………… 276
  二、本课程研究的教育启示与建议 …………………………… 278
  三、本课程研究的局限性与未来研究展望 …………………… 279

参考文献 …………………………………………………………… 281
跋 让教学变成研究 …………………………………………… 285

第一章
我的物理教学主张与追求

  基础教育改革深化的方向是全面落实学科核心素养教育。物理教学须强化科学探究、体悟思想方法和渗透人文精神正是物理学科核心素养教育的凸显。其设计理念是：建造一个适合学生自我探究的阶梯，让学生从易到难、从简单到复杂、由单个知识点到多个知识点进阶式地学习高中物理。遵循认知规律和脚手架理论来设计问题，让学生对物理概念从接受到理解，再到掌握，以序列问题的方式展开。长期以来，三明一中"高中物理专题研究性学习"课程资源建设团队克服诸多困难，努力探索实践，在物理专题探究教学上有了一定的认识与收获，在用实践丰富物理核心素养内涵的同时，培养了一批全面发展的优秀人才。本章开宗明义，笔者提出物理教学主张与追求——体悟物理，详细阐明了这一教学主张的凝练过程、背景依据、含义特质、基本观点内容以及教学应用与实施。同时，第一章作为引领章，旨在突显体悟物理在专题研究性学习中的作用，即如何体悟？就要开展专题研究性学习……从而来确立"体悟"对专题研究学习的影响，即回归物理教学本原，促进学生主动发展。

  物理教学的核心是进一步提高学生的科学素养。科学的核心是探究，物理教学应该以科学探究为主要教学策略，要让学生通过科学探究活动，学到物理知识，体验科学过程，了解研究方法，领悟物理思想，并受到科学价值观和人文精神的熏陶。体悟物理强调物理的教学是基于核心素养的教学，学生发展是教学活动的最终目的。

第一节　体悟物理
——教学主张的凝练

物理教学在培养学生科学素养的教育中具有独特的魅力和价值,物理教师要回归物理教学本原,深入研究并充分挖掘物理学科的教育教学价值,激发学生对物理科学的热爱,启发学生掌握良好的科学思维方法,培养学生的探究精神和创新能力,促进学生主动发展。

一、教学主张的形成背景

中央电视台《东方时空》栏目专访时说:"什么叫科学家?科学家就是长大的孩子,他永远存在那种好奇心、那种进取心去探索问题。"可惜的是,随着年龄的增长、年级的增高,我们学生身上越发难以见到这种宝贵的品质。而物理本来就是探物究理、探本究源,通过科学探究去发现存在物生存发展的规律性。在探究的过程中既"探"又"究",对未知的事物,了解其"是什么"? 已知事物的现状,问"怎么样"? 在此基础上,进一步追究其来龙去脉,了解它"为什么"会是这样。也就是说知其然,更要知其所以然。探究是人在好奇心和求知欲的驱动下思维活动的正常过程,在这个过程中锻炼思维,提高能力。可以说,物理新课改的科学探究是我们教育行为的科学的、理性的自然回归。

2010 年来,笔者先后主持完成福建省教育科学"十三五"规划 2017 年度课题"重探究,促思维——高中物理建模教学的实践与研究"等 5 项课题研究,这些课题研究内容螺旋提升、渐进发展。在此研究基础上,全国教育科学"十二五"规划 2013 年度教育部重点课题"促进自主探究——高中物理专题研究性学习实施策略研究"(DHA130285),2018 年免鉴结项并获 2018 年基础教育国家级教学成果二等奖和省级特等奖。课题组经过多年的努力,对基于物理思维能力培养的高中物理专题探究实施策略做了不懈的研究,形成了一些思考,有所成效,由此为我的教学主张进一步探索实践提供了重要理论支撑。2018 年 9 月,赴长汀县参加送教帮扶活动时,陈光明教授建议教学主张可从这个国家级课题和教学成果奖中凝练;2019年11月,参加福建省"十三五"中学名师培养人选专著资助出版论证答辩物理专题探究论题时,林藩教授等评委老师认为探究教学实质彰显了物理思维的进阶培养;2019年12月,在福建教育学院研修教学主张时,林立灿老师提出教学主张应该彰显自身教育教学风格且是更上位的教学理念。水到渠成,提取了"公因式",我的教学主张——"体悟物理"。

二、教学主张的现实意义

"促进每一个孩子的发展"是新课程的重要理念之一。在高中物理教学中开展进阶体悟式教学的设计与实施研究,其意义主要体现在以下几个方面:

第一,改革物理教学模式,培养学生科学思维品质。培养学生的发现和提出问题、观察和实验以及分析和解决问题等重要的科学思维品质,将"接受—理解—巩固—解题"教学模式转变为"参与—体验—内化—外延"新型教学模式,对落实新高考要求具有重要的现实意义,已成为当今中学物理改革发展的一个重要领域。

第二,注重科学探究过程,培养学生实验探究能力。物理学科核心素养注重物理知识的科学探究过程,学生会亲自动手操作,了解实验的一般程序,学会设计与构思实验的常用方法;学生会理解如何去简化和抽象,为排除非本质因素干扰而使用模型方法;学生会运用数学简明、精确的科学语言来进行定量的计算。

第三,强化物理实践环节,培养学生学科科学素养。体悟式学习的实效性特别注重学生自主和谐地健康发展,培养学生的STSE[science(科学)、technology(技术)、society(社会)、environment(环境)]的社会责任意识情感。具体来说,表现在以下几个方面:培养学生的创新精神和实践能力,培养学生的合作态度和交往能力,培养学生的科学精神和科学态度,培养学生的社会责任和发展意识。

三、教学主张的理论依据

(一)认知心理学中的建构主义学习理论

建构主义学习理论源于瑞士认知心理学家皮亚杰提出的儿童认知发

展学说。建构主义"学习环境"理论认为:学习者的知识是在一定情境下借助于人与人之间的协作交流、利用必要的信息等,通过意义的建构而获得的。理想的学习环境应包括情境、协作、交流和意义建构4个部分:①情境。学习环境中的情境必须有利于学习者对所学内容的意义建构。②协作。师生、生生之间的协作,对学习资料的收集与分析、假设的提出与验证、学习进程的自我反馈和学习结果的评价以及知识的最终建构都有十分重要的作用。③交流。学习小组成员之间须通过交流商讨来达到意义建构的目标,协作学习的过程就是交流的过程,每个学习者的想法都为整个学习群体所共享。④意义建构。意义建构就是要帮助学生对学习的内容所反映事物的性质、规律以及该事物与其他事物之间的内在联系达到较深刻的理解。

(二)SOLO 理论

SOLO 是英文"structure of the observed learning outcome"的首字母缩写,意思是"能观察到学习成果的结构"。SOLO 理论起源于英国心理学家埃德温·皮尔(Edwin Peel)的研究成果,澳大利亚的教育心理学家比格斯(Jonh B. Biggs)和克莱斯(Kevin F. Collis)发展了其理论体系,并提出:学生在学习一门新学科时,刚开始是以量的方式获得彼此不太相关、零碎的内容,但随着学习过程的不断深入和发展,学生的学习由原来对知识量的积累逐渐发展为质的变化,把以往看似零散的、不成系统的知识相互联结起来,形成一个前后相互联系的整体知识组块。根据这一理论,结合知识点的单一或多点结构特点,物理思维可分为初级、中级和高级3个主要层次。物理思维是指从物理学视角对客观事物的本质属性、内在规律及相互关系的认识方式,其主要包括模型建构、科学推理、科学论证、质疑创新4个要素。《普通高中物理课程标准(2017年版)》中对每个要素的核心素养达成水平都提出了参考评价指标,每个要素都划分为从"水平一"到"水平五"共5个逐渐递进的等级,体现科学思维能力的进阶式形成特点。

本教学主张除上述两种主要理论依据外,还涉及美国教育家杜威提出的探究学习理论、学习进阶理论、多元智能理论等。该主张通过多年课题研究实践凝练而成,课题设计策略体现教学实验样本的"前测—实施—后测—总结—完善"5环节,遵循实践性、整合性等原则。

四、教学主张的含义与基本观点

(一)主张含义

1. 体悟物理

"体悟"不同于领悟、感悟,其出自毛泽东《实践论》:"感觉到了的东西,我们不能立刻理解它,只有体悟了的东西才更深刻地感觉它。"也就是说,人的思想接受的东西是杂乱的、无序的,只能从中理出一种头绪来才叫体悟,如寻找物质的相同点或不同点。"体"即体验、体会,"悟"即感悟,意为在实践中找感觉、感悟,在行动中去感受、探索,强调的是身体力行、学以致用。正如练拳,只有在练的过程中才能感悟拳的精妙。

体悟物理强调物理的教学是基于核心素养的教学,学生的发展是教学活动的最终目的。体悟物理是一种学习物理的方式,也是一种教学思想和教学主张:主张教学过程要回归物理教学本原,促进学生主动发展;主张以经历物理进阶思维来发展学生学科核心素养,通过延展学生的思考时空,给学生以极大发展的契机与发现;主张学生亲身经历物理知识的建构过程,在探本究源的过程中体验知识的动态生成,在学以致用的过程中领悟物理学的规律本质,努力构建进阶式的物理课堂。

2. 进阶思维

学生物理思维能力通常是从具体到抽象、从不完善到完善、从形式逻辑到辩证逻辑逐步发展提高的,由此我们的教学设计理念是:建造一个适合学生自我探究的阶梯,让学生从易到难、从简单到复杂、由单个知识点到多个知识点进阶式地学习高中物理。

(二)主张基本观点

1. 物理思维发展目标要进阶定位

根据上述"进阶体悟式物理教学"的概念界定,高中不同年级学生思维发展目标定位如图 1-1 所示。其具体要求是:

第一阶段,让高一学生学会

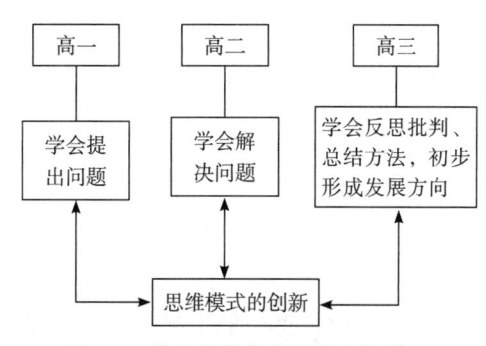

图 1-1 学生思维发展目标定位图

提出问题。由于高一学生物理知识有限,逻辑思维能力还不强,但他们求知欲旺盛,对未知事物充满好奇与期待。这一阶段教师可引导学生提出一些目前知识水平可能解决的问题,如打点计时器的原理与制作、水火箭制作的专题研究。

第二阶段:让高二学生或者部分高一能力较强的学生学会解决问题。学生这一阶段的逻辑思维、抽象思维以及推理能力都得到了一定提高,所以可引导他们在获取帮助的基础上,探究解决一些较复杂的问题,如物理基本常数的测定、物理学科竞赛初步内容的学习。

第三阶段:让高三学生参与一些对于能力要求较高的专题探究。高三学生在经过了两年的知识储备后,科学思维能力有了较大的发展,这时可鼓励他们进一步学会反思与批判,为将来的科学研究打下坚实基础,如物理学科竞赛问题专题提升内容的学习。

2. 物理专题探究学习要进阶设计

关于进阶体悟式教学,笔者认为要根据不同年级学生思维发展目标定位差异,由低到高、由易到难,设计开展不同程度内容的物理专题探究学习。具体进阶设计思路如图1-2所示。

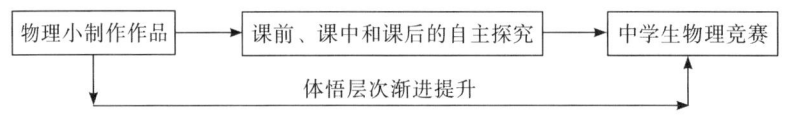

图1-2 物理专题探究的进阶设计思路

(1)物理小制作作品的专题探究学习。

由于高一入学的新生其物理知识储备不深,这时教师可指导开展一些物理学科的小制作活动,引导学生通过探究物理规律制作一些物理小作品,并在校科技文化艺术节上进行展示。

(2)课前、课中和课后专题探究学习。

一是课前探究。随着学习的深入,可引导学生利用课余时间对某些物理规律进行课前的自主探究学习。探究分为理论探究和实验探究:①确定教学主题;②明确实验目的与实验原理;③设计合理的实验方案;④进行实验探究,记录处理实验数据;⑤得出实验结论。

二是课中探究。课前的实验探究存在参与人数较少等局限,这时可以探寻用时较短、每个学生都能参与的课堂探究。例如,在"常见传感器的工作原理探究"这节课中,引导学生设计组装光控开关的工作电路,最终达到用强光照射光敏电阻时蜂鸣器发出声音的效果。

三是课后探究。除了探究教材中的物理问题,教师还可有效引导学生对课外物理知识的自主探究。例如,以全国中学生数理化学科能力展示活动、省市青少年科技创新大赛等为平台,指导学生撰写物理专题研究性学习参赛小论文,以锤炼学生的创新精神和实践能力。

(3)中学生物理竞赛的专题探究学习。

对部分自主学习能力强、物理悟性高的学生,还可进一步辅导他们参加学科竞赛,学习大学普物实验。同时,通过开放学校的物理探究创新实验室、定期到大学物理实验室培训做实验,让其在知识的海洋里邀游。经过高中3年进阶体悟式的物理学习,同学们可以真正地体会到物理学的美,也深深爱上物理学这门基础学科。

五、教学主张的教学应用与实施

(一)进阶体悟式物理教学模式的建构

教学结构指的是进行某种课堂教学相对稳定的教学程序(或称步骤)。课堂教学结构,不应当理解为仅仅是对45分钟时间做简单的划分或分配,而应当是对"教"这一特殊性的活动过程加以考察和确定,即其包含了学科的方法论内容。

根据对教师优秀课堂教学实录分析,可将高中物理课堂教学结构归纳为3种基本类型:一是承接型;二是螺旋型;三是辐射型。其中螺旋型教学结构是指"感知→内化→迁移"。感知,即指通过一些认知过程获得丰富的感性材料或是对具体问题的认识;内化,即在学生形成表象的基础上,引导学生进行思维加工,抽象出现象的本质属性;迁移,主要是指通过知识在新的物理背景的运用来巩固完善对知识的理解。在一堂课的教学中,感知、内化、迁移三者形成紧密衔接、交替螺旋上升的总趋势,产生步步为营、一步一脚印的升华。

进阶体悟式物理教学侧重依托于螺旋型教学结构。首先要基于经验事实,从物理学视角通过抽象概括建构起某种物理模型;其次要通过分析综合、推理论证等科学思维方法,内化客观事物的本质属性、内在规律及相互关系;最后还要鼓励基于事实证据对不同观点和结论提出质疑、批判,进而提出创造性见解。可见,进阶体悟式物理教学包含模型建构、科学推理、科学论证、质疑创新等科学思维的内涵要素。其教学结构模式可设计为如图 1-3 所示。

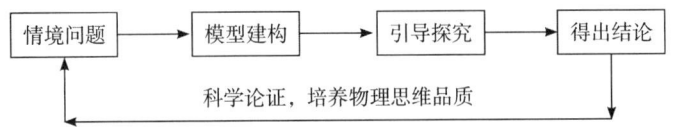

图 1-3　进阶体悟式物理教学结构模式

1. 模型建构

模型建构是将物理对象或物理过程、情境通过抽象、理想化、简化、类比等方法，进行"去次取主""化繁为简"的处理，把反映研究对象的本质特征抽象出来，构成一个概念或实物的体系，从而形成物理模型。模型建构是通过对事物（对象、过程、情境）共性特征的抽象概括，寻找出反映事物的内在本质及内在规律，从而达到认识问题的目的。

常见物理模型的分类：一是理想化的模型（包括：对象模型，如质点、单摆等；过程模型，如弹性碰撞、简谐运动；条件模型，如光滑平面、绝热容器等）；二是科学假说模型，如玻尔氢原子理论模型；三是科学理论模型，如万有引力定律能解释已知天体运行，又能预测未知天体存在等。建立模型的主要方法有抽象法、理想化、归纳法，对于比较复杂和隐蔽的物理问题，还可采用类比法、等效替代法等方法来建模。

【例 1-1】(2019 全国 1 卷 18 题)如图 1-4 所示，篮球架下的运动员原地垂直起跳扣篮，离地后重心上升的最大高度为 H。上升第一个 $H/4$ 所用的时间为 t_1，第四个 $H/4$ 所用的时间为 t_2。不计空气阻力，则 t_2/t_1 满足(　　)。

　　A. $1<t_2/t_1<2$　　　　B. $2<t_2/t_1<3$

　　C. $3<t_2/t_1<4$　　　　D. $4<t_2/t_1<5$

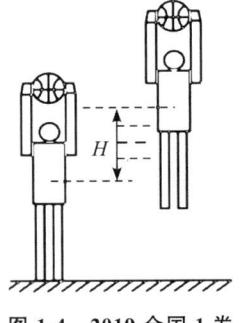

图 1-4　2019 全国 1 卷 18 题图

分析：用理想与简化的建模方法对运动员在空中的动作进行简化，理想化处理成一个质点（理想对象模型）的运动。运动员在空中的运动时间由竖直运动决定，因此我们把问题提炼成质点做竖直上抛运动（理想过程模型）的复合物理模型。而问题的最终解决归结为初速为 0 的匀加速运动模型（连续相等位移所需时间比例问题）。

2. 推理论证

推理论证是指利用"论证"的方式进行科学推理,从而形成对自然现象的科学解释。推理论证在科学思维中处于核心位置,基于课堂的实证研究认为"论证"不仅是科学本身的有机组成部分,而且能够帮助学生更好地理解和应用所学知识,促进学生更高层次思维能力的发展。同时,还有助于学生对周围纷繁信息和观点形成自己的独立认识,为将来理性参与社会生活奠定良好基础。论证的过程,不仅要明确所观察到的现象(证据),提出自身的观点(结论),更是要找出能把现象和观点联系起来的科学原理(推理过程),以便形成合乎逻辑的科学解释。"论证"结构图如图1-5所示。

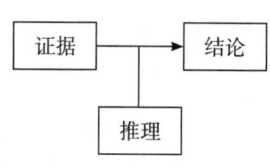

图1-5 "论证"结构图

【例1-2】(2019全国1卷15题)如图1-6所示,空间存在一方向水平向右的匀强电场,两个带电小球 P 和 Q 用相同的绝缘细绳悬挂在水平天花板下,两细绳恰好与天花板垂直,则(　　)。

A. P 和 Q 都带正电荷

B. P 和 Q 都带负电荷

C. P 带正电荷,Q 带负电荷

D. P 带负电荷,Q 带正电荷

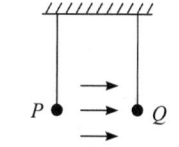

图1-6 2019全国1卷15题图

分析:见表1-1。

表1-1 推理论证分析

证　据	论　证	结　论
两细绳都恰好与天花板垂直	与水平天花板垂直	两细绳竖直
两细绳拉力与重力均竖直	力独立性原理,平衡条件推论	每个小球水平合力为0
P 和 Q 都带正电荷		Q 不能平衡
P 和 Q 都带负电荷		P 不能平衡
P 正 Q 负		P 不能平衡

不同教师,对推理过程的认识与处理通常有表1-2所述的3个不同层次。进阶体悟式物理教学认为在推理论证活动中,推理认证的过程应引导学生完成,而不是由教师替代。

表 1-2　对推理过程认识与处理的 3 个层次

分　类	科学认识
教师不关注推理	教师(或学生)给出科学认识,但教师不解释科学认识得出的过程
教师直接给出推理	教师不仅强调科学概念和原理,而且向学生解释它们是如何得出的
教师引导学生构建推理	教师搭建脚手架帮助学生来探索科学认识得出的具体推理过程

3. 质疑创新

质疑创新是指具有批判性思维的意识和能力,能基于事实证据和科学推理对不同观点和结论提出质疑、批判,从不同角度思考问题,进而提出创造性见解的能力与品质。

【例 1-3】关于原子结构学说的发展。

分析：原子结构学说的发展如图 1-7 所示,都不是真相,但每次离真相更进了一步。

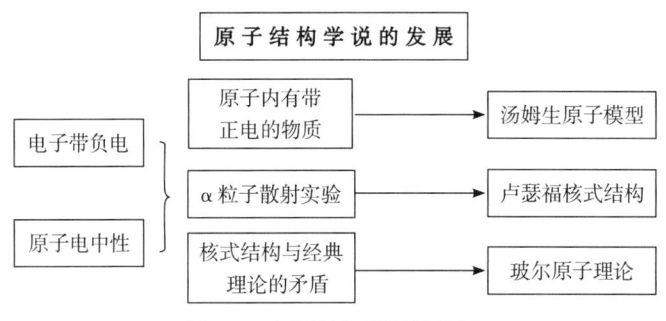

图 1-7　原子结构学说的发展

(二)进阶体悟式物理教学策略的实施

高中物理学科核心素养是学生适应个人终身学习的社会发展需要的基础知识、关键能力和科学态度等方面的表现,是学生通过物理学习集中体现的带有物理学特征的品质。《普通高中物理课程标准(2017 年版)》指出:高中物理学科核心素养主要由"物理观念""科学思维""科学探究""科学态度与责任"四个维度构成。[1]其中,"科学探究既是学生的学习目标,又是重要的教学方式之一"。[1]可见,在新高考改革背景下,高中物理教学更加突出探究体悟式的学习方式和基于问题的"质疑创新"的课堂教学。陶行知先生曾说"发明千千万,起点是一问",即"问题"是科学探究的出发点。探究体悟式的学习方式就是要围绕问题开展探索、研究,问题成为探究的核心。这就要求教师在实际的物理课堂教学中,充分引导学生自主探究,以学生学习为主线,关注学生问题生成、思维转化、问题解决的全过程,尤其要在"问题设计"上多下功夫,提出富有吸引力的问题来,指导并促进学生由浅入深、由表及里地进行进阶探究,在学以致用的过程中领悟物理学的规律本质,逐步形成以解决问题为载体的创新思维能力。

然而,科学思维能力的培养没有捷径,相比于知识的构建,能力培养的困境,除了很难将能力现状、发展过程和培养效果显性化,还有能力的培养更不易找到理想的思维生长点作为教学行为的起点和依据。实践证明,体悟式物理教学只有将专题探究活动与概念教学、规律教学、实验教学、习题教学以及科技活动有机融合,通过概念的形成、规律的得出、模型的建立、解题的应用等渠道,进阶培养学生的模型建构、科学推理、科学论证、质疑创新等思维能力以及科学的语言文字表达能力,才可收获良好效果。

教学策略一:专题探究与物理概念教学有机融合,体悟基础概念的内涵外延

物理概念的教学设计要遵循认知规律和脚手架理论,让学生对物理概念从接受到理解,再到掌握,以序列问题的方式展开。物理概念专题探究实施流程如图 1-8 所示:首先,要创设情境引出问题;其次,在物理概念建立之后,教师还要在揭示概念的内涵(特别是概念的物理意义)上下功夫,使学生深化对概念的认识;最后,在概念的应用延伸阶段,主要是通过变式迁移,将概念灵活地、创造性地运用于新的物理情景中,培养学生能将实际问题转化为物理概念化的模型问题去分析和解决的能力。[2]

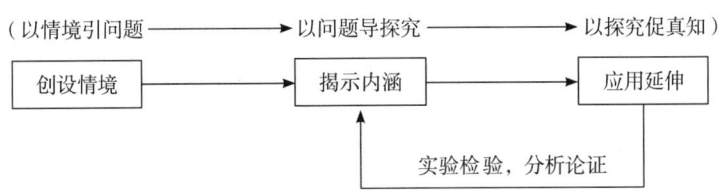

图 1-8　物理概念专题探究实施流程

【案例 1-1】

"安培力"概念的教学

创设问题情境：

首先，通过实验引入新课：我们一起来看个有趣的实验，将玻璃容器盛上适量食盐水，在水底和水上部放上电极，容器外用磁铁围绕布成环形磁场。实验现象：如图 1-9 所示，食盐水旋转起来。这样设计的意图是：创设情境，引起学生好奇心、激发学生求知欲。

然后，学生按照图 1-10 所示的实物连线后，在教师指导下进行分组实验：通电导体在磁场中会受到力的作用，当通电导体的电流方向改变或磁体的磁极位置交换时，通电导体的受力方向有什么不同？

设计意图：让学生亲身感受并体验到磁场对电流的作用力的存在，同时为后续安培力方向的探究打下伏笔。

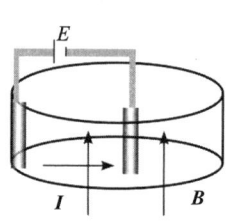
图 1-9　神奇旋转的液体

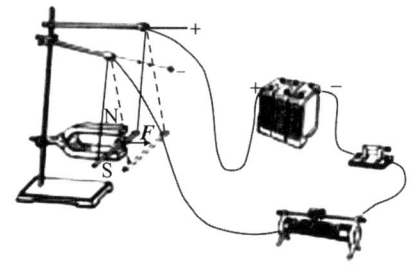
图 1-10　磁场对电流的作用力

揭示概念内涵：

教师引导学生总结出安培力的概念：当通电导体附近有磁体时，通电导体会受到力的作用。当通电导体的电流方向改变或磁体的磁极位置交换时，通电导体的受力方向也会发生改变。说明磁场对电流有力的作用，力的方向与电流方向和磁场方向有关。物理学中将磁场对电流的作用力称为安培力。

概念应用延伸：

举例说明安培力的应用：教师课堂上分析并展示玩具上用的小电动机。再引导学生举例：录音机、洗衣机、电吹风。教师：这些电器里的电动机正是靠安培力转起来的。

课后思考：①电动机的转动与哪些因素有关？②结合安培力有关内

容,尝试讨论电动机转动的快慢与哪些因素有关(B、I、L_1、L_2、θ等)。教师要鼓励学生课后查找资料,尽可能自己解决问题。

设计意图:给学生留下思考空间,引导学生理论联系实际。开阔学生视野,培养其运用所学知识解决实际问题的意识和能力,并且为后续安培力大小的探究打下伏笔。

点评:该案例说明我们的日常教学应注重让学生亲身经历科学探究和动手实践的过程,注重贯彻落实"从生活走向物理,从物理走向社会"的新课程理念。实践表明,学生在亲历"感知—内化—迁移"的进阶学习过程后,对物理概念会有更深刻的认识,也收获成功体验。

教学策略二:专题探究与物理规律教学有机融合,体悟基本原理的论证生成

著名物理学家密立根曾经说过:"科学是在用理论和实验这两只脚前进的。有时是这只脚先迈出一步,有时是另一只脚先迈出一步,但是前进要靠两只脚……如此不断交替进行。"进阶体悟式教学中有机融合自主探究活动,重在掌握物理知识和培养学科能力,同样离不开观察实验和理性思维这"两只脚",其具有普遍的方法论意义。物理规律专题探究实施流程如图1-11所示:从对客观世界的观察、实验出发,积累数据,经过科学抽象和辩证思维,并广泛应用数学工具,建立假设,总结出经验规律或定律,进一步发展成为理论。

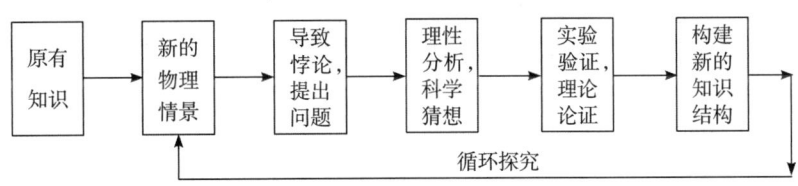

图1-11 物理规律专题探究实施流程

【案例 1-2】

"斜抛运动"专题探究的课堂实录片段[2]

环节一:学生自主探究展示

课前选择两个探究小组来研究斜抛运动射高、射程的影响因素。探究小组一选择用玩具枪探究斜抛运动规律,探究小组二选择用医用吊瓶针头

喷水探究斜抛运动规律。下面以探究小组二的实验方案为例分析。物理课堂上探究小组二的3位成员展示课前的探究活动。

实验原理：①据运动的独立性，把斜抛运动正交分解为水平方向的匀速运动和竖直方向的竖直上抛运动；②将水流稳定时的视频截屏，通过截屏测量水流流动过程中的射高与射程。

实验器材：铁架台，量角器，刻度尺，医用吊瓶，蓝色墨水，摄像机。

探究实验一：保持出射角不变的前提下，探究射高、射程与出射速度大小的关系。

保持针头与水平方向的夹角为30°不变，依次增大吊瓶与喷头的高度差以改变水流的出射速度大小，吊瓶与喷头的高度差越大，水流的出射速度就越大。实验数据见表1-3。

表 1-3 射高、射程与出射速度大小的关系

吊瓶与喷头的高度差 H/cm	80	100	130
射高 h/cm	2.6	2.8	5.6
射程 s/cm	12.1	13.2	26.2

结论：在保持出射角不变的条件下，射高、射程均随着水流出射速度的增大而增大。

探究实验一获得的视频截屏如图1-12所示。

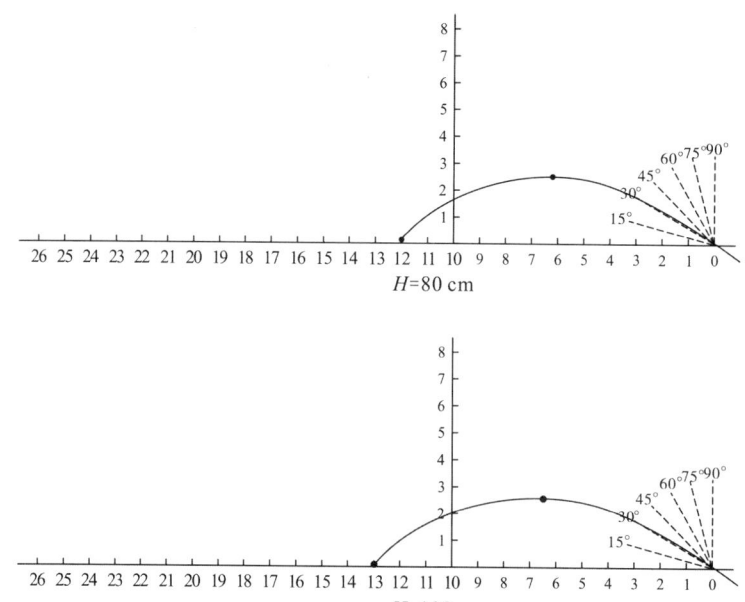

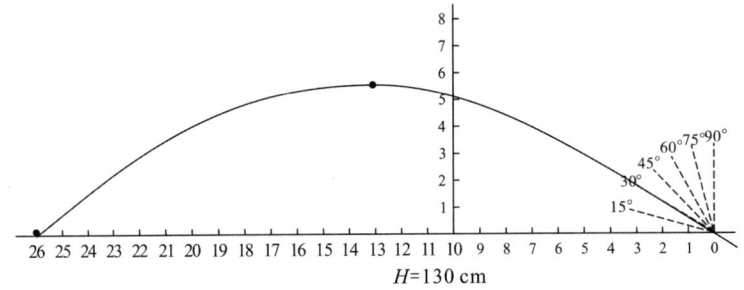

图 1-12　射高、射程与出射速度大小的关系实验截屏

探究实验二:保持出射速度大小不变的前提下,探究射高、射程与出射角的关系。

保持吊瓶与喷头高度差 100 cm 不变,依次增大针头与水平方向夹角。实验数据见表 1-4。

表 1-4　射高、射程与出射角的关系

出射速度与水平方向的夹角 θ	15°	30°	45°	60°	75°
射高 h/cm	1.2	2.5	4.8	7.1	7.8
射程 s/cm	11.0	13.2	16.8	15.2	7.9

结论:①保持出射速度大小不变的条件下,射高随着出射角的增大而增大;②保持出射速度大小不变的条件下,射程随着出射角的增大先增大后减小,出射角为 45°时射程最大。

探究实验二获得的视频截屏如图 1-13 所示。

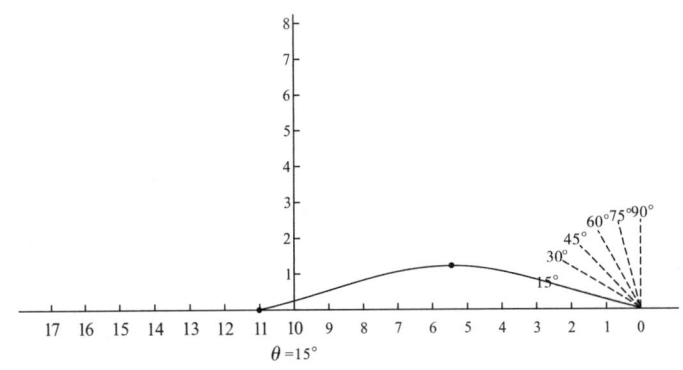

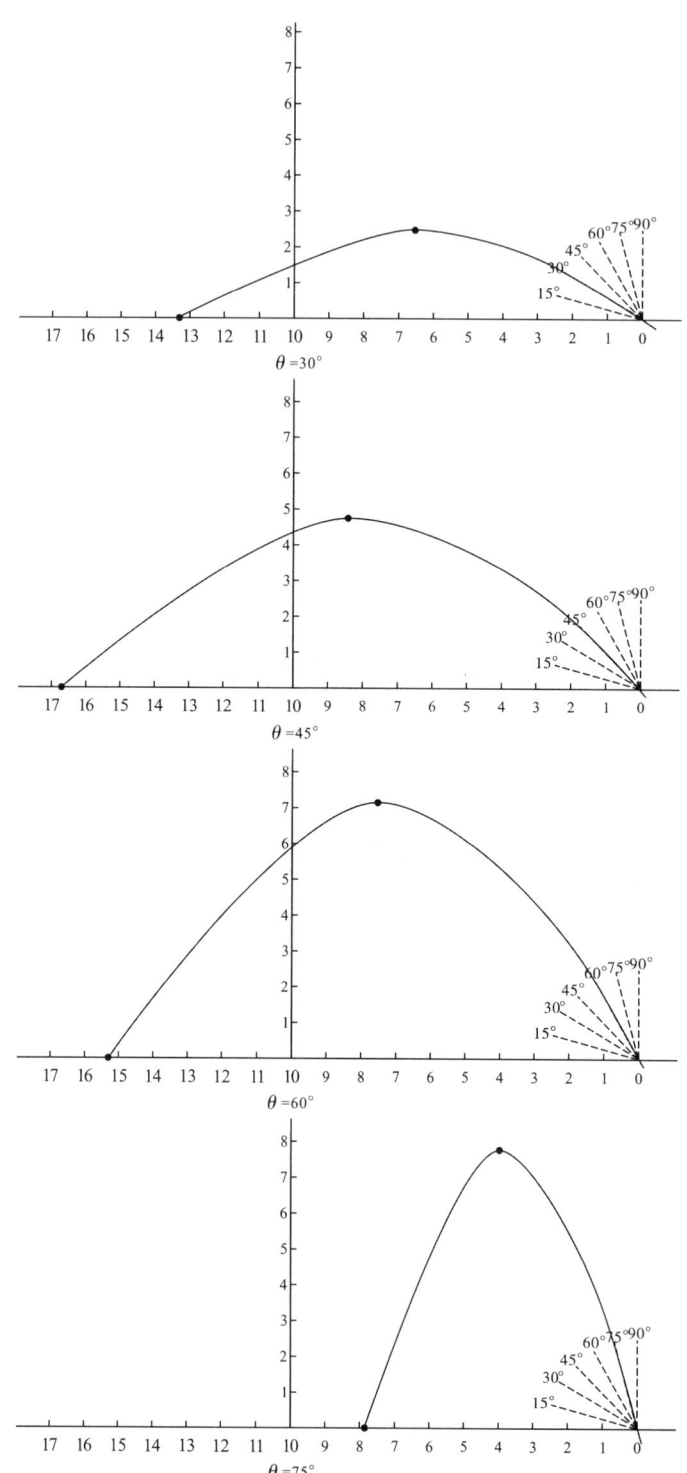

图 1-13 射高、射程与出射角的关系实验截屏

探究小组二在实验结束后还做了如下误差分析:

(1)测量工具为画在白纸上的简易坐标,不够精确,读数时存在误差。

(2)测量吊瓶与喷头的高度差存在测量误差。

(3)针头喷出的水流在运行过程中出现明显分叉,特别是在确定射程的时候,水流的分叉对射程的确定产生较大的影响,这时选择水流中间的点来测量可减小射程的测量误差。

环节二:教师理论探究讲授

引导学生探究斜抛运动在水平和竖直方向分别是什么运动;推导出速度公式和位移公式来描述斜抛运动的规律;通过推导出的速度公式和位移公式探究影响物体射高、射程的因素,见表1-5。

表1-5　斜抛运动规律的描述

物理量	表达式	与v_0的关系	与θ的关系		
		增大	$\theta<45°$且增大	$\theta>45°$且增大	$\theta=45°$
射高 h	①$h=\dfrac{v_0^2\sin^2\theta}{2g}$	↑	↑	↑	
射程 s	②$s=\dfrac{v_0^2\sin2\theta}{g}$	↑	↑	↓	最大

点评:本节课前学生自主探究了斜抛运动的射高和射程,不仅学习了控制变量法、等效替代法等物理研究方法,而且体验到探索的艰辛与成功的喜悦。教学环节一,两个探究小组分别走上讲台展示自己的探究成果,分享实验心得,起到了抛砖引玉的效果;教学环节二,教师引导学生理论探究,进一步从理论上印证实验探究结果,两者相得益彰、相互佐证。教学如此处理突破了本节课的传统教学设计,对专题探究与课堂教学有机整合做出有益尝试。

教学策略三:专题探究与物理实验教学有机融合,体悟设计方案的建构过程

物理学是一门以实验为基础的自然科学,教学中许多基本物理概念和规律都是通过观察、实验、分析、综合、概括出来的,这是不可或缺的教学过程。另外,近年高考实验试题也注重实验原理和设计,突出实验探究能力和迁移能力的考查,体现在试卷上即"知识是基础,能力是表现,探究是核心"。因此,我们在日常教学中要重视实验课对学生实验能力培养的功能,尽量避免教师"说实验"、黑板上"做实验"的现象;演示实验、学生实验中努力创造条件让学生体会乐趣、增长知识、形成能力,特别是探究性实验要真正起到探究的作用。实践表明,实验设计专题探究实施流程如图 1-14 所示:物理探究性实验常要求学生设计一个新的实验方案,包括设计实验原理、选择实验器材、安排实验步骤、处理实验数据及分析实验误差,进阶体悟式教学强调既要讲清实验原理,更要引导学生共同建构、完善直至最终成型实验方案。[1]

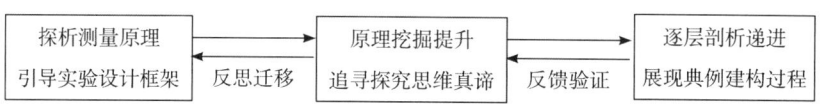

图 1-14　物理实验设计专题探究实施流程

【案例 1-3】

"伏安法测量电阻"的探究式教学设计[2]

用以下器材测量待测电阻 R_x(约 100 Ω)阻值:电源 E(电动势约为 6 V,内阻不计);电流表 A_1(量程 0—50 mA,内阻 $r_1=20$ Ω);电流表 A_2(量程 0—300 mA,内阻 r_2 约为 4 Ω);定值电阻 R_0(20 Ω);滑动变阻器 R(总阻值 20 Ω);单刀单掷开关 S;导线若干。

①测量中要求两块电流表的读数都不小于其量程的 1/3,请画出实验电路图。②若某次测量中电流表 A_1 数值为 I_1,电流表 A_2 数值为 I_2。则由已知量和测得的量计算 R_x 的表达式为 $R_x=$_____。

教学模式 1: 直接讲解预先设计好的电路原理图,分析得出待测电阻的表达式。显然这种教学方式能够很顺利地完成教学任务,但并没有充分发挥学生的自主探究作用。这个电路原理图是怎么设计出来的,为什么要这样设计,别的设计方案存在什么缺陷等问题学生一概不知,知其然而不知其所以然。后来项目组反思这种教学方式,认为在该教学方式下学生的实验能力不能得到很好的培养,也无法达到探究式教学的目的,结果是题目稍做变化又束手无策了。

教学模式 2: 充分展现该电路原理图的设计思维过程,即引导学生注重体验设计方案是如何一步一步逐步完善起来的,并允许他们在探究中出现失败。该教学设计具体如下:

(1)安安法:将 A_1 表视为电压表测电压,如图 1-15 所示,不符合题目要求,不行。

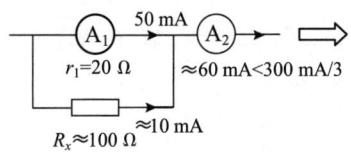

图 1-15 安安法电路 1

(2)安安法:将 A_1 表串 R_0 扩大其测电压量程,如图 1-16 所示,不符合题目要求,不行。

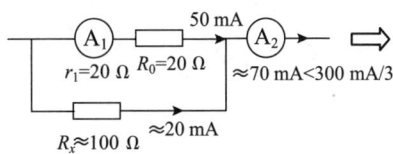

图 1-16 安安法电路 2

(3)安安法:将 A_1 表并 R_0 扩大干路总电流,如图 1-17 所示,基本符合,但 A_1、A_2 表符合要求的范围偏小。

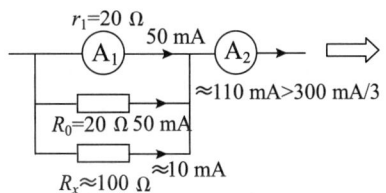

图 1-17 安安法电路 3

(4)安阻法:将定值电阻 R_0 视为电压表测电压,如图 1-18 所示,符合题目要求,且 A_1、A_2 表可调节的范围较大。

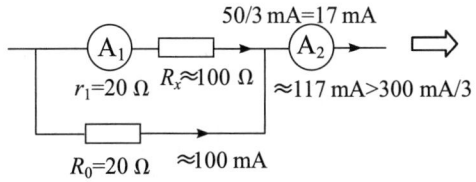

图 1-18 安安法电路 4

(5)本题滑动变阻器接成分压器、限流器(图1-19)都可以,这是因为若接成限流器,有:

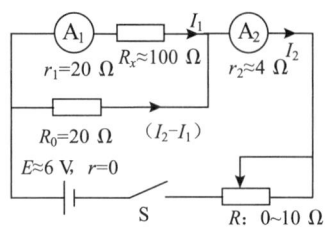

图1-19 滑动变阻器接成限流器

$R_{并}\approx 20\ \Omega$,则当 $R_{滑}=0\ \Omega$ 和 $R_{滑}=10\ \Omega$ 时分别有:

$I_{2\max}\approx \dfrac{6}{20+4}=0.25\ \text{A}=250\ \text{mA}, I_{1\max}\approx \dfrac{1}{7}I_{2\max}\approx 36\ \text{mA}$,

$I_{2\min}\approx \dfrac{6}{20+4+10}\ \text{A}\approx 0.177\ \text{A}=177\ \text{mA}, I_{1\min}\approx \dfrac{1}{7}I_{2\min}\approx 25\ \text{mA}$。

可见若接成限流电路,两电流表的示数最大值均不超过各自量程,最小值均可大于各自量程的1/3,完全符合题目要求。

本题 $R_x=[(I_2-I_1)R_0/I_1]-r_1$,还须指出的是:由于 $R_x\approx 100\ \Omega\gg R_{滑m}$,学生易形成定势思维,错误地认为 $R_{滑}$ 调节时两电表的示数变化不明显而必须接成分压电路,其实 $R_{并}\approx 20\ \Omega$ 与 $R_{滑m}$ 阻值相当。

点评:教学模式2作为理论探究,逐层剖析,递进得出较科学的设计方案,实践表明其能有效激发学生参与探究的积极性和热情,同时也能让学生从中充分体验到设计方案一步一步最终成型起来的乐趣。通过两次不同教学方式的尝试,我们对专题探究性实验的教学有所感悟、有所发现——正如杜威所说,"除了探究,知识没有别的意义"。

教学策略四:专题探究与物理习题教学有机融合,体悟模型方法的解题运用

求解复杂物理问题的思维方法,一般是采用"先拆后合"的办法,即通过创设层进式问题串,引导学生将一个复杂的物理大问题拆分为若干较为简单的小问题,再引导学生利用物理知识、数学工具进行推理论证、讨论交流,探寻各物理量之间的内在联系和相互制约关系,同时训练中力求一题多解、一题多变。物理习题专题探究流程如图1-20所示:情境化试题,含物理竞赛问题(如"从静电场电容器充放电"等),求解的关键在于将一个实

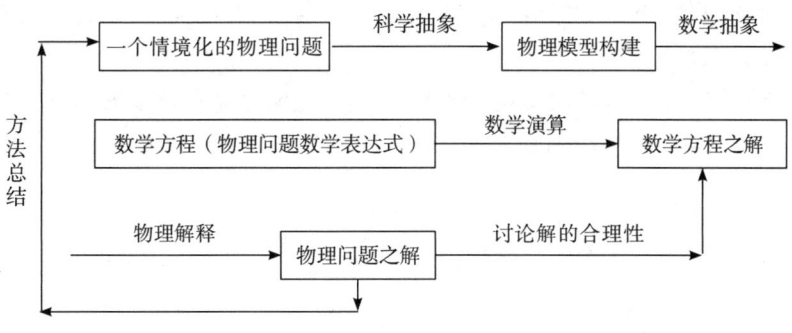

图 1-20 物理习题专题探究实施流程

际问题抽象建模为一个物理问题,然后运用相应物理规律来求解,必要时还要讨论答案的实际合理性。

【案例 1-4】

电磁感应中的动力学问题[3]

如图 1-21(a)所示,光滑平行金属导轨的水平部分处于竖直向下的匀强磁场 B 中,两导轨间距为 L,轨道足够长。金属棒 a 和 b 的质量都为 m,接入电路的有效电阻 $R_a=R_b$。b 棒静止于轨道水平部分,现将 a 棒从 h 高处自静止沿弧形轨道下滑,通过 C 点进入轨道的水平部分,已知两棒在运动过程中始终保持与导轨垂直,且两棒始终不相碰。从 a 棒下滑至 C 点开始计时,可定性画出此后两棒的 v-t 图象如图 1-21(b)所示,图中 v_0 表示 a 棒到达 C 点时的速度大小,v 表示两棒的最终速度大小。其教学设计如下:

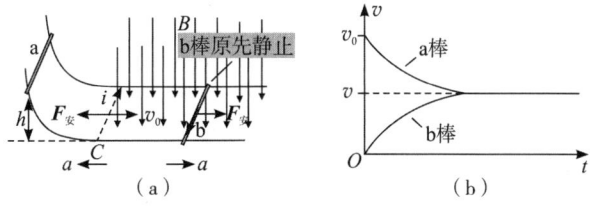

图 1-21 案例 1-4 图

问题驱动:通过创设层进式问题串,分析为什么两棒最终会以共速 v 做匀速运动?

问题 1 我们先从电源正反串这个角度去分析,起初两棒速度如何变化?

引导回答：如图1-22(a)所示，v_a减小（a棒克服$F_安$做功），v_b增大（$F_安$对b棒做正功）。

问题2 从电源正反串这个角度去分析，电路中总电动势$E_总$如何变化？

引导回答：如图1-22(b)和(c)所示，$E_总\downarrow = E_a - E_b = BL(v_a\downarrow - v_b\uparrow)$。

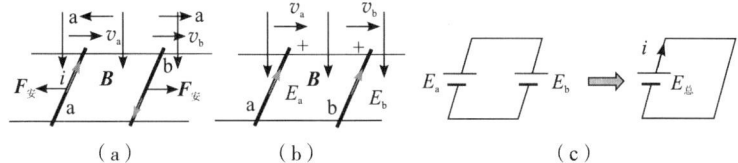

图1-22 等间距双杆型模型

问题3 两棒的加速度a如何变化？

引导回答：$E_总\downarrow \Rightarrow I\downarrow \Rightarrow F_安\downarrow \Rightarrow a\downarrow$

问题4 两棒达到稳定速度的条件是什么？

引导回答：当$a=0$时，$v_a=v_b=v$达到最终稳定速度。

问题5 若从穿过回路的磁通量Φ不变这个角度考虑，又如何分析？

引导回答：$v_a=v_b=v \Rightarrow S_{面积}$不变，$\Phi$不变，则$E_总=0 \Rightarrow F_安=0 \Rightarrow a=0$，两棒稳定运动，故定性画出如图1-21(b)所示的两棒v-t图象。还可以同理类似分析板块模型中物块和木板的v-t图象，如图1-23(a)和(b)所示。

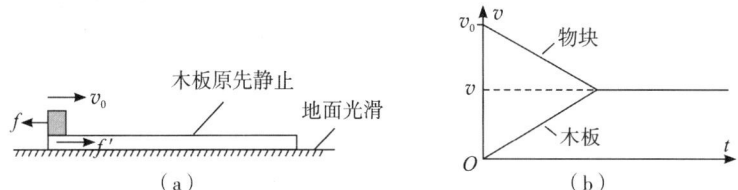

图1-23 板块模型

拓展延伸： 如图1-24(a)所示，设宽、窄导轨均足够长。若$L_1 \neq L_2$，两棒达到稳定运动状态时，同理可推导出它们速度要满足$v_a/v_b = L_2/L_1$，可画出两棒的v-t图象如图1-24(b)所示。

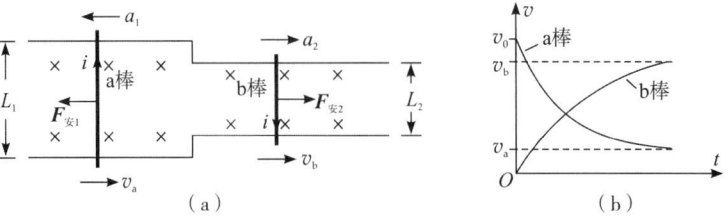

图1-24 不等间距双杆型模型

点评：案例 1-4 采用了问题驱动式教学，以问题 1 至问题 5 为引导，分别从电源正反向串联和穿过回路的磁通量不变这两个角度诠释为什么两棒稳定运动时会达到共速这个思维难点，体现层进式问题串在突破解题思维瓶颈束缚中的作用。求解中将"双杆型"模型与板块模型相对运动进行类比，绘制出不同的 v-t 图象，体现了对科学思维、科学探究等学科核心素养的发展要求。拓展延伸设计较新颖，是在原题的基础上做了变式和延伸，"若轨道宽、窄不同，达到稳定运动状态时两棒还是共速吗？"对该问题进一步的深入探究有利于激发学生的学习兴趣，培养实事求是的科学态度，充分体现了对创新思维能力培养的要求。

教学策略五：专题探究与物理科技活动有机融合，体悟综合实践的应用延伸

学习是一个体验的过程，学生应该切身体验感知物理知识的发生和建立过程，当然不是说要去完全重复前人的探索步子，而是要去感知科学家们探索的一些关键步伐。所以，学生掌握了一定的物理知识与科学研究方法之后，教师还要有意识地引导学生把课堂的专题探究延伸到课外的科技活动中去，加强物理知识的迁移，学以致用去解决一些实际问题，这是学生灵活应用知识的一个升华过程。教学中可以全国数理化能力竞赛、科技创新大赛和校园科技文体节为契机，结合"打点计时器制作""古代诗歌中的物理学"等研究性学习，适时开展小实验、小制作、小发明、小创造、小论文等比赛活动，使之成为师生共同探索学习的窗口。科技活动专题探究实施流程如图 1-25 所示：组建学生课题小组，从生产、生活、课本等选择适合研究的课题，从图书馆、网络等渠道查阅资料，并在老师的指导下通过实验探究、分析论证、实验验证等得出研究结论，同时鼓励学生撰写课题小论文总结、展示研究成果。

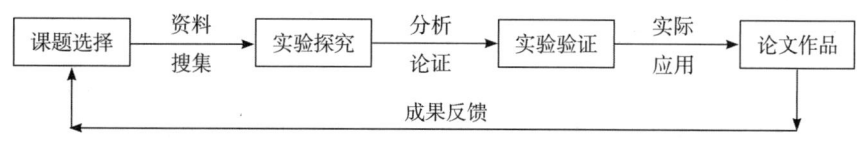

图 1-25　科技活动专题探究实施流程

【案例 1-5】
探究新旧电池各自使用及混用的效果[2]

（一）实验器材

朗威 DISLab 电压传感器和电流传感器，计算机，三圈牌 5 号旧电池 2 节，三圈牌 5 号新电池 2 节，定值电阻（60 Ω）1 只，开关 1 只，电池槽 1 个，导线若干。

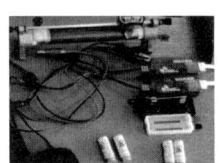

（二）实验步骤与数据记录

1. 在电路图 1-26 中，将电压和电流传感器通过数据采集器接入计算机。

2. 将旧电池分别标上 1、2 号，新电池分别标上 3、4 号。

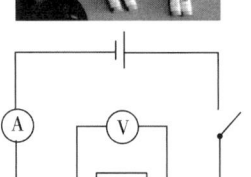

图 1-26　新旧电池使用

3. 将 1、2 号电池组装入电池槽，断开 S，将电压传感器鳄鱼夹夹到电池槽两端，测出电池组的电动势 E_1。闭合 S，待电阻 R 两端电压 U 和通过 R 的电流 I 稳定之后，记录下 U 和 I 的值。

4. 断开 S，迅速将电压传感器的鳄鱼夹夹到电池槽两端，记下此时电池组电动势 E_2，并保存记录下之后的一段时间过程中 E_2 的变化图象。

5. 取出 1、2 号电池组，再分别将 3、4 号电池组，1、3 号电池组放入电池槽中，重复步骤 3 和 4，由此可得 3 组数据，见表 1-6。

表 1-6　新旧电池各自使用及混用效果实验数据

实验序号	实验项目	E_1/V	E_2/V	U/V	I(A)	效率 （$\eta=U/E_2$）/%
1	1、2 号电池组	1.4045	1.0691	0.7525	0.0124	70.39
2	3、4 号电池组	3.0545	2.9986	2.9018	0.0482	96.77
3	1、3 号电池组	2.1889	1.9091	1.6582	0.0274	86.86

以电压 U 为纵轴，时间 t 为横轴，建立坐标系，由实验得出图象如图 1-27 所示（每幅图中前一部分表示 R 两端电压 U 的变化图线，后一部分表示断开 S 后电池组电动势的变化图线）。

（三）实验结果分析与讨论

由图 1-27 知，1、2 号旧电池组放电时电动势随时间变化明显，下降了 $\Delta E=E_1-E_2=0.3354$ V，之后其输出电压稳定在某一值上（其实并非一直

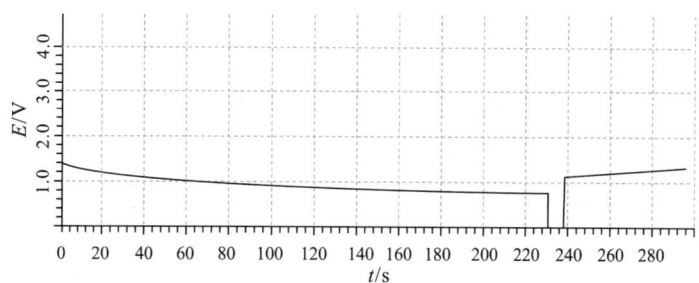

装入 1、2 号电池时,电压传感器测得电压随时间变化图象

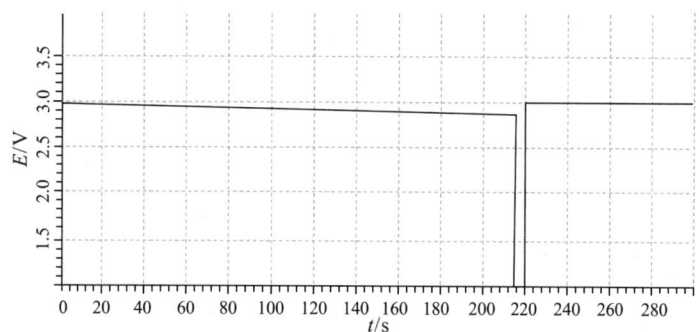

装入 3、4 号电池时,电压传感器测得电压随时间变化图象

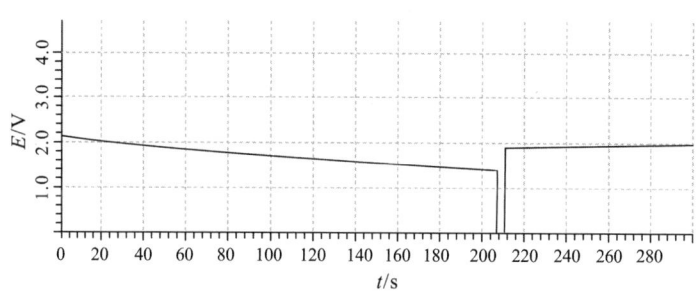

装入 1、3 号电池时,电压传感器测得电压随时间变化图象

图 1-27　新旧电池各自使用及混用效果图象

恒定不变,工作时间一长必然还会下降),断开 S,由步骤 4 发现在以后的时间里,1、2 号旧电池组电动势又缓慢回升了,可见旧电池在使用过程中电动势不稳定,将会影响用电器的正常使用;3、4 号新电池组电动势在实验时间里则较为稳定,仅变化了 0.0559 V;当 1、3 号新旧电池混用时,由于旧电池的影响,其电动势也不稳定,变化了 0.2798 V,因此新旧电池混用的效果也不好。另外,由表格数据利用公式 $r=(E_2-U)/I$ 求得电池组在输出电压

稳定时内阻分别为 $r_{1,2}=25.53\ \Omega, r_{3,4}=2.01\ \Omega, r_{1,3}=9.16\ \Omega$，可见电池用久了内阻会显著增大。

通过上述实验专题探究，可以总结出以下两个结论：

①电池用久了内阻会显著增大，如果新旧电池混用，旧电池内阻大将消耗新电池电量。

②旧电池的电动势受外界影响比新电池大很多，在使用过程中将会发生较大的变化。

点评：学生通过新旧电池搭配使用的探究活动，不但可以对物理学的方法和思想有进一步的了解，开阔了视野，而且更加深入地认识到物理学的技术应用以及对经济、社会的影响。本案例论文获第七届全国中学生数理化学科能力竞赛一等奖，将物理专题探究拓展到学生课外科技活动中去，学生表现出非凡的想象力和创造力，真是潜能无限。

另外，研究还发现，专题研究性学习要充分重视各种优质课程资源的开发与利用：近年高考试题内容的命制，不少是源于教材或教参中"正文"的提炼、"问题与练习"的改编、"实验"的原型、"例题"的变式、"信息窗"的引申等。所以，针对这些优质课程资源，要提醒学生多关注，部分内容还可列为专题研究。

【例 1-4】（2010 北京卷 23 题）利用霍尔效应制作的霍尔元件以及传感器，广泛应用于测量和自动控制等领域。如图 1-28(a)所示，将一金属或半导体薄片垂直置于磁场 B 中，在薄片的两个侧面 a、b 间通以电流 I 时，另外两侧面 c、f 间产生电势差，这一现象称为霍尔效应……(3)图 1-28(b)所示是霍尔测速仪的示意图，将非磁性圆盘固定在转轴上，圆盘周边等距离地嵌装着 m 个永磁体，相邻永磁体的极性相反……b.利用霍尔测速仪可以测量汽车行驶的里程。除此之外，请你展开"智慧的翅膀"，提出另一个实例或设想。

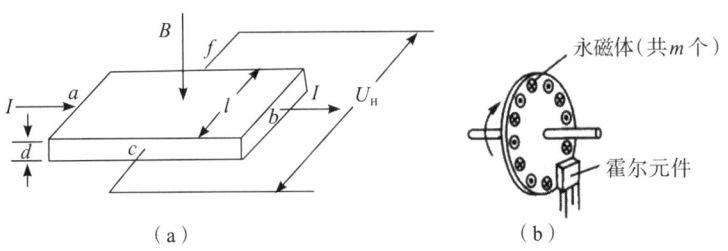

图 1-28　2010 北京卷 23 题图

本题取材于教材中的"霍尔效应"现象(如鲁科版高中物理选修 3-1 第 128 页"信息窗",如图 1-29 所示)。为有助于本题,特别是第(3)小题的解答,我们平时教学可鼓励学生通过网络查找有关霍尔效应的资料,开展关于对"霍尔效应"的研究性学习:

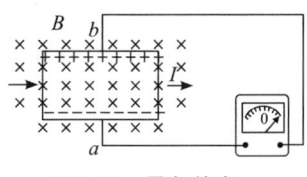

图 1-29　霍尔效应

(1)知道霍尔效应现象吗?(现象)

(2)你能解释霍尔效应吗?(本质原理)

(3)产生附加电压的条件是什么?(电荷运动,磁场)

(4)霍尔效应有哪些应用?(举例)

(5)什么是量子反常霍尔效应?(由薛其坤院士实验团队首次观测到,激发学生爱国热情)

六、结束语

以专题探究的研究性学习为教学思想的课堂,通过实际习题的解决过程,寻找教与学的切入点,把方法的获得、能力的提高融入获取知识的过程中,让学生潜意识运用到的科学方法和良好的思维脉络展露出来,再通过教师的引导以及合理的归纳与总结,将支离琐碎的知识和隐含的科学方法有机结合起来,让学生在体悟中达到心理深层次的成功体验,从而获得情感上的满足,为主动探究、解决新问题、培养良好的品质奠定基础。

专题探究的研究性学习课堂具有明确的研究目标和研究目的,是为达到某种结果而精心设计的课堂,不是对学生提出的所有问题都研究,向外扩容与发散不是无限制的,更不是随机性地确定研究对象,也不是将所有的课堂都搞成活动研究。校本课程的开发要注重社会、自然和生活实际,立足于教材,以解决问题为形式,以教材中蕴含的科学方法和学科思想为核心,注重学生在知识获取过程中的情感体验,以及良好思维品质的培养,尤其是思维的深刻性、灵活性和发散性。

综上所述,教学主张——体悟物理,体现了物理教育教学追求的是完整的教育,不仅要教授学生物理知识,更要把学生培养成真正的科学文化人,从而更好地为中华民族的伟大复兴、为人类文明与发展培养出有用的全面型人才。基础教育改革深化的方向是全面落实学科核心素养教育,笔者主张的物理教学必须强化科学探究、体悟思想方法和渗透人文精神,这正是物理学科核心素养教育的凸显。笔者认为这样的教学过程必然为学生学习物理学种下科学思维的种子,为学生学好物理学播下希望的种子。

第二节 体悟物理与专题研究性学习关系

物理教学追求的是完整的教育,不仅要教学生物理知识,更要将学生培养成真正的科学文化人,为中华民族伟大复兴培养更多全面型人才。研究性学习(专题)是"体悟"实现的教学模式,下面从强化科学探究、体悟思想方法和渗透人文精神3方面对两者关系做一讨论。

一、在专题研究中引领学生体悟实验探究过程

物理课堂中的探究实验是学生主动获取物理科学知识、体验科学过程、领悟科学方法的重要学习活动,其作用主要是能让学生的学习方式实现从被动接受知识到主动获取知识的转化。这一目的的达到在很大程度上取决于实验的科学探究质量和教师的教学效率。

(一)初始思维变"忽略"为"重视"

在常态实验课上,教师习惯直截了当地给出器材清单,那怎么就想得到用这些器材而不是其他器材来做实验呢?由于缺少铺垫和过渡,这样的安排显得很突兀,也把最能培养能力的探究过程的"初始思维"给"忽略"了。实际上,实验问题的提出、原理方法的分析、器材选择与方案择优等这些最初始的探究要素(包括后面结论归纳与误差分析),更需要思维分析,这也恰恰是创新性思维萌发的开始,必须重视,绝不能忽略。[4]

(二)探究活动变"照方抓药"为"有意识地探究"

不少教师将探究程序细化成一个个步骤和一张张表格,学生只需要有条理地按步骤动手做实验。整个活动中,学生完全是按照教师或文本的指令进行操作,这样容易导致"知其然,而不知其所以然"。我们主张把单纯的"程序操作"变成"有意识地探究",把"验证性实验"变成"探究性实验",

把按部就班的"假"探究实验变成有意识的"真"探究实验。这样,不仅学生的实验技能得到训练,思维能力也得到了有效的培养。[4]

(三)实验结论变"肤浅呈现"为"理性升华"

物理课上"浅尝辄止"的实验教学很常见,学生不记录数据,而是由操作直接定性得到实验结果。这样就把"具体实验操作"和"分析论证"两个环节混在一起了,混淆了"证据"和"结论"的区别,导致许多有用的信息被浪费。[4]例如,在探究"光的折射定律"实验中,入射角、折射角之间会有怎样的定量关系?该问题并不是要在课堂上解决,可作为拓展性课题引导学生课后专题研究性学习,实际上也就把探究深度进一步加大了,引领学生进一步理性升华。密立根油滴实验若仅仅沉浸于巧妙测出油滴所带的电量,不进行定量分析论证,又怎能推断出电荷量的不连续性及元电荷电量,从而得到电荷量子性的重大创新成果呢?

二、在专题研究中引领学生体悟物理思想方法

笛卡尔说过,"最有价值的知识是关于方法的知识"。高中物理课程标准也提出,"通过物理概念和规律的学习过程,了解物理学的研究方法,认识到物理实验、物理模型和数学工具在物理学发展中的作用"。为此,在实践中我们提出了以下两点主张。

(一)物理思想方法的教育要由隐性转变为显性

显性教育就是指在教学过程中要明确告知他们采用的思维方法。在进行物理方法教育时要明确该科学方法的名称、形式、内涵、步骤及其适用的条件,让学生得到有意识的培养和训练,如同传授科学知识一样,围绕科学方法的学习目标、过程和练习方式进行设计并展开明确、系统、细致的教学。[4]

(二)系统梳理挖掘教材中的物理思想方法

物理教学论专家阎金铎教授提出,把物理教学中的科学方法分为3个层次。第一层次是具体方法,如观察的方法、实验仪器的使用方法和某个实验的具体操作方法等。第二层次是逻辑方法,在上述具体方法基础上,运用逻辑方法进行思考,通过分析、综合、抽象、概括等过程,最后上升到思

维的3个形式,即概念、判断和推理。第三层次是分析解决问题的科学方法,如理想化方法、等效法、模型法、假设法等。在具体教学实践中,教师在方法教育显性化的基础上,可以引导学生系统地、有意识地进一步细化梳理,尽可能挖掘教材中物理方法的教育素材,学生就会在学习知识的同时,体验并领悟到物理的思想方法:

一是实验及其观察方法。实验的特点和作用;实验原理和方法;实验的设计;实验器材的选择和使用;观察的特点和作用;观察的要求和方法。

二是逻辑思维方法。比较和分类方法的特点、规则、作用与运用训练;分析和综合方法的特点、作用与运用训练;归纳、演绎和类比推理方法的特点、规则、作用与运用训练;形象思维与直觉思维及顿悟的作用与运用训练;科学概念、规律的逻辑结构和抽象、概括的一般过程。

三是模型化方法。理想化方法与理想模型建立的特点、作用与运用训练;假说方法的特点、作用与检验方法;等效方法、对称方法、微元方法的特点、作用与运用训练;转换的方法及训练(如状态物理量和过程物理量测量的相互转化);控制变量法、整体法、隔离法;"化曲为直"法。

四是数学方法。用数学方法进行推理建立新理论和发现新规律;数学方法为物理学提供了精确的数学化语言,如物理公式;图象表达物理规律和处理问题的特点、作用与运用训练;比值定义物理量的方法;比例系数法。

三、在专题研究中引领学生体悟人文教育思想

人文精神的核心是以人为本,强调对人本身的价值和尊严的尊重。现代社会的人应具备的人文精神或人文素养有人与自然和谐可持续发展的理念,对科学的"真、善、美"的追求,社会责任意识,对不同文化的理解和认同的意识,合作共处的能力,珍爱生命,自我反省意识。教师应在专题研究性学习活动中注重学生人文精神教育的体悟。

(一)物理教育中蕴含着丰富的人文思想

德国哲学家文德尔班说:"近代自然科学是人文主义的女儿。"科学技术活动中充满了人文因素和人文思想。首先,物理科学本身充满了科学美,其规律、定理揭示了客观事物的简单性、对称性、和谐性、统一性与奇异性等特征,给人以美感,这也是人们在实践中孜孜以求的目标;其次,科学

家的任何科研活动都和其他社会活动一样,体现和反映了参与者的伦理观、人生观、世界观和价值观,如科学家献身科学敬业奉献的精神、实事求是严谨治学的态度等,都浸润着浓烈的人文精神;最后,物理教育是教育者与受教育者在认识、感情和行动上的交流和探讨,既然是交流和探讨,必然会使人与社会的关系、人与自身的关系在这个动态过程中得到反映。[4]

（二）物理教育中人文精神的渗透和培养

在物理教育中,我们要有意识地挖掘物理学中的人文思想,并把它与物理知识相融合,更多地关心"人"和"人文",使物理教育富有生机和人性。

一是引导学生树立良好的科学道德。苏格拉底说:"美德就是知识。"有些人发现实验数据与规律不符时,不是去找误差原因,而是编造起"理想的"数据来;有些人为了应付"研究性学习"的课题研究,没有调查、实验,"东抄抄,西摘摘",乃至于从网上一"拷（copy）"而就。对于这样的行为,一方面要进行正面的说理教育,另一方面要严肃地加以处理。[4]

二是建立民主和谐的教学氛围。苏霍姆林斯基说:"教育……这首先是人学。"在教学中,教师一方面要创设和谐的学习环境,增进学生合作学习,鼓励学生积极参与并主动创新,另一方面面对争议,特别是物理专题研究性学习,教师应该真诚地为学生提供一些更宽阔的思路、更广阔的视野和更丰富的选择,让学生得到更多人文精神教育的浸润。[4]

第二章
专题研究性学习课程的开展背景及内涵

创新人才的培养任务不只是在大学里,基础教育也同样肩负着培养创新型人才的重要责任。专题研究性学习课程对培养创新型人才发挥着重要的作用,三明一中"高中物理专题研究性学习"课程资源建设团队,依托全国教育科学"十二五"规划2013年度教育部重点课题"促进自主探究——高中物理专题研究性学习实施策略研究"(课题批准号:DHA130285)、福建省教育科学"十二五"规划2011年度课题"促进个性化学习的物理专题探究实践研究"(课题批准号:FJCGJJ11-081)以及福建省教育科学"十三五"规划2017年度课题"重探究、促思维——高中物理建模教学的实践与研究"(课题批准号:FJJKXB17-375)等数项课题研究成果,先后发表CN成果论文42篇,从选题内容开发、教学策略设计以及评价模式构建3个方面对高中物理专题研究性学习的实施策略进行了可贵的探索实践,积累了一些可资借鉴的经验。本章顺延第一章体悟物理这一教学主张在专题研究性学习中的作用,介绍了校园专题研究性学习课程的缘起及开发建设的理论基础,分析了专题研究性学习核心概念界定与内涵、研究性学习的开展现状、研究文献述评以及已有研究存在的问题,为进一步研究奠定理论基础。

2004年9月—2012年9月,笔者先后主持完成三明市基础教育科学研究2004年市级重点课题"促进自主探究——高中物理开展课题研究的实践与探索研究"(ZDJYKT-041005)、福建省教育科学"十一五"规划2010年度基础教育"校本教研"课题"'理科综合'测试目标下探究性实验试题编制的研究"(FJXB-10062)以及福建省教育科学"十二五"规划2011年度课题"促进个性化学习的物理专题探究实践研究"(FJCGJJ11-081)3项课题研究,这些课题螺旋提升、渐进发展。在上述研究的基础上,2013年12月"促进自主探究——高中物理专题研究性学习实施策略研究"被全国教育科学规划领导小组办公室立项为全国教育科学"十二五"规划 2013 年度教育部重点课题(课题批准号:DHA130285),2018 年 11 月,该课题成果因获 2018 年基础教育国家级教学成果奖二等奖以及省级教学成果奖特等奖,而获全国教育科学规划领导小组办公室免鉴通过结项。该课题实施以来,项目组严格执行全国教育规划办、福建省教育规划办和三明市教科所课题管理的一系列要求,各子课题小组按计划全面实施,及时填写课题实验研究记录表,做好阶段小结以科学调整下一阶段的各项研究措施。2017 年 6 月 26 日,在三明一中召开全国教育科学"十二五"规划教育部重点课题"促进自主探究——高中物理专题研究性学习实施策略研究"成果汇报会,福建省高中物理教研室陈松主任对课例进行点评,并现场指导课堂教学,他说道"惊叹于学生们身上蕴藏的潜力与研究能力"。"本节课例是落实核心素养教育理念在学生身上得到贯彻执行的很好体现。"福建省教科所基础教育研究室主任郭少榕研究员对项目研究及项目结题工作进行了工作指导,她对项目进行总结性评价,概括为"材料丰富、成果丰硕",并对三明地区教师的教学课题研究的热情给予了高度肯定。

第一节 专题研究性学习课程的研究缘起

一、有关问题的提出

由于长期的应试教育的影响,随着学业的增长,许多学生对自然的好奇心、对未知世界的探索精神正在慢慢消退。为改变这种状况,在高中物理新课程教材中设计了与所学物理内容有关的专题探究,增加了较多的探究实验,使物理课堂教学有了较好的实验素材,如很多内容都设置了"实验与探究"环节,更加注重实验的趣味性、创造性和探究性,拟通过这些探究活动让学生进一步学习物理学的有关概念和实验技能,了解物理学的思想和方法,较深入地认识物理学的技术应用以及其对社会、生活、经济的重要影响。《普通高中物理课程标准(2017 年版)》也明确指出:"高中物理课程应促进学生自主学习,让学生积极参与、乐于探究、勇于实验、勤于思考。通过多样化的教学方式,帮助学生学习物理知识与技能,培养其科学探究能力,使其逐步形成科学态度与科学精神。"把"研究性学习"活动列入课标,成为新课程改革的一大亮点。如今步入新时代的新一轮高中课程改革的洪流正在到来,如何切实提升新的历史时期学科研究性学习的实效性,已成为广大教育工作研究者共同关注的重要课题。

二、课程研究的目的

一是以项目研究为载体,搭建一个学习、研究、交流的平台,激发起学生的学习兴趣和对物理客观世界奥秘的探索热情,进而使学生的学科核心素养得到培育和发展。同时,可以提高教师的物理课堂教学技能和科学探究教学的实施能力,促进教师的专业化成长。

二是通过项目研究,强化教师对物理新课程教育理念的贯彻,促进物理教与学方式的转变。同时,通过项目组成员的分工协作,发挥项目组核心成员的智慧和力量,使项目组教师在其所在学校乃至地区起到学科引领作用,努力做到以点带面,推动物理新课程的顺利实施。

三是通过项目研究,促进学生对物理专题研究性学习,特别是对实验探究式学习的正确理解,使学生养成动手动脑、独立完成实验的习惯,培养他们在探究过程中收集和处理信息的能力、创新和实践的能力以及与人交流和合作的能力。

三、课程研究的意义

"促进每一个孩子的发展"是新课程的重要理念之一,而这一理念的实现,还有赖于具体化的实施过程。在高中物理教学中开展专题研究性学习的实施策略研究,其意义主要体现在以下几个方面。

一是培养学生的创新精神和实践能力。研究性学习要求学生在教师适时适度的指导和帮助下,充分发挥主观能动性,独立思考、大胆探索、勇于实践,积极提出自己的新观点、新思路和新方法。

二是培养学生的合作态度和交往能力。在研究性学习活动中,小组合作探究常作为科学探究的基本组织形式。为了完成科学探究活动,小组成员之间必须学会相互理解、彼此尊重和信任,学会互相帮助和支持,培养学生的合作精神。

三是培养学生的科学精神和科学态度。研究性学习能使学生获得亲自参与研究探索的积极情感,逐步形成一种在日常学习与生活中喜爱质疑、乐于探究、努力求知的心理倾向,养成尊重前人劳动成果、认真求是的科学态度以及不怕困难勇于探索的科学精神。

四是培养学生的社会责任和发展意识。物理专题研究性学习的内容不少是与社会生活实际联系密切的问题,如人与自然、科技发展的关系等,从中可以培养学生的社会责任感和"STSE"意识。

四、课程研究的假设

如果能充分发挥物理教师开展教育科研的积极性和主观能动性,使其树立现代教育观念,灵活地开展项目研究整合于物理教学,就能够创造出高效的教育教学模式,全面优化教学过程,促进教学质量的提升。同时,能够加速物理教师队伍的建设,并能促进学生的发展。

学生各种能力的培养,是和他们在学习中的相关行为联系在一起的,要发展某种能力,就必须经历相关的研究过程。例如,要培养学生的科学探究能力,就要让学生经历科学探究的相应过程,让学生在专题探究的过程中体会探究的方法和步骤。因此,加强专题探究教学,关注学生在探究学习活动中的行为特征,着力培养学生的学科核心素养,实践证明这些教学策略在新课改中十分重要。[5]

五、课程有关核心概念

(一)自主探究

促进"自主探究"是指着力改革传统的"接受—理解—巩固—解题"教学模式,重新构建起"参与—体验—内化—外延"的新型教学模式。它的研究,将有利于转变学生被动学习的现状,提升学生的科学素养。

(二)专题研究性学习

专题研究性学习是指教学中尝试以学科渗透为发展方向的专题研究,以课内与课外相互结合的形式,让学生借助现代信息技术,收集整理资料,运用物理知识解决实际问题,开展类似科学探究的一种综合学习活动。物理专题研究性学习主要涉及两方面内容,一是实验与制作,二是调查与研究。在实验与制作中,学生要了解实验、制作所依据的物理原理,安全、规范地进行实验操作,如实、认真地记录实验数据,严格、科学地分析、处理实验数据,同时能对自己的探究活动进行反思并与他人交流。在调查与研究中,学生要学习如何发现问题,从物理学的角度提出问题,利用图书馆、互联网等搜集查找有关资料,经历实地调查的过程,学习调查研究方法,学习整理、分析调查信息及有关数据,并从中得出自己的结论,完成调查研究报告。

物理专题研究性学习活动可以独立完成,也可以由2～3人组成探究小组分工合作共同完成;可以从教材专题探究示例中选择专题进行探究,也可以自拟专题进行探究。学校和项目组老师应以适当形式组织学生对专题研究性学习成果进行展示和交流,并采取自评与互评相结合、过程与结果相结合的多种方式,对学生的专题探究成果进行激励性的评价和鼓励。

(三)探究性学习

《普通高中物理课程标准(2017年版)》指出,高中物理学科核心素养主要包括"物理观念""科学思维""科学探究""科学态度与责任"四个维度,其中"科学探究"主要指高中物理中通过实验发现物理规律的方法,包括发现问题、合理猜测、设计实验探究方案和获取证据、分析论证、合作与交流、评估和反思等。[1]科学探究是一个过程,是一种学习方式和科学研究方式,是一种学习科学知识、发展科学思维、形成科学态度的手段和途径,也是一种综合的能力,包括问题提出能力、问题解决能力、观察能力、实验能力、论证能力、交流合作能力等。而探究性学习是指学生运用科学探究的方法自主搜寻信息、构建答案的过程。

作为重要抓手的探究式教学,其目的在于培养学生的创新精神和实践能力,即知识与能力的获得主要不是依靠教师进行强制性的灌输与培养,而是在教师的指导下由学生主动探索、主动思考、亲身体验出来的。探究式教学实质上是将科学领域的探究引入课堂,使学生通过类似科学家的探究过程(即学生用以获取知识、领悟科学的思想观念、领悟科学家研究自然界所用的方法而进行的各种活动,包括观察、测量、制作、提出假设、进行实验、提出模型和交流),理解科学概念和科学探究的本质,并培养科学探究能力的一种特殊的教学方法。[5]

(四)教学策略

"策略"一词原指大规模军事行动的计划和指挥,在更一般的意义上指为达到某种目的使用的手段或方法。在教育学中,这个词常与"方法""步骤"同义,还用来指教学活动的顺序排列和师生间连续的有实在内容的交流。

所谓"教学策略",是在教学目标确定以后,根据已定的教学任务和学生的特征,有针对性地选择与组合相关的教学内容、教学组织形式、教学方法和技术,形成具有效率意义的特定教学方案。[6]教学策略具有以下基本特征:第一,综合性。选择或制订教学策略必须对教学内容、媒体、组织形式、方法、步骤和技术等要素加以综合考虑。第二,可操作性。教学策略不是抽象的教学原则,也不是在某种教学思想指导下建立起来的教学模式,而是可供教师和学生在教学中参照执行或操作的方案,有关明确具体的内容。第三,灵活性。教学策略根据不同教学目标和任务,并参照学生的初始状态,选择最适宜的教学内容、教学媒体、教学组织形式、教学方法并将其组合起来。[7]

(五)教学模式

美国乔以斯(B. Joyce)和威尔(M. Weil)在1972年出版的 *Models of Teaching*(《教学模式》)一书中把教学模式定义为"一种可以用来设置课程、设计教学材料、指导课堂或其它场合教学的计划或范型"[8]。按照这种定义,教学模式的内涵是指导课堂教学或是其他场合教学的一种计划或范型(即有一定代表性、能起示范作用的教学方法与教学程式)。目前,一般认为教学模式,是在一定教学思想、教育理论的指导下,教学活动诸要素依据一定教学目标、教学内容及学生认知特点,所形成的一种稳定而又简约化的教学结构,它是教育思想、教学理论、学习理论的集中体现。

高中学生开展物理课题研究与高中物理学科教学整合发展起来的高中物理自主探究式教学模式,强调学生获取知识的过程,使学生从被动接受知识的地位向主动探求知识的地位转化,在探究规律的过程中培养获取和处理信息的基本科学方法和思维模式。其目的不仅仅是验证科学规律,培养实验技能,更重要的是使学生在学习过程中逐步形成科学探究能力。

第二节　专题研究性学习课程的研究述评

一、研究背景

在国际教育改革的探索中,建构主义的理论越来越受到重视。它是认知主义学习理论中的一个重要分支,是在认知主义基础上发展而来的,同时又吸收了人本主义的一些要素,成为后现代思潮中教育理论和实际教学的指导性理论。研究性学习正是在建构主义理论指导下形成的。国外对本课题的研究,在教与学两个方面有了新的认识,强调教师参与课程发展和构建主义的学习模式。而我国《普通高中物理课程标准(2017年版)》在目标上明确了注重提高全体学生的科学素养,在课程结构上重视基础、体现课程选择性,在课程内容上体现时代性、基础性、选择性,在课程实施上注重自主学习、提倡教学方式多样化,在课程评价上强调更新观念、促进学生发展。[1]基于这样的理念,高中物理课教学应从唤起学生好奇心和激发学生学习兴趣为出发点,开展研究性学习,引导学生主动获取学习资源中的信息,选择合适自己的学习方法,建构自己的知识体系,真正达成物理课程标准提出的课程目标。研究性学习的开展旨在培养学生像科学家一样思考问题、用科学的方法解决问题。现有研究表明,开展专题探究的课题研究能充分发挥教学中教师作为组织者、指导者的主导作用,可使教师对所教内容有更为充分的准备,教学效果更好;开展专题探究能充分发挥学生学习的主体作用,形成对知识主动探求,并重视实际问题的解决,培养学生的创新精神和实践能力,适应新时代的要求。近年来,福建省在全省全面推进实施高中课程改革基地校和创新示范性建设,三明一中的许多老师都在进行研究性学习的教学实践探索。通过实践,我们体会到研究性学习能够促进学生在教师指导下主动、富有个性地学习,促进学生自主探究能力的发展。同时,我们还认识到由于受应试教育传统思想的束缚,如何将专题研究性学习与课堂教学、实验教学等主体教育有机结合起来,使研究性学习教学策略真正达到科学探究的目标要求,从而有效提升学科教学质量,我们要走的路还很长,需要学习和探索的问题还很多。基于这种背景,我们提出"促进自主探究——高中物理专题研究性学习实施策略研究"这一课题。

二、理论基础

(一)探究学习理论

最早提出在学校科学教育中要用探究方法的是美国教育家杜威,他认为科学教育不仅仅是要让学生学习大量的知识,更重要的是要学习科学研究的过程或方法。[5]探究是人类认识世界的一种最基本的方式,人类正是在对求知领域的不断探索中获得发展的。

探究式教学符合学生的心理特点,可以满足学生发现、研究、探索的心理需求,能够激发学生学习的兴趣和求知欲。探究式教学符合学生的认知特点,学生对客观现实的认识来自对外界尝试探索性的活动,而教学中学生用自己的方式探究新知,对他们来说是最好的方法,教师在学生的探究过程中给予适当点拨、引导则符合学生的认知特点和规律。探究式教学符合成就动机理论,能激发学生学习动机,使学生体验到成就感。学生在课堂上能够不断地发现问题,并积极地解决问题,通过对问题的解决获得成功感、满足感,进而产生探究新问题、解决新问题的欲望。探究式教学符合现代教学论,利于学生的主体性发展。学生只有在努力探索新知、解决问题的过程中才能充分发挥其学习的自主性、主动性、创造性,有利于学生创新意识和实践能力的培养。

(二)主体教育理论

马克思认为,在人自觉地、能动地实践活动中,人就成了主体,也就体现了人的主体性,人的主体性是人的最本质的特征。而现代社会需要的是具有自主探究、创造精神、主体性鲜明的人,这正是教育应承担的培养任务。[9]苏霍姆林斯基说:"人生的真谛,在于认识自己,而且是正确地认识自己,自我教育正是从这里开始的。""只有能够激发学生进行自我教育的教育,才是真正的教育。"[10]学生作为发展的主体,是具体的、活生生的、有丰富个性的、不断发展的认识主体,是具有主观能动性的独立个体和群体。学生的主体性在实践活动中生成,在实践活动中发展,在实践活动中表现。

(三)多元智能理论

多元智能理论强调应针对教学内容以及学生智能结构、学习兴趣的不同特点,来选择和创造多种多样适宜的、能够促进每个学生全面发展的教育方法与手段,"对症下药",因材施教,以满足不同智力特点、学习类型和发展方向的学生。

(四)创新教育理论

面对世界科技飞速发展的挑战,我们必须把增强民族创新精神和创造力提高到实现中华民族伟大复兴中国梦的高度来认识。教育在培育创新精神和培养创造型人才方面肩负着特殊的使命。创新意识要通过长期的、坚持不懈的人生观与价值观的教育才能逐渐养成。

除上述4种主要理论依据外,本研究还涉及认知心理学中的建构主义学习理论以及"SOLO"理论——能观察到学习成果的结构("SOLO"理论起源于英国心理学家艾德文·皮尔的研究成果,澳大利亚教育心理学家Jonh B. Biggs 和 Kevin F. Collis 发展了其理论体系)。[10]

三、国内外专题研究性学习开展现状及研究文献述评

科学探究的教学法使基本科学概念的建立是靠内在的领悟而不是外在的灌输。研究发现,有效推进专题研究性学习活动,可以改变学生的学习方式,提高学生自主、合作、探究能力,意义重大。

(一)国内开展专题研究性学习现状

近年来,虽然研究性学习作为必修课程列入《全日制普通高级中学课程计划(试验修订稿)》中,但由于受应试教育传统思想的影响,我国不少学校日常的研究性学习的开展表现出一定随意性,研究性学习过程往往流于形式。具体表现在:首先,学科研究性学习课程资源的开发十分薄弱,学科研究性学习专题探究的成功案例开发还十分有限。其次,为了应付上级教育主管部门对学校的各种评选检查的需要而不得不开设学科研究性学习课程,研究性学习课程课时安排少,教学效果差,学科研究性学习与学科课堂主体教学基本上是"两张皮",严重脱节。最后,学生开展研究性学习活动的评价模式往往简单片面,激励性不够,导致不少学校的学生对研究性

学习只是应付了事,积极性不高。以实验探究教学为例,多年以来,实验教学被提到一个很重要的位置,广大教师对中学物理实验教学重要性的认识和感受也越来越强,实验教学改革也正在紧锣密鼓地进行着,但实验教学的现状不容乐观,物理实验教学改革还得深入,主要存在以下几个问题:

(1)对基础的物理实验重视不够,能做的就做,不容易做的或效果不理想的就不做,这些都无法让学生从感性认识上培养他们的探究能力和动手能力。

(2)以课件或实验视频来替代实验,忽视了实验本身的真实性、直观性教学功能。

(3)教师在实验教学中一手包办现象严重,或者学生做实验只是机械地模仿。

(4)没有充分利用好学生实验过程中的几个"错",如"错误的方法""错误的步骤""错误的数据""错误的结论"等,不能充分利用课堂生成的教学资源。

(5)部分偏远薄弱校的实验仪器设备配备不齐,教师的实验能力也亟待进一步提高。

(6)在经费和仪器配置较弱的情况下,中学物理教师在自制教具和实验器材方面还不够积极主动,事实上创造性地完成这一工作对学生的实验能力的提高有着很大帮助。

2013年,我们项目组也对三明市部分山区中学的实验教学情况进行了初步调查,调查结果也反映出实验教学的确不容乐观,实验的课程实施不理想,讲实验代替做实验、视频实验教学代替操作实验、学生实验替换成教师的演示实验等现象还是很严重,这极大地制约了学生实验探究能力的发展。可见,在高中物理教学中真正提高专题研究性学习的实效性,有效推进学生学科核心素养的发展,我们的确还任重而道远。

(二)国外开展专题研究性学习现状

在美国,学校非常重视学生体验性的学习,在物理课堂教学实践中强调"从做中学",这样可以学得更好,而不是只听别人如何说。因此,美国更注重课堂实践教学环节。在美国中学物理教学中,只要教师能够用实验说明的一般就不用语言说明,无形中就增加了实验的数量,从根本上提升了学生的实验技能和实验能力。在英国,物理教学把"自主探究"提到首位,在探究过程中,以实验设计、操作、数据记录、分析为核心,通过实验加深学生对科学知识的理解,经历科学发现的过程,在潜移默化中建立学生科学认识论和方法论的"认知结构",以培养学生的科学素养。在德国,教师也非常重视物理实验,在物理学界流传有一种说法:"没有演示实验的一堂课是不可想象的"[9],一般每堂都要2至3个实验。可以看出,国外把实验作为教学和研究的重要手段,始终贯穿于教学活动中。可见,发达国家的科学教育普遍重视科学探究,是因为其充分意识到在设计方案、动手操作、观察现象、分析数据、检验结果、提出解释和预测、撰写研究报告这个探究的全过程中,学生对科学研究过程能形成较透彻的了解,同时在此过程中学生逐步体验总结科学研究的系列方法。

(三)我国高中物理专题研究性学习的研究文献综述

项目组在中国知网上使用模糊检索从2000年至今的关于"研究性学习"的论文,显示有17篇(包括6篇硕士论文),在三明一中图书馆中进行检索关于"高中物理研究性学习"的专著,显示有2部。对上述查阅到的有关高中物理研究性学习的文献资料,我们项目组成员进行了认真的研读和学习,认为其主要内容包括以下几方面。

1. 高中物理研究性学习的概念

高中物理研究性学习就是学生在开放性的高中物理学科领域和相关现实生活情境中,以自主学习、探索学习为基础,从学习生活中选择和确定研究专题,主要以个人或小组合作的方式进行,通过亲身体验获取直接经验,养成科学精神和科学态度,掌握基本的科学方法,提高综合运用所学知识解决实际问题的能力。

2. 在高中物理学科教学中开展研究性学习的优势

高中物理研究性学习在新课改中占有重要地位,这是因为物理学科是各学科中与社会、生产和生活最密切相关的课程。在高中物理学科教学中开展研究性学习具有以下几个方面的突出优势:

优势1:现行高中物理教材中涉及的知识主要是力、热、声、光、电等方面,其中大部分与生产、生活息息相关——这有利于学生从中发现问题,挖掘课题。

优势2:高中学生物理感性知识丰富,特别是当今信息社会,学生知识面较广,接触新事物和新科技多,对力、光、电等基本知识较熟悉——学生们对开展物理研究性学习有内在的稳定驱力。

优势3:有方便的实验和实习条件。物理是一门以实验为基础的自然学科,高中物理实验和实习条件都相对较易满足——这是开展高中物理研究性学习的主要条件。

3. 高中物理研究性学习的特点和目标

有人认为,高中物理研究性学习有实验性和探究性、广延性和生活性、开放性和多元性、问题性和前沿性、社会性和实践性等诸多特点。高中学生通过开展物理研究性学习要达到以下目标:提高发现问题、提出问题和解决问题的能力;训练开放性思维能力,培养求知精神与探索精神;训练获取信息的能力,提高交际能力和表达能力;掌握物理学科科学研究与探索的规律与方法;培养科学态度和科学道德;培养合作意识和主体参与精神;建立新型的师生关系,促进教师素质提高。

4. 高中物理研究性学习课题选择的原则、维度、方法及类型和基本流程

(1)高中物理研究性学习课题选择的原则。选择和确定物理研究性学习课题遵循以下原则:需要性原则、实践性原则、可行性原则、研究性原则、主体性原则、过程性原则、价值性原则等。

(2)高中物理研究性学习课题选择的维度。高中物理研究性学习选题可从以下几个方面来考虑:物理实验深层次研究、重难点知识专项研究、科技小制作作品研究、联系生产生活专题研究等。

(3)高中物理研究性学习课题选择的方法。有研究表明,高中物理专题研究性学习课题的选题方法有以下几种:延伸扩展法、追根究底法、类比迁移法、时事热点法以及参考引进法等。[11]

(4)高中物理研究性学习课题的类型和基本流程。有人研究了高中物理课堂教学方式的研究性学习,认为课题类型有 4 种:实验探索型、情景创设型、调查研究型、社会课题型。有人在教学实践中,尝试根据探究问题的来源及探究过程的特点把探究性学习方式划分为资料型探究、科学史探究、实验探究和调查型探究 4 种类型。有人研究了高中物理开展研究性学习的基本过程,认为一般包括 4 个环节:发现问题(提出问题)、设计解决方案、动手操作(解决问题)、表达交流与评价(形成成果)。[11]

项目组经过不懈努力,系统概括了 10 多年来我国物理研究性学习在选题内容、教学策略和评价模式等几方面的研究,结果发现:

高中物理研究性学习选题一般可从物理实验深层次研究、重难点知识专项研究、科技小制作研究以及联系生产生活专题研究 4 个方面来考虑,课题选择和确定通常要遵循需要性、实践性、可行性、研究性、主体性、过程性、价值性等原则。课堂教学实施物理研究性学习一般有 3 种模式,即知识发现型教学模式、问题讨论型教学模式和实验探究型教学模式。强调对研究性学习态度、成效等采取激励性、过程性的评价。已有研究的缺陷和不足:首先,学科研究性学习课程资源的开发十分薄弱,虽然上海、江浙等地区编制了《研究性学习指导手册》《研究性学习综合主题》等书籍,但选题内容开发尚未形成较完整的学科系列。其次,学科研究性学习教学策略的实效性不强,往往只是停留在教学模式和基本流程理论层面的概括,而基于建构学习、探究学习和创新教育等理论基础,将专题探究与课堂教学进行深度融合研究的可操作性、可复制性的典型案例及较成功的研究性学习案例还十分缺乏。最后,研究性学习课题的开题、中期和结题3个环节的评价量表设计还不够完善,对学生研究性学习的过程性评价还不够科学与系统。今后研究的重点应包括选题内容的拓宽、实施策略的优化、评价模式的完善、成功案例的开发、理论建构的加强等。

第三章

专题研究性学习课程的规划及方案

在明确了专题研究性学习课程资源建设的目标和需求后,本章着重研究该课程的规划及方案。本章内容分为5个部分,分别介绍了物理专题研究性学习课程的研究程序和工作机制、具体实施方案、选题内容开发的研究、教学策略设计的研究、评价模式构建的研究等。在专题研究性学习课程的研究程序和工作机制部分,阐述了有关研究的设计思路、实践方法、技术路线等。在此基础上,笔者通过项目实验梳理了研究性学习理论基础、实施策略,并将这一实施策略实验于高中物理课堂教学实践,且通过考试这一最真实有效的测评手段对实验结果进行分析比较,最终得出高中物理研究性学习实施策略教学理论,其要点涵盖物理专题研究性学习的选题内容开发、教学策略设计和评价模式构建3个方面。具体说来:①教师根据不同年级和不同能力层次的学生,可设计出实验探究型、科技制作型、调查研究型、文献报告型、学科综合型、问题整合型等不同类型的专题研究性学习课题。②高中物理专题研究性学习活动可采用"二、三、三"教学模式(2个计划、3种题型、3个步骤),相应教学策略:专题探究与概念教学有机融合,体悟物理基础概念的内涵外延;专题探究与规律教学有机融合,体悟物理基本原理的论证生成;专题探究与实验教学有机融合,体悟实验设计方案的建构过程;专题探究与习题教学有机融合,体悟物理模型方法的解题运用;专题探究与科技活动有机融合,体悟综合实践应用的延伸拓展。③评价应贯穿于研究性学习的内容选题、方案设计、实施过程、成果表达的全过程。研究表明,通过采取积极正面的"等级+评语,形成性评价量表"评价方式,能够有效改变学生自我认知的倾向性和自主行为的调控力。

进一步明确专题研究性学习课程资源的目标和需求之后,在福建省"十三五"中学名师培养人选指导团队以及项目组专家的指导下,课程建设团队开始了课程资源的规划、方案设计和实践研究,运用了行动研究法、实验研究法、对比研究法等方法,通过若干个典型案例的深入剖析,对将专题探究活动与高中物理的规律教学、实验教学、习题教学以及科技活动有机融合的教学策略进行整合性教育干预实验研究,并且以教学实验样本的考试成绩前后测比较实验作为干预效果的评估工具,以考察专题研究性学习教学策略的有效性。

第一节　研究程序和工作机制

一、研究设计

(一)项目研究的设计思路

第一阶段:调查研究

开展问卷调查研究。项目研究开展前,项目组进行了充分的前期准备,编制了"高中物理研究性学习的实施策略研究"等3套问卷调查材料,在实验学校对高中物理专题研究性学习活动的开展情况进行了专门调查,获得了大量一手数据,归纳出亟待解决的问题,明确了项目研究的方向。同时,根据研究内容和研究专长确定参研人员,为项目任务的分工提供参考。

第二阶段:项目分组研究

本项目的研究目标:结合学校实际情况,以高中物理新课程专题研究性学习为切入点,以建构主义学习理论作为项目研究的理论支撑,努力探索研究专题研究性学习的选题内容、教学策略和评价模式,获取一些典型的教学案例和学生科技小制作、小论文成果,为实际教学提供一般可操作模式和有价值的指导,以促进学校物理学科教学质量的提高。

本项目的研究内容:①高中物理专题研究性学习选题内容开发的研

究;②高中物理专题研究性学习教学策略设计的研究;③高中物理专题研究性学习评价模式构建的研究。

本项目研究需要突破的重点:高中物理专题研究性学习教学实施策略的研究。

本项目研究需要突破的难点:①高中物理研究性学习与物理课堂教学如何整合;②高中物理研究性学习教学实施过程如何设计;③高中物理研究性学习评价模式如何建构。

项目组围绕项目研究目标,从物理专题研究性学习的选题内容开发、教学策略设计和评价模式构建3个方面分组实践与研究,并且通过对教学实验样本的学习水平与考试成绩前后测比较实验进行检验,经过不断完善和发展,最终总结出一套具有可操作性、可复制性的稳定的高中物理专题研究性学习实施策略。同时,开发出一批适合学生开展的专题研究性学习课题以及若干典型案例。

(二)项目研究的主要策略

本项目采用"整体策划—分步实施—阶段侧重—重点突破"的研究策略。其具体做法是:

一是抓实项目课例研究。我们的项目定位在实践性的课例研究上,既是项目本身目标的要求,也符合广大一线教师参与项目研究的意愿和自身研究特长的要求。通过大量的课例研究,将项目研究融入物理课堂教学、课外活动中,保持项目研究的生命力。

二是强化项目过程管理。为了切实落实真做项目,我们研究中努力做到以下4点:

(1)设计出了《三明一中教改课题研究活动记录表》《三明一中日常教育教学记录表》《三明一中课题读书笔记或资料收集表》《三明一中教改课题研究学期进度简况表》,并且要求在每次课题活动结束之后及时填写相应的表格。

(2)定期召开课题研究交流会。项目组活动结合三明市教育学会物理专业委员会以及三明一中教科处的业务工作进行,为项目组教师参与课题研究提供组织保障。

(3)对于每一次重大参赛活动,要求全体项目组成员均参与备课,多人说课,并从中选拔推荐出参赛教师,一次高水平的赛课将促进一批教师研究水平的提高。

(4)强化项目组成员的成果意识。提倡每一位项目成员上完一节研究课后要结合课题认真地撰写一篇教学反思或论文,在成果的累积过程中产生成就感,从而促进项目组研究工作可持续地开展和稳步推进。

(三)项目研究遵循的原则

第一,学科性原则。本研究以学科教学为立足点,要有利于提高学科教学质量;有利于突出学生发展为本,最大限度地开发学生的潜能;有利于加强对学生健全人格的塑造和创造力的培养[12]。上述"三个有利于"是检验本项目研究成效的标准。第二,实践性原则。教育科研的生命植根于各类教育实践之中。课题来源于实践,课题的研究过程更要以实践为基础,研究效果要在实践中检验。第三,整合性原则。本研究目标定位在促进学生个性化学习,探索高中物理开展研究性学习活动与传统物理教学的优势互补与整合,重点突出物理专题探究内容形成序列化的研究[12]。

二、研究对象

本研究在高中各年级分别选取两位物理教师任教的两个班级学生作为被试,其任教的另外两个班级作为对照,教学实验样本共 12 个班级学生。对教学实验样本的学习水平与考试成绩进行前后测比较实验,实验时间为期 5 年。

三、研究方法

(一)行动研究法

以课例研究为载体,采用"设计—实践—反思—调整策略—再设计—再实践—再反思"的循环式行动研究方法,有计划、有步骤地实施项目研究;以举办阶段性总结交流活动为载体,展示项目研究成果,进行交流评估,促进项目研究沿着良性循环的方向发展。

(二)实验研究法

根据实验目的和假设,进行实验设计、实施和分析。在实际教学过程中进行研究,研究成果能够为本学科教师理解、掌握和应用,从而达到提高教育教学质量的目的。

（三）调查研究法

通过研讨活动，整理本项目实验教师对实验内容的操作和研究情况，以问卷、访谈、观察的形式了解学生进行课题研究的能力水平和困难，得出调查结论，改进指导策略。

（四）对比研究法

通过研究对比试验前后问卷调查统计数据资料，比较项目试验的实施效果，总结经验并对项目成果加以推广应用。

（五）历史研究法

三明一中和其他实验校有着浓厚的教学研究氛围，可借鉴学习原有开展的研究性学习课程的经验以及同类项目的成功经验。

随着项目研究的纵深发展，我们项目组还采用了其他的实验研究方法，如教育实验法、理论综合法、模式研究法、文献研究法等。

四、技术路线

（一）项目研究思路

项目组从以下几个方面做好研究：①以高一、高二年级为研究试点，加强校际合作，多渠道拓展研究面，积极开展研究性专题探究教学的研究；②根据研究内容划分为3个子项目，子项目之间存在内在有机联系；③通过自身理论知识学习，不断提高研究能力；④加强成员的外出学习，积极与同行进行探讨交流；⑤聘请有关专家莅临指导，做好项目研究成果的后续推广。

（二）项目研究步骤设计

1. 项目组成员分工

本项目划分为3个子项目，划分情况和负责人分别是：

子项目一：开发高中物理教学中开展物理专题研究性学习的内容。

子项目二：研究如何指导高中学生开展物理专题研究性学习的实践。

子项目三：构建高中物理专题研究性学习活动的初步评价模式。

3个子项目均邀请省市教育专家进行指导。注意:

(1)各子项目活动由各子项目组长自行确定。

(2)阶段成果为各子项目研究报告、系列论文,分别由各子项目人员负责撰写。

(3)项目开题报告、中期小结、结题报告《促进自主探究——高中物理专题研究性学习实施策略研究》,主要撰写人员:×××等。

2. 项目计划研究周期

研究周期计划为2013年9月—2018年8月。

3. 项目研究步骤分3个阶段

(1)准备阶段:(2013年9月—2013年12月)(主要由×××负责)。

①建立教师项目组。合理分工,组织理论学习,制订科学合理的实验设计方案。

②组建学生研究性学习小组。计划选取5个教学班,高一、高二各两个班,高三1个班,自愿报名基础上每班选取3至5名具有创新意识和物理思想的学生开展实验。

(2)实验阶段:(2014年1月—2018年5月)(由×××、×××、×××、×××负责)。

①各项目小组按计划全面实施,收集整理研究过程中的资料信息。

②定期组织项目组成员进行研讨活动,做好小结报告,调整下阶段的研究措施。

③指导项目组学生撰写物理专题研究性学习小论文和自制小制作作品。

(3)结题阶段:(2018年6月—2018年8月)(主要由×××负责,×××、×××指导)。

①汇集并分类整理各种实验资料。

②撰写项目研究总报告和成果公报。

③申请对项目进行鉴定,做好项目研究成果的推广工作。

第二节　具体实施方案

根据新课程改革实施方案,研究性学习与社会实践、社区服务、劳动技术教育共同构成"综合实践活动",作为必修课程列入《全日制普通高级中学课程计划(试验修订稿)》。依据《普通高中"研究性学习"实施指南(试行)》,结合学校的实际,特制订专题研究性学习课程实施方案如下。

一、课程目标

(一)对学生

(1)通过转变学习方式,在主动、积极的学习环境中,激发好奇心和创造力,培养分析和解决实际问题的能力。

(2)在老师的指导下,运用和加深理解已经学到的知识,发现不同学科知识之间的联系,并尝试相关知识的综合。

(3)培养与学校生活、职业生活和继续学习有关的能力,自主意识,团队工作能力,资料收集能力,人际交往能力和掌握现代教育信息工具能力等。

(二)对教师

(1)通过对学生的指导,转变教育观念和教学方式,从单纯的知识传递者变为学生学习的促进者、组织者和指导者。

(2)通过与其他教师合作,加强学科的交叉和渗透,拓展学科知识,改善知识结构,树立终身学习的观念。

(3)创造轻松的对话环境,帮助学生克服困难,建立新型的平等的师生关系。

(4)通过多元化的评价机制,改革分数论英雄的单一评价模式。

二、课程管理

为了加强对研究性学习课程的管理,学校成立综合实践课程领导小组和综合实践课程专家小组。综合实践课程领导小组负责对综合实践活动课程的总体规划和协调,综合实践课程专家小组负责指导和评价。在学校综合实践课程领导小组的领导下,调动全校力量,明确职责,加强管理,形成全员服务意识,各个部门均有职责,每个教职员工都有义务。

(一)管理机制

课程管理机制如图3-1所示。

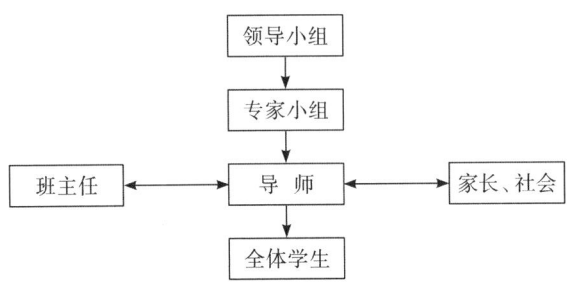

图3-1 课程管理机制

领导小组:由学校领导班子和处室负责人组成。
专家小组:由教学系列领导、处室、教研组长、校外专家、家长代表组成。
导师:主要是老师和部分校外专家。

(二)管理职责

教研室:学校研究性学习课程实施的主要承担者,负责学校研究性学习课程的策划与管理;负责对教师的培训;负责为组织成果展示提供资源保障;组织对研究性学习课程的实施进行评价;协调与校外有关方面的联系。

教务处:负责研究性学习课程实施的时间安排、学校教学资源的组织、学分登录等。

政教处与保卫科:负责为研究性学习课程实施提供安全教育与安全保障。

总务处:负责为研究性学习课程实施提供后勤保障。

团委与学生会:一些大型活动的组织者,起辅助作用。

班主任:对全班学生的研究性学习负责。协助教研室进行培训,协助政教处进行安全教育和礼仪教育,为学生的研究提供条件和安全保障,负责班级各个实践环节的组织协调,协助专家小组进行最后的学分认定。

导师:课题组和导师之间形成一种契约关系,教师不得随意拒绝充当课题组的导师。如果有特殊原因不能充当,必须向学生清楚地说明原因,并以书面形式向综合实践课程领导小组说明原因。教师一旦当上项目组的导师,就要全面担负起指导学生进行课题研究的职责。导师要做好指导学生的原始记录。学校将研究性学习作为教师和班主任工作业绩的考量指标之一,将指导研究性学习和其他综合实践活动作为评优和职称评聘的条件之一。

上述各个部门要把履行自己在学科专题研究性学习课程中的职责纳入自己的学年工作计划当中去。

三、课程结构

(一)课程设置结构

在研究性学习课程设置中,对高中3年的课程安排做通盘的考虑,既要循序渐进,使每个学生通过3年研究性学习逐步提高,又要因人而异,给有潜力的学生创造一切机会,帮助他们尽快成长。

1. 高一年级

以培养学习能力、问题意识为核心。课题的目的主要是让学生了解什么是研究性学习,研究性学习的实施步骤和方法等,并初步学会开展一些简单的研究性学习活动;课题的类别主要是以简单课题研究为主;课题的来源可以是自己自由选题,也可以是教师拟好课题由学生选择,也可以选择教材的延伸课题;导师可以由学生自己选择,也可以老师自荐或由专家组指定。[13]高一阶段教师的主导作用较强,教师可以做讲座,也可以指导学生通过参观、访问、观察、调查、实验、文献资料收集等开放性的主体体验实践来学习,引导学生在学习过程中思考分析社会、生产、生活现状,发掘问题,提出问题。

2. 高二年级

以培养学生实践、创造能力为核心。课题的目的要突出研究性学习的实践性和开放性;课题的类别要由课题研究类向项目(活动)设计类过渡;课题的选择由学生自己确定,由学生在生活、实践、学习中选择自己感兴趣的问题;导师必须由学生自己寻找,并且在研究中以学生为核心,导师只是方法的指导,在研究内容上没有绝对的话语权;学生要学会用不同的方法,用最佳的表达方法展示自己的研究成果。通过学生自主探索实践,确定研究课题,寻找解决的方案与途径,选择研究成果的表述方式等,使学生能够从学习中发现问题,了解社会实践,培养学生的实践与创新能力。[13]

3. 高三年级

以培养学生思辨学习、创新思维为核心。课程设置的目的定位于培养"小科学家""小发明家";课题的选择完全由学生自主选题,但是可以和教师或是其他专家探讨;课题研究的形式主要以个人独立研究为主;导师有一定的指导作用,大部分可能是一个合作者的角色,有时可能降为一个学习者的身份。通过对中学各科的真理、方法、价值观和相互关系的整体了解,立足于使学生在反思已有的知识的过程中,获得最佳的思维方法,培养学生以正确的科学态度、实践创新精神来解释世界和改造世界,为更高层面上研究问题,以及为个人初步发展方向奠定基础。[13]

(二)课题评价结构

课题的评价采用过程量化考核和最终定性评价。量化考核采用百分制,满分100分,按照课题实施过程的阶段来评分,分数分配的机制是:课题准备阶段20分,课题实践体验过程45分,课题成果鉴定35分。课题最终评价为定性评价,以A、B、C、D四级标准,分别对应优、良、合格、不合格,85分以上为A,75～84分为B,60～74为C,59分以下为D,每个课题必须C级以上才能获得学分。具体分值见表3-1。

表3-1 评价过程量化考核

评价类型	开题评价	过程评价	结题评价	
			35分	
分值	20分	45分	成果	展示交流
			20分	15分

(三)学分分配结构

研究性学习活动在必修课中所占学分最高。综合实践活动课总学分是23分,其中研究性学习就占了15分,在必修学分中,比任何其他单项科目的分数都要高。为落实研究性学习培养学生创新精神和实践能力的目标,按照普通情况和特殊情况来分配学分,见表3-2。

表3-2 研究性学习活动学分分配

	高一年段	高二年段	高三年段
普通情况	完成一个课题并C级以上,获5分	完成一个课题并C级以上,获5分	完成一个课题并C级以上,获5分
特殊情况	完成一个课题,课题获省级评比一等奖以上,或获得专利申请,或课题成果被采用,获得较大经济和管理效用的优秀课题,获15学分		

四、课程实施

研究性学习的实施大致可划分为 3 个阶段:前期准备阶段、实践体验阶段和成果展示阶段,3 个阶段并非截然分开,而是相互交叉、相互推进。每一步骤的研究情况必须如实记录,并准备好其他的文案,以备学分认定。

(一)前期准备阶段

1. 研究前的知识准备

学校通过讲座、课堂教学、网站、板报等多种形式,就什么是研究性学习、为什么要进行研究性学习、如何进行研究性学习等进行培训。每次开展活动前进行安全、礼仪、法制等方面的教育。学校还以上届学生成果展示的形式对学生进行培训。学校将发给每个学生《研究性学习指导手册》,以便于学生使用。学生要接受学校提供的培训,还要通过相关书籍或学长的帮助,自主学习掌握这方面的知识。

2. 课题组的形成和课题的选择

课题的确定有两种形式:一是由学生根据自身的兴趣、特长和客观条件,在教师指导下,从自然、社会和学生自身生活中自主选择和确定研究专题;二是学校创设一定的问题情境,形成一个大课题,学生们在这一大课题下自主选择一个自己喜欢的小课题。课题提倡综合性、开放性、科学性、探究性、独特性、可行性和多样性。

研究性学习的组织形式主要有两种类型:小组合作研究与个人独立研究。三明一中主要采用小组合作的组织形式,高二、高三阶段提倡部分学生个人独立承担课题研究。学生一般由 3 至 6 人组成课题组,聘请有一定专长的成人(如本校教师、校外人士等)为指导教师。在研究过程中,实行分工合作制,课题组成员各有独立的任务,既有分工,又有合作,协作互补。

课题组的形成和课题的选择可以有两种组织形式:一是有了课题然后才有课题组,二是有了课题组然后有课题。在这一过程中,班主任或学校专家小组负责进行协调,通过沟通和合并,将有共同志趣的人聚合在一起,组成课题组。

(二)实践体验阶段

确定了研究的课题、制订了研究的计划之后,学生要进入一个实践体验的过程。一定观念和态度的形成、一定方法的掌握都依托于这样一个过程。这应该是一个面对多样化的资源实施与多样化的研究的过程,而且只有资源的多样化和研究方式的多样化才能带来多元化的发展。本阶段实践、体验的内容包括以下几方面。

1. 相关理论研究与文字信息资料收集

任何研究都离不开对相关理论的研究,当然还应该占有一些鲜活的素材。学生应了解和学习收集资料的方法,掌握上网、查阅书刊等获取资料的方式,并选择有效方式获取所需要的信息资料。建议学生做好摘录,有条件的可进行剪辑、复印或下载等。

2. 调查研究

调查研究包括实地考察、问卷调查、采访专家等。学生应根据个人或小组集体设计的研究方案,按照确定的研究方法,选择合适的地方进行调查,获取调查结果。在这一过程中,学生应如实记载调查中所获得的基本信息,如有条件还要进行拍照、录音或录像等。

3. 实　验

为了验证某种关系,为了获取某种数据,学生要进行各种实验。学生要想好了再做,要在认真的实验设计基础上实施实验操作,并有完整、准确的实验记录。学生一方面要充分利用现有条件进行实验,另一方面要积极创造实验条件。学校也要为学生进行实验积极创造条件。

4. 分析、归纳与整理资料

分析、归纳与整理资料是培养信息处理能力的重要步骤。学生通过收集资料、调查研究或者实验,积累了丰富的信息资料,下一步便是对资料进行分析、归纳和整理,从中归纳出解决问题的重要思路或观点,形成课题成果。这是一个组员之间不断地进行交流和切磋的过程。

(三)成果展示阶段

1. 研究成果的表达

研究成果的表达形式可以是文字的,可以是口头的,也可以是实物的,或者是音像资料,更多的是多种表达形式的结合。常见的是文字形式的表达。文字表达又包括几个方面:进行课题研究类研究性学习活动的课题组,要完成最后的研究论文和结题报告。在这一阶段,学生要将取得的收获进行归纳整理、总结提炼,形成书面材料。书面材料可以是论文、研究报告,有一些课题组也可能没有形成最后的结论,写不出研究论文,但不能没有结题报告,即使是失败的课题,也要有研究过程的记录,分析失败的原因,获取失败的经验教训。

2. 研究成果的展示与交流

交流是一种重要的学习。学生通过交流与同学们分享成果,这是研究性学习不可缺少的环节。交流的形式有如下几种:小组成员之间交流,在小组内交流个人小结、学习心得体会或学习过程中发生的故事;班级内部各课题组之间的交流,在班级内展示课题研究成果、过程和体会;全校性交流,先进课题组的评选,学校应提供展台,展示过程中要进行答辩,要对展示的东西进行陈述,陈述时要接受教师和同学的质询。

第三节 选题内容开发的研究

一、高中物理专题研究性学习选题内容开发的原则

研究性学习内容的确定,必须要考虑社会、学科、学生3方面的因素,能够激发学生兴趣。其选题应具备如下基本原则:

一是需要性原则。即选择的内容包括使学生成为社会中一名合格公民所必备的基础知识和基本技能,包括学生以后继续学习所必需的技能和能力。

二是创造性原则。即选题应具有创造性,专题选择应关注目前解决得不够好的问题,并能提升学生创新思维能力的问题。[12]

三是科学性原则。即选题必须具有事实根据或科学理论根据,体现一种实事求是的精神,能运用科学方法解决实际问题。[12]

四是可行性原则。即选题要从主、客观条件考虑有没有实现可能性,内容要贴近生产生活实际,同时也要与学校教育的特点相适应,能够让掌握一定学科知识的学生有能力去完成。

二、高中物理专题研究性学习选题内容开发的探索

（一）不同类型专题研究性学习课题的设计

首先项目组教师指导被试学生提出课题或由学生自己提出课题，并考虑课题要能够充分发展学生特长，满足学生不同能力发展的需求，在此基础上再深入分析学生学习的疑惑点、兴趣点以及须深入探究的学科问题等。按专题类型设计的研究性课题举例见表 3-3，主要有：

①文献报告型：确定研究目的和问题，进行文献收集、文献整理、文献解读和分析，学习文献查阅的方法和如何得出文献研究的结论；②调查研究型：确定调查内容、选择调查对象（样本）、选择调查手段、准备调查材料、记录实地调查过程、整理写出调查报告；③探究实验型：形成包括实验目的、实验原理、实验方法、实验器材、实验步骤、实验方法、数据记录与处理、实验结论等组成的专题研究报告；④科技制作型：写出制作原理、制作过程、存在问题及改进方法的研究报告，还可以有实物作品在学校科技文化艺术节上进行成果展示；⑤学科综合型：确定研究问题、分学科整理相关准备知识、研究成果的分析与讨论、研究结论、研究后的思考；⑥问题整合型："坚持问题课题化"，问题的提出、研究的主要目标、研究方法（经验总结法）、研究成果的表达。

表 3-3　按专题类型设计的研究性课题举例

	高一		高二		高三
	上学期	下学期	上学期	下学期	上学期
文献报告型	寻找牛顿的足印；伽利略的思想方法研究	超失重与航天科技；从伽利略望远镜到哈勃太空望远镜——人类对宇宙的认识史	探析电冰箱到臭氧层；爱因斯坦相对论；基于不同路面轮胎设计研究	纳米技术应用；从"石油文明"到"核文明"；电磁辐射研究；光纤熔接技术	物理学思想方法研究；军事中物理原理研究；磁悬浮列车设计研究；电灯昨天、今天、明天

续表

	高一		高二		高三
	上学期	下学期	上学期	下学期	上学期
学科综合型	古代诗歌中的物理学	高中物理中常用的数学原理	干电池能量转化的研究	汽车中的科学原理	载人航天中太空实验的探析
调查研究型	高中物理实验中学生心理障碍种种调查	调查家庭能源使用节能措施；家电发展史及其发展前景	静电对人体及动物机体效应；家庭使用太阳能的调查报告	城市的环境与光污染的调查研究	新能源调查；关于潮汐发电的总结报告；超导体材料应用研究
探究实验型	物体的速度测量方法；厨房物理	自行车中的物理原理；蹦极物理原理	家用热水器的原理与使用；风力发电奥秘	装配直流电动机模型；节能灯的探究	基本常数的测定
科技制作型	中学物理实验中的打点计时器的原理与制作	制作水火箭；魔术物理知识；紧急空投——高空落蛋	变废为宝——自制台灯；多用表的制作；声光控开关制作	简易电子小制作在家居生活应用；手动延时开关的制作	家用报警器制作
问题整合型	斜面模型中动力学问题研究	传送带模型中动力学和能量转化问题研究	电阻测量研究；物理学中理想模型研究	电磁感应中的动力学和能量转化问题研究	物理习题近似估算法；物理学中的临界条件研究

（二）物理专题研究性学习部分参考课题

1. 调查部分

(1) 生活中的电磁辐射　　　　　　(2) 超失重和航天生活初探

(3) 寻找伽利略　　　　　　　　　(4) 物理研究方法

(5) 燃气热水器的安全使用　　　　(6) 新兴产业——太阳能的利用

(7) 城市中的光污染问题　　　　　(8) 刹车防抱死系统 ABS

(9) 从电冰箱到臭氧层　　　　　　(10) 家庭用电量的一般规律

(11) 我身边的物理知识　　　　　　(12) 体育运动中的力学原理

(13) 铁路弯道中的力学知识　　　　(14) 照相机的使用

2. 实验部分

(15) 爬坡赛车　　　　　　　　　　(16) 我的弹簧秤

(17) 电阻测量方法　　　　　　　　(18) 楞次定律漫谈

(19) 力的合成和分解演示仪　　　　(20) 测定自行车加速度

(21) 测量动物的反应时间　　　　　(22) 城市噪声控制的有效方法

(23) 教室电光源的最佳配置及分布　(24) 研究不同材料的保温性能

(25) 如何使保温瓶保温性能更好　　(26) 砂子在旋转水中的运动

(27) 胡克定律的应用推广　　　　　(28) 电阻的实际应用

(29) 研究弹簧振子的周期和小球质量的关系

(30) 从鸡蛋保护到航天器上应用

3. 制作部分

(31) 旋转的火箭　　　　　　　　　(32) 喷气船

(33) 奇怪的浮沉子　　　　　　　　(34) 水下的眼睛——潜望镜

(35) 竞技赛车　　　　　　　　　　(36) 杆秤

(37) 简易手电筒　　　　　　　　　(38) 水钟

(39) 弹簧秤的制作　　　　　　　　(40) 苹果削皮器

(41) 模拟电磁发生器——干扰器　　(42) 自制电子秤

(43) 自制热气球　　　　　　　　　(44) 自制水火箭

(45) 自制喷气小艇　　　　　　　　(46) 模拟汽轮机的制作

(47) 黑板擦的改进　　　　　　　　(48) 两球相吸与相斥

(49) 简易液体密度计　　　　　　　(50) 水流顶球

(三)学生层面如何选择有价值的专题研究性学习课题

研究表明: 学生能提出很多课题问题,但有时是模糊不清的。选择有价值的课题可考虑以下几个方面。

1. 明确课题问题

首先,要明确课题问题本身是否明确。

(1)问题表达是否明确?

(2)问题产生原因是否明确?

(3)提出问题的目的是否明确?

例如,分析下面几个问题,看它们是否明确:能否设计一个能回收天空中常常出现的不明飞行物的产品?常常出现吗?——不见得。不明飞行物是什么?——设计的对象不明确。怎样才能将冬天下的雪都有效地利用起来?利用在哪些方面?——问题太大,目的不明确

其次,要明确课题问题是否有价值。

(1)所提出的问题是否遵循科学原理?例如,能否制造出一个不用能源就能工作的仪器?(永动机)

(2)迄今为止,能否确认该问题尚未得到充分解决?例如,如何更加科学有效地利用好太阳能?

(3)现有的技术能否解决这个问题?技术发展以后呢?例如,能否下雨天时不带伞身体也不会被淋湿?

(4)解决该问题所需的投入是多少?投入与产出的比是否理想?例如,极力尝试能不能把水"变成"油?

必要时,还需要借助一些研究手段进行辅助分析(信息收集、调查分析等)。例如:

调查问卷 1

同学、老师,您好!

我们是高一(×)班的学生,正计划设计一种供小朋友用的小板凳,希望能获得您对板凳的要求和看法。以下列出各题,请您在认可的答案前的方框中打"√"

谢谢您的合作!

高一(×)班学生板凳设计组
×年×月×日

---

1. 板凳的高度
   □20 cm 左右   □30 cm 左右   □40 左右
2. 凳面的大小
   ……
3. 板凳的颜色
   □红   □蓝   □绿   □其他＿＿＿＿＿＿
4. 结构
   □(图1)   □(图2)…………
5. 能承受的成本价格
   □10元以内   □10～20元   □20～30元   □30～40元
   □40元以上
6. 其他特殊要求：

调查问卷2

同学、老师，您好！
我们是高二(×)班的学生，正计划设计一种供玩具车用的电动机，希望能获得您对电动机的要求和看法。以下列出各题，请您在认可的答案前的方框中打"√"
谢谢您的合作！

高二(×)班学生玩具电动机设计组
×年×月×日

1. 电动机转子线圈的匝数多少较为合适？
   □30匝左右   □50匝左右   □70左右
2. 电动机的功率大小？
   ……
3. 你关心电动机的哪些参数？
   □输入电压   □转子转速   □输出功率   □其他＿＿＿＿＿＿
4. 电动机结构
   □(图1)   □(图2)…………
5. 能承受的成本价格
   □20元以内   □20～30元   □30～40元   □40～50元
   □50元以上
6. 其他特殊要求：

最后,要明确课题问题解决的限制条件。

【案例 3-1】

设计一个家庭书架

从设计对象角度看:
应受哪些限制?(见表 3-4)
从设计者角度看:
思考:根据自己的实际情况,分析进行技术设计的有利条件以及不利条件。

有利条件:_____。
不利条件:_____。

参考答案:有利条件是具有初步设计能力、资料较丰富等;不利条件是缺乏专业技术、无实践经验、缺少研究经费等。

表 3-4　书架设计

限制的内容	原　因
不能太大	使用者的空间
材料的选择	成本限制
结构要合理	书籍种类多
……	……

2. 设定对课题设计的一般要求

明确课题问题后,根据问题的价值和条件限制,可以设定对课题设计的一般要求:

(1)根据设计标准:设计对象的功能、外观、材料、安全、耐用、精细度等方面要求。

(2)根据设计的限制:时间、成本、环境、技术、对社会经济的影响(如蒸汽机的发明)……

【案例 3-2】

提出对台灯问题的一般要求

技术指标:亮度≥300 lx,不反光,不炫目,绝缘度 1 MΩ。
外观要求:美观,具有一定的装饰效果。
耐用性:结构稳固,经久耐用。
成本要求:20 元以内。

以上要求基本合理,但有些不足之处:若要求经久耐用,那么成本 20 元是否足够呢?有待验证。

三、关于选题内容开发研究的分析与讨论

(一)选题内容开发原则的分析

研究显示,研究性学习内容的确定,必须要考虑社会、学科、学生3方面的因素,既具有一定的社会意义,又能够激发学生的学习兴趣,其选题应具备的基本原则主要有:需要性原则、创造性原则、科学性原则和可行性原则等。[12]这主要是因为《普通高中物理课程标准(2017年版)》强调在课程目标上要注重提高全体学生的科学素养,在课程结构上要重视基础、体现课程选择性,在课程内容上要体现时代性、基础性、选择性。[1]基于这样的理念,高中物理研究性学习要培养学生像科学家一样思考问题、用科学的方法解决问题,真正达成课程标准提出的课程目标。

(二)选题内容开发探索的分析

本研究显示,教师根据不同年级和不同能力层次学生的思维发展目标,可设计出实验探究型、科技制作型、调查研究型、文献报告型、学科综合型和问题整合型6种主要专题研究类型的课题。究其原因,可能有以下几点。

1. 课题与探索性实验相衔接

美国的STEM(科学、技术、工程和数学,Science, Technology, Engineering and Mathematics)教育强调实践性,因此课程结构中实验类的课程比较多,课程内容实践性倾向比较突出。除了课标上要求做的演示和分组实验,一些学有余力的同学往往有对一些物理关系进行深度探究的需求,如学习简谐运动时,课程标准上并未对"研究弹簧振子的周期和小球质量的关系"提出定量掌握的要求,但可组织研究小组就这一问题展开探究,学生通过亲历探究实验,经历猜想、实验、记录实验数据、在坐标纸上描点做出拟合曲线、用相应的函数表达这条曲线。[14]引导学生应用实验方法解决物理问题,在"做中学",这样学生获得的不仅仅是单一的知识,而是真正物理能力的提升。

2. 课题与新科学技术和社会问题相衔接

过去在物理课中只讲物理原理,最多讲一讲技术应用,但是科学原理的应用及其评价一定涉及社会问题,两者密不可分,我们的学校教育应该为学生做这方面的准备。如观察家用车和越野车使用轮胎不同,我们可以提出"基于不同路面的轮胎设计研究"课题,同时,在与他人共同学习和思

考过程中,学习者将收获归属感并学会以团队协作方式来解决现实世界的问题和挑战。[15]

3. 课题与课堂教学相衔接

学科教学中的研究性学习是在教学过程中以问题为载体,创设一种类似科学研究的情境和途径,让学生通过亲身实践获取直接经验,养成科学精神和科学态度,掌握基本的科学方法,提高综合运用所学知识解决实际问题的能力。[14]开展研究性学习的近期目标应是有效促进本学科知识技能的提升,有些跨模块的综合问题则可以通过专题研究性学习进行深度探究。在课堂教学中渗透研究性学习思想,用基于研究性学习的方式开展物理教学,让研究性学习成为一种教学方式和学习方式。

4. 课题与其他学科相衔接

"现实世界的问题本质上是跨学科的。"STEM教育提倡用跨学科方法解决真实世界中具有挑战性的问题,要打破学科之间的壁垒,使学生获得多学科解决问题的教育经验。目前课程体系中遇到的跨学科问题,由于本学科对跨学科能力要求一般不高,或者教师的专业知识局限,往往把这些问题资源草率地忽略了,而这些问题往往对学生综合科学素养的提高有很大帮助,因此通过专题研究性学习来展开学科间的综合问题研究也是真正提升科学素养的有效途径。[14]

四、专题研究性学习课题报名、研究登记及论文答辩样表

(1)"物理专题研究性学习"课题报名登记样表,见表3-5。

表3-5 "物理专题研究性学习"课题报名登记

_____年度研究性学习课程课题报名登记表(二十四)

高一年段	类别	课外活动	指导教师	×××
课题名称	从古至今的美妙——"古代诗歌中的物理学"调查报告		开题地点	物理实验室(一)
课题研究时间	2014年10月至2015年3月		课题组长	×××
专题研究性学习小组成员	……			

续表

_____年度研究性学习课程课题报名登记表(三十二)

高一年段	学科	物理	指导教师	×××
课题名称	电磁辐射的危害及防护例析——"日常生活中的电磁辐射研究"研究性学习调查报告		开题地点	物理实验室(二)
课题研究时间	2016年10月至2017年3月		课题组长	×××
专题研究性学习小组成员	……			

（2）_____年度"物理专题研究性学习"课题研究登记样表，见表3-6。

表3-6 "物理专题研究性学习"课题研究登记

序号	课题名称	学生姓名	指导教师	授课地点
1	一叶银杏一季秋——探究银杏雌雄	……	×××	物理实验室(一)
2	三明一中"节粮在我身边——2008年青少年科学调查体验活动"	……	×××	物理实验室(一)
3	从古至今的美妙——"古代诗歌中的物理学"调查报告	……	×××	物理实验室(一)
4	在实践探究中追求真谛——中学物理实验中打点计时器的原理与制作	……	×××	物理实验室(二)
5	电磁辐射的危害及防护——"日常生活中电磁辐射研究"研究性学习调查报告	……	×××	物理实验室(二)
6	科技创造生活——"电磁学与生活"研究性学习	……	×××	物理实验室(二)

（3）_____年度"物理专题研究性学习"获奖论文答辩样表,见表3-7。

表 3-7 "物理专题研究性学习"获奖论文答辩成绩

序号	指导教师	论文题目	获奖情况	颁奖部门	答辩题目
1	××	一叶银杏一季秋——探究银杏雌雄	××市青少年科技创新大赛×等奖	××市科协、市教育局、市科技局、市环保局	1. 区分银杏的雌性有何意义 2. 两次实验为何试剂变色的时间有很大的差别
2	××	××一中"节粮在我身边——2008年青少年科学调查体验活动"	××市青少年科技创新大赛×等奖	××市科协、市教育局、市科技局、市环保局	1. 节粮的重要性体现在那些方面 2. 本次调查后,你认为最需要改进的是什么
3	××	从古至今的美妙——"古代诗歌中的物理学"调查报告	×等奖	××一中	1. "月下飞天镜,云出结海楼"——李白《荆门送别》,请解释此句诗句的意思。李白的这句诗句包含了哪些光学现象 2. 你从"古代诗歌中的物理学"的研究性学习中取得了哪些收获,谈谈自己的感受
4	××	在实践探究中追求真谛——"中学物理实验中打点计时器的原理与制作"研究性学习结题报告	×等奖	××一中	1. 打点计时器的原理是什么 2. 在打点计时器的制作过程中你遇到什么问题
5	××	科技创造生活——"电磁学与生活"研究性学习调查报告	×等奖	××一中	1. 日常生活中有哪些方面使用到电磁学知识 2. 你在物理专题研究性学习中取得哪些收获

第四节 教学策略设计的研究

一、高中物理研究性学习专题探究问卷调查结果分析

(一)问卷分析一

项目开展前,项目组编制了3套关于"高中物理研究性学习的实施策略研究"的调查问卷(见本节的附录1),在高一和高二年级分别选择两个班级的学生进行问卷调查,其中的部分调查统计的结果如下。

1. 学生课后学习物理的方式极为单一

如图3-2所示,无论高一还是高二学生,绝大部分以"A. 看看课本,做作业"为课后学习物理的方式,而"B. 做一些小实验、小制作"或"C. 上网搜索有关知识"则相当少。

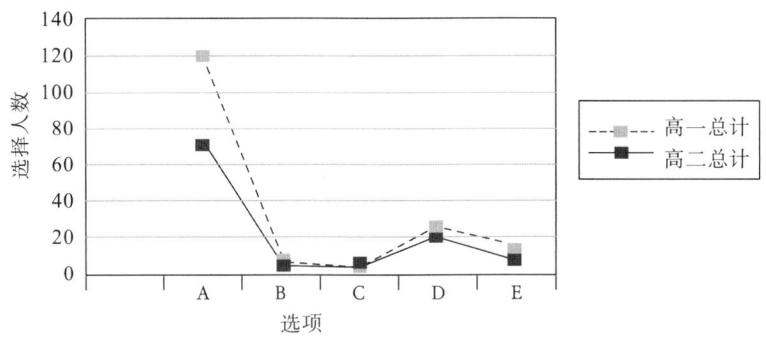

图3-2 课后学习物理情况统计

2. 老师组织科学探究活动的频度很低

如图3-3所示,无论高一还是高二学生,有一大半的学生选"B"选项,认为老师偶尔组织科学探究活动,说明科学探究的教学理念在一线教师中还非常缺乏。

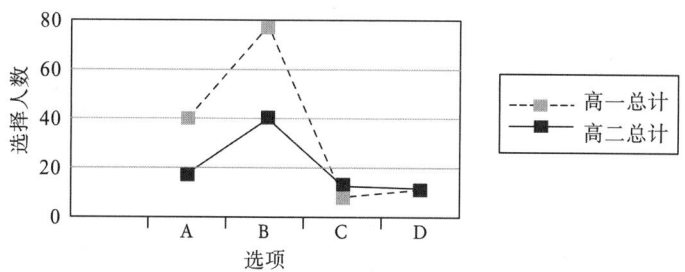

图 3-3　老师组织科学探究的频度统计

3. 大部分学生喜爱专题探究课

如图 3-4 所示,进入高中以来,给学生留下印象最深刻的物理课是专题探究课,选"B. 专题探究课"的高一学生是 80 人,高二学生是 30 人,这个人数所占比例还是比较高的。这也说明了专题探究是促使人们认识自然的一种重要手段和方式。

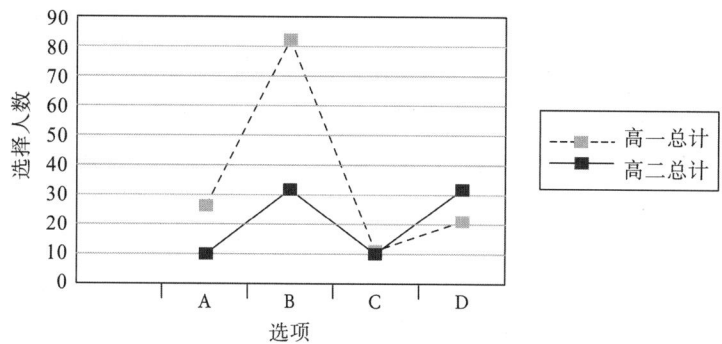

图 3-4　留下深刻印象的物理课型统计

(二)问卷分析二

对被试班级学生开展物理专题研究性学习活动,在 2014 年和 2017 年,也就是实验前后分别进行了一次问卷 1 的调查,现将调查情况对比如下,见表 3-8。

表 3-8　学生开展物理专题研究性学习活动调查情况

调查项目	所占比例	
	实验前	实验后
课后还做一些物理小实验、小制作	17.5%	95.3%
留下印象最深刻的物理课是专题研究性学习课	20.1%	87.5%
认为专题研究性学习对培养自主探究能力有效果	35.8%	89.8%
认为专题探究对突破物理重难点有较大帮助	23.7%	93.8%
测试中探究性试题得分较高	18.6%（高一上）	91.5%（高二下）

分析问卷1的实验前测数据，可说明专题研究性学习活动中存在以下几点突出问题：

一是对物理实验的重要性认识还不够。普通班不少学生对动手做实验有一种心理恐惧感，而特保班学生初中物理基础较好，又常有些自负心态。有位曾是物理兴趣小组的同学称：定理公式不必管它的推导或实验验证，会用就好。殊不知，这样在实际问题的解决中就难免张冠李戴。

二是对课内外活动的关系处理还不好。不少学生和家长认为开展课外探究活动会影响到正常的课堂学习，有一种排斥的心理。他们不爱投入，也舍不得投入过多的时间和精力去进行课外探究活动，这样的学生动手能力往往也较差。

三是研究性学习与课堂教学融合还不深。调查发现，部分教师将研究性学习与课堂教学当成是两张皮，矛盾大于统一。说明两点：第一，由于受到教学进度的约束而无法投入过多时间去引导学生深入研究某个问题；第二，由于受到器材设备限制而不愿意带领学生创造条件去研究新问题。

对比问卷2的实验前后测调查结果，可说明：①专题探究活动能促进学生动手做实验小制作，对培养实验能力和动手能力有效；②专题探究活动能帮助学生突破物理重难点问题，提高探究性试题得分率，对培养自主探究能力有效；③专题研究性学习要与课堂教学有机融合，才能有旺盛的生命力。

二、高中物理专题研究性学习的实施模式与流程

(一)学生开展专题研究性学习的"二、三、三"实施模式

在现代科学方法论中,模式方法是一种重要的研究方法。按照研究目的,将客观事物的原型抽象为认识论上的模式,通过模式研究,能够获得对客观事物更本质、更深刻的认识。[15]由此,研究并反思了专题研究性学习的实施过程,概括出专题研究性学习的"二、三、三"实施模式,其要点是:①两个计划。即包含专题研究性学习内容在内的高中物理课程标准规定的教学计划和高中物理专题探究实施计划。②3种题型。即实验、调查、制作3种专题研究性学习形式。实验主要指探究性物理实验,调查包括新科技问题的学习报告、社会调查、扩展性学习等,制作主要指科技小制作、小发明等。③3个步骤。即在专题研究性学习活动中,学生开展专题研究活动所涉及的选题、做题、结题3个环节实施策略。针对该模式,设计出课题研究过程记录表格(见本节的附录2)。

(二)学生开展专题研究性学习的实施流程

学生开展专题研究性学习的实施流程如图 3-5 所示。

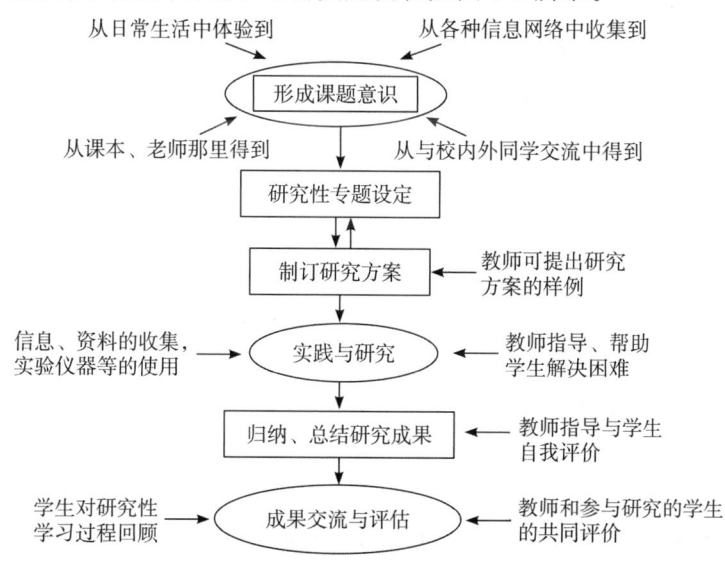

图 3-5 物理专题研究性学习的实施流程

【案例 3-3】

下面以三明一中高二(2)班为例,介绍专题研究性学习"二、三、三"实施模式的具体操作过程:

一是以"两个计划"(即高中物理课程标准规定的教学计划和高中物理专题探究实施计划)作为指导思想,制订物理研究性学习的实施计划。根据高中物理新课程标准,采用课内外相结合的方式开展物理专题研究性学习(课外约10周、课内30课时)。

(1)活动样本:三明一中高二(2)班。活动时间:2月10日—4月30日。

(2)活动内容:探索性物理实验、科技制作、新科技问题的学习报告、社会调查、扩展性学习等。[15]

(3)最终成果形式:科技小论文、科学报告、小制作、课件、图片等。

二是以"3种题型"(即实验、调查、制作3种专题研究性学习形式)为探究蓝本,按"3个步骤"实施物理专题探究。

(1)选题——拟定、申报课题(4课时)。

新课程标准给出了17个研究专题示例,我们根据学生的知识水平和实践能力,又给出部分参考专题,主要分实验、调查、制作3部分,用4课时时间简要讲解各个专题的研究要点。学生每2至5人一组,组成研究性学习小组,依据自己的兴趣和特长,拟定出适合自己的最佳专题。高二(1)班学生人数64人,参加人数40人。根据学生申报,全部学生分为10个探究小组,有探索性物理实验、科技作品小制作、科技问题学习、扩展性学习等。其中,古代诗歌中的物理学2组;探究线圈自感系数2组;物质的透光性能的研究2组;有趣的碰撞2组;测定自行车加速度1组;研究弹簧振子周期和小球质量的关系1组。

(2)做题——查阅资料,收集信息,制作或撰写报告、论文(20课时)。

各小组成员先进行任务分工,然后开始分头查阅资料,准备材料,动手实验或制作。例如,在测定自行车加速度时如何准确测量自行车的运动时间、在进行物质的透光性能研究时如何准确测量光源的照度、在探究线圈的自感系数时如何科学绕制不同的线圈等。[16]要求约40天完成,在此过程中,学生探究活动遇到问题,可与指导教师一起分析,提出解决方案。

(3)结题——成果汇报与交流(6课时)。

各小组在规定的时间内完成研究任务后,再适时举行最终成果发布会暨结题答辩会,要求在汇报和交流时,尽可能以课件形式展示。同学们精彩的展示受到了与会者的一致好评。10个研究性学习小组撰写了10篇质量较高的小论文和物理小制作作品5件,我们项目组从中精选出4篇物理小论文和1件作品,邀请专家老师对其做精心指导,小论文和作品进一步完善后参加在北京举行的第四届全国中学生数理化学科能力展示活动全国总决赛,7人次获全国奖,其中郑新钻同学建模小论文《物质的透光性能的研究》荣获铜奖(全国第5名)。

三是结论。高二(2)班的实践表明,"二、三、三"实施模式对高中物理专题研究性学习具有良好的指导作用。我们相信,"二、三、三"实施模式还会在实践中不断加以改进和完善。开展高中物理专题研究性学习,既提高了学生对物理学习的兴趣,也促使学生学以致用地解决实际问题,[15]既突出了学生学习的主体地位,也体现了教师的主导作用。

例如,"从古至今的美妙——'古代诗歌中的物理学'调查研究"专题研究性学习的实施过程如下(节选):

古代诗歌中蕴藏着丰富的物理学知识,为探究其中奥妙,本小组查阅书刊和网上调查、与语文老师探讨交流、部分成员实地参观列东江滨文化长廊——"中国古代成语典故"。

(一)课题研究背景

自然界是丰富多彩的,古代的诗人在体验生活,观察、欣赏大自然的美景时,留下了许多脍炙人口的诗句。又因为物理现象普遍地存在于大自然中,所以古诗中不免出现一些物理现象,其中包括最常见的光现象、声现象、热现象、力现象等。诗人对生活细致入微的刻画,使这些科学现象隐藏在诗句的字里行间,引发了我们今天的思考。

(二)课题实施具体程序

课题实施具体程序如图3-6所示。

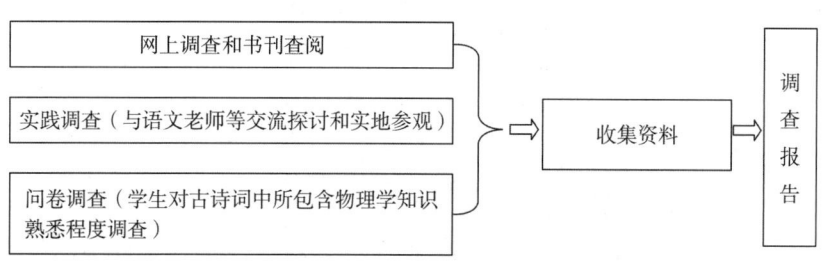

图3-6 课题实施具体程序

(三)调查结果与分析

诗歌与物理有无联系调查分析见表 3-9 和图 3-7。诗句中蕴含的物理知识正确与否调查分析见表 3-10 和图 3-8。

表 3-9　诗歌与物理有无联系调查分析

诗歌与物理有无联系	有联系	有,联系不大	没有联系
人数	29	21	0
百分比	58%	42%	0%

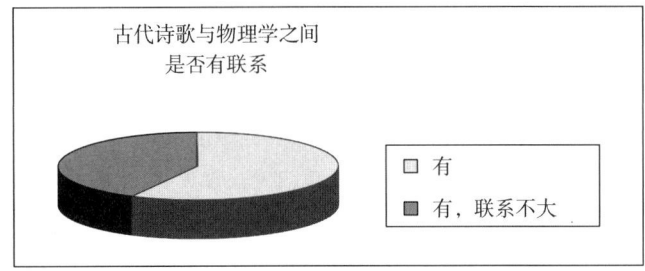

图 3-7　诗歌与物理有无联系调查分析

表 3-10　诗句中蕴含的物理知识正确与否调查分析

分析第12题诗句中蕴含的物理知识正确与否	正确	分析错误	没有分析
人数	29	9	12
百分比	58%	18%	24%

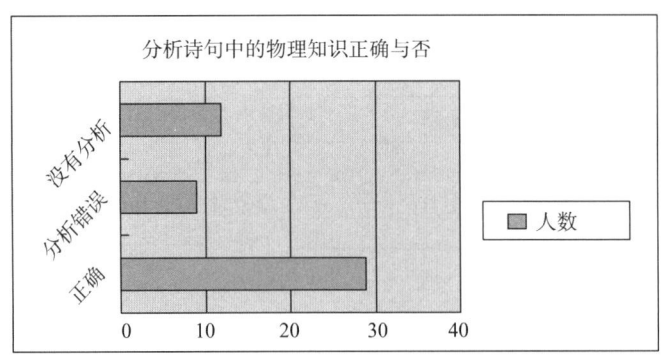

图 3-8　诗句中蕴含的物理知识正确与否调查分析

问卷调查的第 12 题:"孤帆远影碧空尽,唯见长江天际流。"一句中蕴含的物理学知识是_____。

由表 3-9 和图 3-7、表 3-10 和图 3-8 可知,该题大部分同学能够比较准确地分析出诗句中的物理知识,占了 58%,这是一个不错的数据。当然还存在 18% 的同学没有准确地把握住其中所包含的物理知识。我们还应该加强学科间的知识迁移,逐步提升自己的问题综合分析能力[16],毕竟还有 24% 的同学不能够对此句诗中的物理知识做出分析⋯⋯

三、高中物理专题研究性学习的教学策略研究

采用实验组、对照组前后测实验设计,运用行动研究法、实验研究法和对比研究法等,通过若干个典型案例的深入剖析,对专题研究性学习与规律教学、实验教学、习题教学以及科技活动有机融合的教学策略进行为期两年的整合性教育干预实验研究,同时以教学实验样本(以高二学生为例,实验组 112 人,对照组 108 人)的学习水平与考试成绩前后测比较实验作为干预效果的评估工具,以考察专题研究性学习教学策略对提升物理课堂教学效果的有效性。[17]前后测实验表明,专题研究性学习活动与物理规律教学、实验设计教学、解题方法教学、课外科技活动等内容有机地融合,可有效提高专题探究活动的实效性,从而收获良好的教学效果。具体教学策略是:

教学策略一:专题探究与物理概念教学有机融合,体悟基础概念的内涵外延。

教学策略二:专题探究与物理规律教学有机融合,体悟基本原理的论证生成。

教学策略三:专题探究与物理实验教学有机融合,体悟设计方案的建构过程。

教学策略四:专题探究与物理习题教学有机融合,体悟模型方法的解题运用。

教学策略五:专题探究与物理科技活动有机融合,体悟综合实践的应用延伸。

(具体案例阐释见"第一章第一节")

专题研究性学习是高中物理教学的重要组成部分，"实验专题探究"是高中新课程标准倡导的专题研究性学习中最重要的组成部分，也是培养学生核心素养的主要途径，高中物理教学应将实验专题探究教与学的理念贯穿到培养学生学科核心素养的全过程中，通过具体的专题探究过程培养学生的物理学科核心素养。那么，高中物理实验专题探究的教与学要如何具体应用与实施呢？

高中物理的核心素养是学生适应个人终身学习的社会发展需要的基础知识、关键能力和科学态度等方面的表现，是学生通过物理学习集中体现的带有物理特征的品质，主要有"科学探究"等4个维度构成。实验专题探究是指在学生不知道相关知识，尤其是不知道各物理量之间关系的前提下，由教师引导和配合，再让学生围绕某个问题通过实验设计、实验操作、分析综合、得出结论并对结果进行交流的一种科学探究形式[1]。在此过程中，学生探究实验现象产生的原因，从定性或定量的角度去找出内在的联系，并进行归纳和总结，从而得出正确结论，形成物理概念，掌握物理知识和规律。这样的实验专题探究过程对培养学生逻辑思维能力、动手实践能力、科学探究精神等都具有重要作用，是提高学生科学探究和科学思维能力的有效途径。[17]

（一）通过实验专题探究培养学生形成物理观念素养的策略

物理观念是指概念以及规律在脑海中得到升华和提炼。高中物理知识比较抽象，难以理解，对学生的逻辑思维能力要求比较高，教师若不注重教学方法，一味地进行理论灌输，则会加重抽象物理知识教学的枯燥性，导致学生逐渐失去学习的积极性和好奇心。因此，在高中物理教学中，教师要明确以培养学生核心素养为目标的教学模式，重视实验专题探究，善于结合教学内容设计有趣的探究性实验，并想方设法引导学生积极参与整个实验专题探究过程，让学生在探究过程中理解物理规律的发现过程、探究的思想方法等，以实现自身的理解消化，促进物理观念的形成，构建物理知识体系。例如，教师在进行"自由落体运动"的教学时，可通过让学生观察以下几个实验的现象，引导学生讨论的方法进行科学探究，自己得出"自由落体运动"的概念[18]：

实验1：让一枚硬币和一张展开的纸从同一高度，同时由静止开始下落。

实验2：用一张纸裁成一模一样的两个半张，其中半张捏成团，让展开的纸和纸团同时从同一高度由静止开始下落。

实验3：让纸团和硬币同时从同一高度由静止开始下落。

实验4：观察有空气"牛顿管"中羽毛、铁片等质量不同的物体同时由静止开始下落的情况，再对"牛顿管"抽气至接近真空，观察在几乎无空气阻力时羽毛、铁片等同时由静止开始下落的情况。

通过以上几个现象的对比让学生的思维产生碰撞，引发学生思考，将学生的思维活动推向高峰，教师再引导学生对以上实验现象进行分析、比较和抽象，从而得出自由落体运动的概念和规律。

通过这种学生参与实验专题探究的方式进行教与学，学生不仅印象深刻，还能引发学生的好奇心和求知欲，加深对概念的理解，也能更好地用于解释一些相关的生活现象。

又如，教师在进行"光的全反射"一课的教学时，也可以通过实验来探究全反射现象及其产生的条件：

实验1：一束激光从空气射向半圆形玻璃砖的平侧面并指向圆心O，如图 3-9(a)和(c)所示。

实验2：一束激光从空气射向半圆形玻璃砖的圆侧面并指向圆心O，如图 3-9(b)和(d)所示。

两个实验的入射角都从$0°$增大到$90°$的过程中，观察两个实验并比较两个实验现象的相同点和不同点。

提示学生观察：①反射角、折射角随入射角变化情况；②随入射角增大，反射光线、折射光线的强弱变化情况；③平侧界面和圆侧界面的现象等。

教师演示两遍后，让学生分组讨论，派代表回答，其他同学补充。学生在教师的引导下找到异同点，并总结归纳出规律：①光从玻璃→空气时，当入射角i大于或等于某一个角度时，折射光线消失，只剩下反射光线的现象，称为光的全反射现象；②光从玻璃→空气时，折射角总大于入射角，折射角先达到$90°$（此时入射角还小于$90°$），当折射角达到$90°$时的入射角称为临界角。

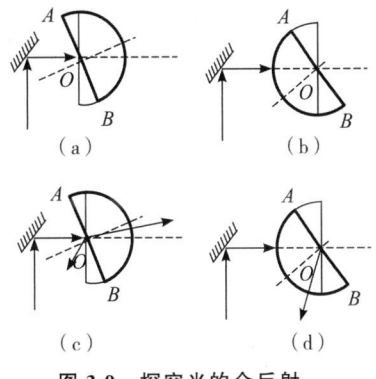

图 3-9 探究光的全反射

再引导学生思考：①两个实验现象不同的原因是什么？②两种介质有什么不同？③是不是只有光从玻璃射入空气才会产生这种全反射现象呢？

最后引导学生总结出全反射现象、全反射的条件、临界角等几个物理概念规律。

像这样在探究实验的过程中,教师不断设计问题引导学生深入知识内涵,探究物理知识背后的科学观念,进而形成属于自己的物理观念,逐步从知识表面深化到知识内涵[5],而不是将思维仅仅停留在知识表面,并学会用其解释自然现象和解决实际问题,从而真正提升学生核心素养。

(二)通过实验专题探究培养学生发展科学思维素养的策略

在物理实验专题探究课上,教师要注重科学思维的培育,要让高中生明白,物理知识的学习本就是要伴随着质疑和探索。教师在专题探究课上的引导,帮助高中生形成质疑和探索的精神,通过设置一系列逐层递进的探究性问题,引导学生结合实验专题探究并深入思考,在分析和解决问题的过程中锻炼学生思维能力,促进学生形成科学思维,提高创新能力。在物理实验专题探究课上,教师要给学生自主思考和探究的机会,帮助他们实现更加高效的学习以及科学思维能力的提升。例如,在"探究静摩擦力大小的变化"时,教师可以提供给学生实验器材,然后引导学生自己设计实验方案,如图 3-10 所示,并让学生思考:

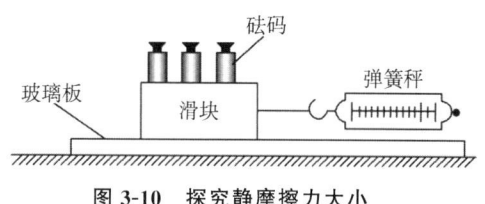

图 3-10 探究静摩擦力大小

①弹簧测力计如何拉滑块?②如何改变滑块对接触面的压力大小?引导学生得出结论后再让学生分组探究,并让学生探究以下问题:①静摩擦力大小随拉力怎么变化?②当拉力增大到滑块开始沿接触面滑动时,静摩擦力达到什么值?③最大静摩擦力随两物体间压力大小怎么变化?引导学生层层递进思考,了解科学探究的方法和过程,自己得出结论,培养学生的科学思维与创新能力。[15]

教师还应当对学生进行合理引导,通过以问促教的方式,利用情境提问来引导学生自主探究。例如,在"探究加速度与力、质量的关系"的实验专题探究教学过程中,可以用以下程序进行教学:①创设好相关情境,让学生亲自体验:a.稍微用力就可以改变滚动状态下乒乓球的轨迹;b.使用相同大小的力度作用于滚动的篮球,观察其运动方向;c.到教室外让学生推一辆空的三轮车,能够很容易推动;d.当三轮车上载满货物后,使用同样大小的力却很难推动。②然后提出问题:加速度和物体质量之间的关系?③教师再引导学生进行猜想,交流讨论,让学生提出各自不同的观点:a.加速度和力成正比,物体质量一定时,力越大,加速度越大;b.加速度和质量成反比,力大小一定时,质量越大,加速度越小。④让学生根据自己的观点设计实验,并自己去探究结果。⑤在实验专题探究过程中,引导学生发现实验装置中存在较大摩擦力,可能对实验结果产生影响,要求学生相互讨论,自己处理好摩擦力的问题,让实验结果更加准确。为了让学生更加深入理解物理现象,掌握相关知识,教师可以要求学生自己制订实验计划、设计实验方案,然后自己进行实验操作,最后自己进行数据处理、得出结论和误差分析等。这种教与学过程不仅关注推理结论,更重视推理过程,从而达到有效培育学生的科学思维与创新能力的目的。

(三)通过实验专题探究培养学生提升科学探究素养的策略

实验专题探究是如今在物理实验课上比较常用的一种模式,可以改变以往高中生的学习模式,突出高中生在物理实验课上的主体性。教师要接受这样的理念,在物理实验课的开展中,切实将这个理念体现在实际教学中,然后在物理实验课上促进高中生探究能力的提升。

科学探究的基本过程有 7 个要素,有固定的步骤和流程,但受限于实验课时间和各种物理实验的特殊性质,使得学生往往不能充分体验到每个实验专题探究中的每个探究要素。为了提高高中物理实验专题探究课堂教学效率和效果,教师就要合理安排好实验专题探究的过程,结合实验性质就学生某一探究要素进行重点培养,如"提出问题、设计实验、收集数据、交流合作、分析论证"等能力,从而真正达到在学到知识的同时不断提高学生的科学探究素养。

例如,在"科学探究安培力的方向"教学中,可以先让学生进行猜想与假设:安培力方向可能与磁场方向和电流方向等因素有关,然后让学生自己设计实验方案,进行小组交流讨论,并在教师的引导下不断改进完善实验方案,再让学生自己动手进行实验操作,教师强调注意控制变量法的使用。通过观察,学生发现导线的摆动方向即导线所受安培力的方向会随磁场方向或者电流方向的变化而发生变化。然后教师引发思考:是通电导线在磁场中受到的作用力使导线发生了摆动,这个作用力的方向有什么规律?最后教师引导学生进行分析论证:通电导线在磁场中受到的作用力方向跟导线中的电流方向、磁场方向都有关系,并总结出用左手定则判断安培力方向的规律和方法。

教师在实验专题探究过程中还可以不断创设一些贴近学生生活的问题情境,让学生结合探究过程观察到的现象发表自己的看法,大胆提出问题,与他人交流讨论,如在教授"力的分解"时,为了探究"合力大小一定,随着两分力夹角的增大,分力大小怎么变时",可以先设计"汽车不小心陷入泥潭,能有什么方法可能凭一个人的力量将汽车拉出泥潭""为什么桥都会有长长的引桥"等问题,让学生一起交流探讨,培养学生提问和交流合作能力、解决实际问题的能力和创新思维能力,从而提高学生科学探究素养。[19]

因此,在物理实验课上教师要多加入一些探究性的实验。如今物理教材中也有很多"实验与探究""迷你实验室"等,教师要学会合理使用教材,在物理实验课上引导学生结合课本所设情境,展开探究实验的自主设计以及实践,结合科学探究的实验步骤,学会用控制变量法、图象法等诸多的研究方法进行探究,达到实验的目的,得出准确的结论,最终完成实验专题探究的目标。

(四)通过实验专题探究培养学生养成科学态度与责任素养的策略

科学态度涵盖了以往课标三维目标中"情感、态度与价值观"的含义,包括学习兴趣、求真精神和团队作风等,是物理新课程的重要目标。因此,教师在进行实验专题探究教学时,要想办法激发学生的好奇心和兴趣,并在教与学的过程中培养学生的求真精神和团队协作精神。例如,在"探究超重和失重现象"的实验教学时,教师可以给每个小组的学生都准备一个比较重的钩码和一条细的纸带,让学生用纸带竖直拉着保持静止,纸带不断,加速向上拉,结果纸带断了,从而引发学生的好奇心:纸带为什么会断?然后让他们再用相同的纸带试试匀速上拉、下拉或者加速下拉是否纸带也会断,并思考为什么。这样的实验简单易操作,又生动形象,既激发了学生的兴趣,给他们留下了深刻的印象,又启发着学生去思考和探索客观世界,培养了他们的求真精神。也可以将体重计搬到教室里,让学生下蹲和起立并观察体重计的示数变化来体验超重和失重;还可以带领学生将台秤和要测量的物体搬到电梯里,在电梯的整个运动过程中观察并记录台秤的示数变化来分析超重和失重。采用这样生活化的实验器材,结合生活中的物理现象设计实验,将实验专题探究与生活紧密相连,可以让学生在理解物理知识的同时,培养学生严谨的科学态度和正确的科学责任感。[19]

同时,在实验专题探究教学后,教师还应引导学生积极进行实验反思,通过回顾实验过程发现自身探究中存在的问题,在总结和反思过程中加深对实验专题探究的理解。例如,在进行"探究机械能守恒定律"的实验教学时,学生容易忽略接通电源前要保持手不动,并让提起的纸带保持竖直;也容易忽略先接通电源后释放纸带的操作等,从而导致得到的结果与理论结果相差较大,甚至相违背。[20]教师要引导学生反思这些操作细节,分析所带来的误差,养成严谨认真的科学探究态度。

为了培养学生的社会责任感,教师要想方设法创造条件,让学生有机会走向社会,并引导他们用自己已学的物理知识来分析和解释在实践过程中遇到的实际问题。例如,在"探究共振现象的条件"的实验教学时,可以带学生去操场荡秋千,让学生体验受迫振动,并思考探究如何让秋千越荡越高,什么时候荡的最高,为什么;还可以让学生在家里观察洗衣机的脱水过程,看什么时候洗衣机振动得最剧烈;或者让学生体验观察"龙洗"里的水什么时候喷得最高;或者带学生参观建筑工地观察工地上浇筑混凝土时怎样使用振捣器;或者带学生去工厂参观并观察共振筛如何筛除杂物,思考如何提高筛除杂物的效率;还可以带学生观察跳水运动员做起跳动作的"颠板"过程,思考什么时候颠得最高等。这些实践活动在激发学生学习物理兴趣的同时,让他们体会到物理与社会的紧密联系,增加他们承担社会责任的决心和信心,从而树立起学生的社会责任感。[20]

总之,学习是一个体悟的过程,高中物理实验专题探究是学生更加深入地理解、掌握和应用物理知识的有效途径。物理学家劳厄说过:教育最重要的不是获得知识,而是发展思维能力。学生思维的有效性和能力的发展性是新课程的灵魂,也是物理学科核心素养的基本要素。教师在实验专题探究的教与学中必须要紧密结合新课程的标准要求,对高中物理实验专题探究教学不断创新改革,依靠更加科学的教学策略来让学生在实验专题探究过程中将物理知识转化,形成物理观念,在实践中提升探究素养,在解决问题中形成探究思维,在实验反思中形成严谨的科学态度,从而真正实现学生物理核心素养的培育目标。

四、教学实验样本的学习水平与考试成绩前后测比较实验

上述物理专题研究性学习教学策略的效果如何,具体的分析过程如下。

（一）项目研究变量的分析

1. 项目的自变量

本项目的自变量有两个：一是教育教学思想的先进性。组织项目组全体实验教师定期学习、阅读教育教学和课题研究的理论书籍，通过学习和交流研讨，掌握基本现代教育理论，并用现代教育理论指导教育教学实践。二是探究课题选择的科学性。并不是所有物理课程都适合学生进行科学探究，应当遵循高中物理教学中实施探究性学习的规律和原则，精选适合的课题，进行科学设计。

2. 项目的因变量

本项目的因变量有3个：一是教师素质。主要观测教师在课堂教学过程中所体现的业务能力及其科研成果。二是学生素质。主要观测学生进行课题研究的能力和素质的全面性。三是课堂效率。或者缩短课堂教学时间，或者在同样时间内完成更多的教学任务。

3. 无关变量及其控制

本项目的无关变量，主要是教育教学时间和学生的作业量。控制办法是不允许个别班级借开展课题探究之名加班加点上课和增加学生的作业负担。

（二）实验组与对照组学习水平与考试成绩前后测比较

1. 教学实验样本的选择

三明一中的高二年级共有理科教学班12个，其中(1)班和(16)班为保送班，由于样本个数较少故不予选择，其余10个为平行班，拟从中选取两个班级作为实验班级。10个平行班共有5位教师，每人任教两个班级，为实验客观起见，拟选择甲乙两段两位不同教师任教的班级进行实验。为公平起见，在对照班中着重观察两位实验教师任教的另外的两个教学班级的物理成绩。

2. 教学实验样本的前测

拟将高二上学期半期考试作为前测，样本前测质量分析结果如图3-11所示。

这是高二上学期半期考试，考试难度0.61、区分度0.50，说明命制的是符合课程标准的一份优秀试卷，考试信度0.88，能够较好地客观反映学生的真实水平。依据之前所拟定的标准，选取平行班平均分和标准差年级

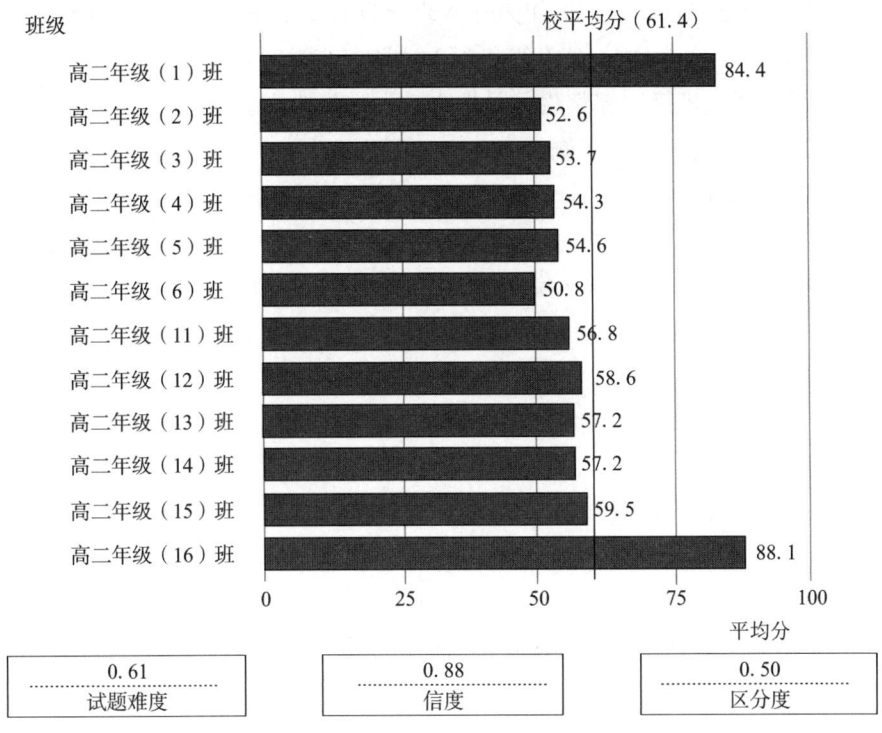

班级	总人数	实考人数	缺考人数	最高分	最低分	平均分	优秀率	及格率	标准差
全部考生	610	573	37	98	15	61.4	14.74%	53.86%	19.6
高二年级(1)班	70	56	14	98	48	84.4	57.14%	96.42%	10.1
高二年级(2)班	47	46	1	87	24	52.6	2.17%	32.60%	16.6
高二年级(3)班	45	45	0	90	15	53.7	4.44%	40.00%	17.5
高二年级(4)班	47	47	0	90	21	54.3	4.25%	36.17%	16.8
高二年级(5)班	47	47	0	85	16	54.6	2.13%	46.81%	16.7
高二年级(6)班	47	45	2	83	20	50.8	0.00%	35.55%	16.9
高二年级(11)班	48	48	0	96	16	56.8	2.13%	46.81%	17.9
高二年级(12)班	47	47	0	89	21	58.6	6.38%	46.80%	15.9
高二年级(13)班	47	47	0	95	21	57.2	4.35%	47.82%	18.1
高二年级(14)班	47	47	0	88	31	57.2	2.17%	43.47%	12.8
高二年级(15)班	47	46	1	90	20	59.5	4.35%	58.70%	15.8
高二年级(16)班	71	52	19	98	70	88.1	71.15%	100.00%	6.2

图 3-11　前测结果

排名中低位的(2)班、(11)班作为样本班级进行试验教学。实验开始前,两个班级的平均分分别位于年级平行班第 9 和第 5,标准差分别为 16.6、17.9,说明两个班级内部学生差异性也较保送班为大。[21]

3. 教学实验样本的后测

(1)专题研究性学习教学策略在阶段学习后的后测结果分析。

通过一个学期的系统教学,在高二下学期半期考中,物理考查范围为"闭合电路欧姆定律和电学实验设计"章节(含电学规律和电学实验的考查)以及磁场内容,均为电磁学的核心内容,考试质量分析结果如图 3-12 所示。

本次考试难度 0.60、区分度 0.45,说明命制的是符合课程标准的一份优秀试卷,考试信度 0.87,能够较好地客观反映学生的真实水平。[22]

可以看出,经过一段时间的专题研究性学习教学策略的教学,(2)班和(11)班的平均分分别位于年级平行班第 3 和第 2,标准差分别为 14.1 和 14.7,样本班级总体水平有较大提升、班级内部差异减小,显示专题研究性学习教学策略对理论课和实验课的教学取得初步成功。

对照班中重点观察这两位教师任教的班级(4)班和(14)班。

(2)专题研究性学习教学策略在阶段复习后的后测结果分析。

再经过半个学期的理论课和习题课的系统学习,高二年级进行了高二下学期的期末考试,考试质量分析结果如图 3-13 所示。

本次考试难度 0.57、区分度 0.41,说明命制的是符合课程标准的一份优秀试卷,考试信度 0.84,能够较好地客观反映学生的真实水平。

可以看出,再经过一段时间的专题研究性学习教学策略的学习,(2)班和(11)班的平均分分别位于年级平行班第 2 和第 1,标准差分别为 13.7 和 13.7,样本班级总体水平在月考之后有所提升、班级内部差异进一步减小,显示专题研究性学习教学策略在习题课等复习教学方面取得的成功是较为可靠的。[23]

(3)小结。

实验组与对照组前后测比较实验结果显示:上述教学策略运用于被试班级(2)班和(11)班的课堂阶段教学后,相较于对照班(4)班和(14)班成绩有一定幅度的提升,班级内部差异有所减小,而对照班则成绩相对稳定。[24]

前后测实验证明:本研究专题探究教学策略在物理规律课、实验课和习题课等课型的教学上具有可操作性和可复制性,是有效的。

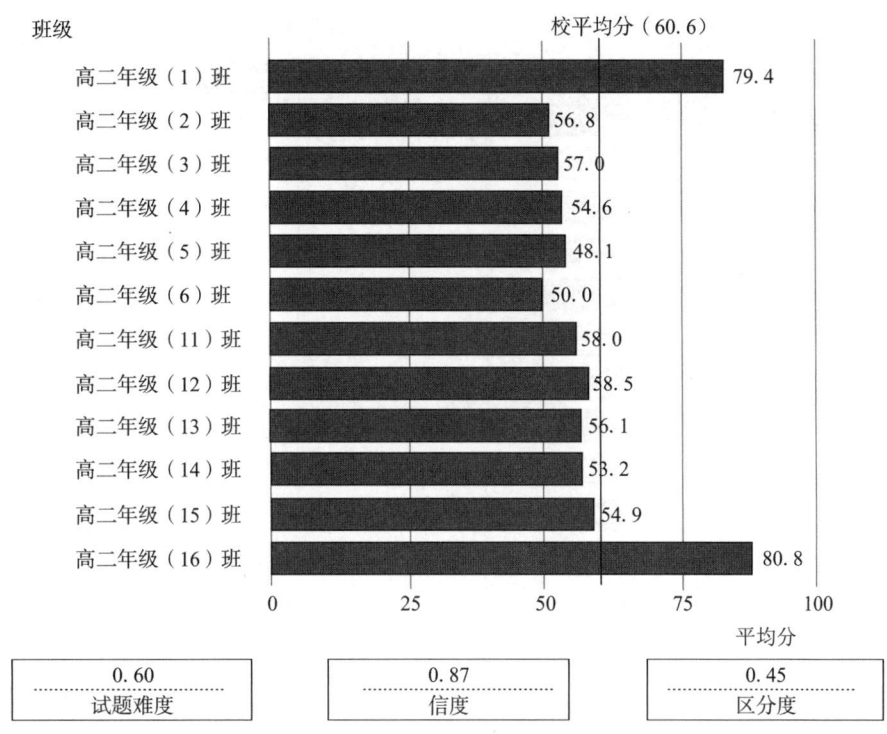

班级	总人数	实考人数	缺考人数	最高分	最低分	平均分	优秀率	及格率	标准差
全部考生	608	606	2	95	18	60.6	15.27%	60.89%	17.9
高二年级(1)班	70	70	0	94	22	79.4	54.29%	95.71%	12.7
高二年级(2)班	46	46	0	87	27	56.8	12.70%	54.35%	14.1
高二年级(3)班	45	45	0	85	27	57.0	7.44%	64.44%	14.5
高二年级(4)班	47	47	0	91	28	54.6	5.51%	48.94%	15.8
高二年级(5)班	47	47	0	78	24	48.1	2.00%	31.91%	14.5
高二年级(6)班	47	47	0	86	23	50.0	4.38%	38.30%	15.6
高二年级(11)班	48	48	0	85	27	58.0	15.08%	54.17%	14.7
高二年级(12)班	47	47	0	82	28	58.5	12.13%	65.96%	13.6
高二年级(13)班	46	46	0	83	18	56.1	6.52%	52.17%	16.0
高二年级(14)班	47	47	0	84	23	53.2	2.13%	42.55%	15.0
高二年级(15)班	47	46	1	82	23	54.9	5.35%	45.65%	15.8
高二年级(16)班	71	70	1	95	61	80.8	55.71%	100.00%	7.5

图 3-12　后测结果 1

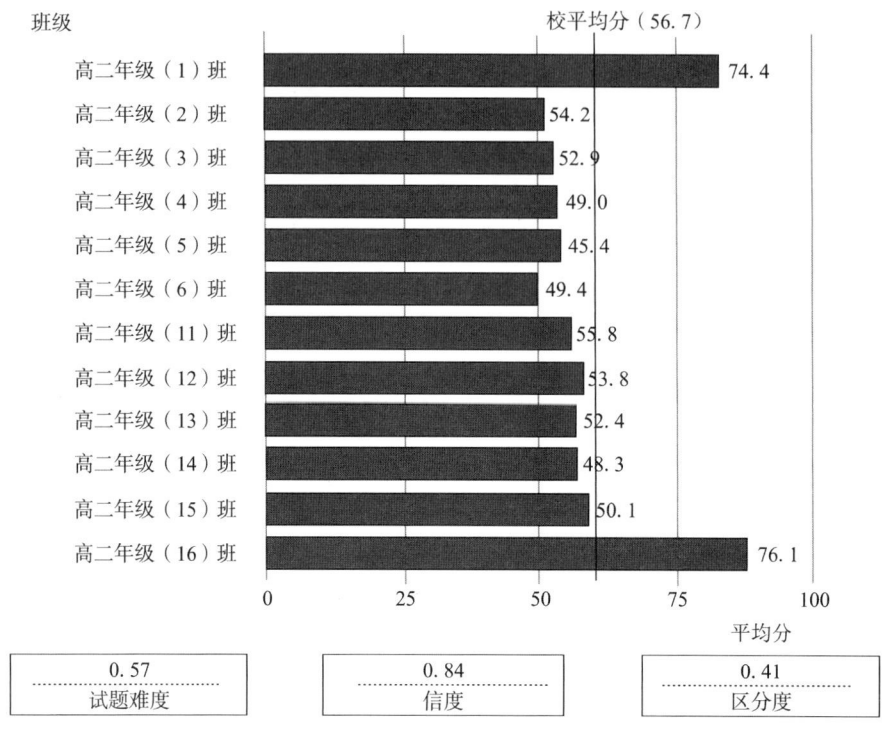

班级	总人数	实考人数	缺考人数	最高分	最低分	平均分	优秀率	及格率	标准差
全部考生	608	604	4	94	11	56.7	15.93%	57.54%	15.5
高二年级(1)班	70	70	0	94	43	74.4	45.14%	98.57%	9.3
高二年级(2)班	46	46	0	77	22	54.2	18.70%	52.46%	13.7
高二年级(3)班	45	45	0	82	25	52.9	9.97%	51.20%	15.0
高二年级(4)班	47	47	0	83	21	49.0	4.04%	48.25%	13.7
高二年级(5)班	47	47	0	73	14	45.4	8.30%	42.37%	15.4
高二年级(6)班	47	47	0	78	23	49.4	2.43%	46.30%	13.4
高二年级(11)班	48	47	1	86	22	55.8	19.57%	54.19%	13.7
高二年级(12)班	47	47	0	81	22	53.8	11.57%	52.11%	12.5
高二年级(13)班	46	45	1	82	11	52.4	9.78%	51.10%	15.2
高二年级(14)班	47	47	0	71	13	48.3	6.81%	44.93%	11.8
高二年级(15)班	47	47	0	75	29	50.1	7.81%	50.52%	13.5
高二年级(16)班	71	69	2	92	59	76.1	47.00%	98.55%	7.3

图 3-13　后测结果 2

五、关于教学策略设计研究的分析与讨论

采用实验组、对照组前后测实验设计,运用行动研究法、实验研究法和对比研究法等方法,通过若干个典型案例的深入剖析,对专题探究活动与规律教学、实验教学、习题教学以及科技活动有机融合的教学策略进行为期3年的整合性教育干预实验研究,同时,以教学实验样本(以高二学生为例,实验组112人,对照组108人)的学习水平与考试成绩前后测比较实验作为干预效果的评估工具,考察专题研究性学习教学策略对提升课堂教学效果的有效性。

本研究显示:高中物理专题研究性学习活动可采用"二、三、三"实施模式(两个计划、3种题型、3个步骤)并遵循相应的实施流程(参见图3-5)。其相应的教学策略有:专题探究活动与物理规律教学、实验设计教学、解题方法教学、课外科技活动等内容有机融合,可有效提高专题探究活动的实效性,从而收获良好的教学效果。具体分析如下。

(一)"专题探究与课堂教学有机融合,体悟物理基本原理的内涵外延"策略的分析

研究显示,在课堂教学中,物理规律的专题探究通常要遵循"以情景引问题—以问题导探究—以探究促真知"这一实施流程。可能的解释是,环节一(学生自主探究展示)和环节二(教师理论探究讲授)教学设计将专题探究与课堂教学有机整合,突出科学思维素养的培育发展,其实质是"提出假设—数学推理—实验验证—合理外推"的研究方法。

(二)"专题探究与实验教学有机融合,体悟实验设计方案的建构过程"策略的分析

研究显示,在实验教学中,实验设计的专题探究通常要遵循以"探析测量原理,引导实验设计框架—原理挖掘提升,追寻探究思维真谛—逐层剖析递进,展现典例建构过程"这一实施流程。可能的解释是,在中学物理教学中,许多实验基本规律或结论的认识,都是必须通过抽丝剥笋般突出实验设计方案的建构过程,同时在实验中进行观察、分析、综合和概括。

(三)"专题探究与习题教学有机融合,体悟物理模型方法的解题运用"策略的分析

研究显示,在习题教学中,尤其是物理竞赛问题求解,解题方法的专题探究通常要遵循以"物理模型构建—物理问题的数学表达式—数学演算—物理问题之解"这一实施流程。可能的解释是,任何一门学科都有其独特的思维方法,前人总结了许多思考问题的独特方法。对于中学生,特别是对于参加物理竞赛的学生来说,适当地掌握一些思考问题的方法,对从整体上把握中学物理都是有好处的。对于传授知识、引导启发学生学习的教师而言,教会学生思考问题、传授学生方法是必须达到的教学目标。为有效解决物理问题,应该通过审题先确定研究对象,对其科学抽象建立起物理模型,再应用有关物理规律和数学方法列式求解。

(四)"专题探究与科技活动有机融合,体悟综合实践应用的延伸拓展"策略的分析

研究显示,针对课外研究性学习,科技活动的专题探究通常要遵循以"课题选择—资料搜集—实验探究—分析论证—反馈应用—成果表现"这一实施流程。可能的解释是,学习是一个体验的过程。所以,学生掌握了一定的物理知识与科学研究方法之后,教师还要有意识地引导学生把课堂的自主探究延伸到课堂之外,强化对物理知识的迁移拓展,引导学生学以致用地去解决社会生产和生活实际中的一些问题,这同时也是促进学生从学习掌握知识到灵活应用知识,从而实现能力升华的一个重要途径。[24]

实验组与对照组前后测比较实验结果显示:上述教学策略运用于被试班级的课堂阶段教学后,相较于对照班成绩有一定幅度的提升,班级内部差异有所减小,而对照班则成绩相对稳定。前后测实验证明:本研究专题探究教学策略在物理规律课、实验课和习题课等课型的教学上具有可操作性和可复制性,是有效的。

附录1 项目研究过程调查问卷

问卷1：

全国教育科学"十二五"规划 2013 年度教育部重点课题
"促进自主探究——高中物理专题研究性学习实施策略研究"调查问卷

亲爱的同学们：

探究素养是 21 世纪现代人的必备素养之一，为了促进我校学生开展专题探究活动与物理学科课程的整合，提高同学们的学科能力和物理学习效率，我们申报了全国教育科学"十二五"规划 2013 年度教育部重点课题"促进自主探究——高中物理专题研究性学习实施策略研究"（批准号：DHA130285）。本次问卷调查是课题研究的一个重要部分，希望你客观、公正、实事求是地回答下列各题，问卷采用无记名形式，你的回答将为本课题的研究提供宝贵的参考数据，谢谢你的合作！

（可以多选）

一、关于你的物理学习态度方法

1. 你的物理学习动机是：
   A. 满足家长或学校老师的要求
   B. 对物理感兴趣，内心对物理知识的渴望
   C. 可以自己动手做各种实验或小制作
   D. 可以在课堂活动中表现自己的能力
   E. 可以开阔视野、增长见识
   F. 自己也不太清楚为什么要学习物理

2. 你的物理学习态度是：
   A. 主动自觉，努力进取
   B. 学而不厌，坚持不懈
   C. 有点兴趣，但不想认真去学
   D. 想学好，但不知怎么学
   E. 粗心大意，不细致
   F. 随意，忽冷忽热

3. 你课后是怎样学习物理知识的：
   A. 看看课本，做作业
   B. 做一些小实验、小制作

C. 上网搜索有关知识

D. 留心观察身边的现象并用所学物理知识来解释

E. 课后不怎么复习、学习

4. 对于学习中遇到的问题,你是:

   A. 首先问老师

   B. 首先问同学

   C. 独立思考

   D. 上网查资料,寻求解决办法

   E. 记下来等老师讲解

   F. 丢在一边不管它

5. 预习新课时,你是:

   A. 认真阅读,寻求疑问并试作解答

   B. 上网找相关资料看一下

   C. 对课本中的小实验、小制作感兴趣,有条件的话甚至会去做做

   D. 稍微看看书

   E. 没有预习

6. 除了课本和练习册,你:

   A. 会找尽量多的课外书来开阔视野

   B. 会找一些课外练习来做

   C. 会找一点但不多,稍微涉及一些

   D. 没必要,用课本和练习册就可以了

7. 你对物理实验:

   A. 很有兴趣   B. 一般

   C. 有无实验无所谓   D. 不感兴趣

8. 在物理教学中,老师组织科学探究活动的频度:

   A. 经常   B. 偶尔

   C. 几乎不   D. 不清楚

9. 若老师组织科学探究活动,你

   A. 积极主动参与   B. 感兴趣就参与

   C. 随大流无所谓   D. 不参与

二、关于你的课题研究素养

10. 你认为课题研究活动是一种校本课程吗?

A. 不是 B. 是
C. 可能是 D. 不清楚

11. 你能够在老师的指导下开展一些课题探究学习吗？
    A. 能 B. 基本能
    C. 不能 D. 没试过

12. 你最喜欢的学习方式是：
    A. 老师传统讲授 B. 自学
    C. 探究学习 D. 其他

13. 你常用的资料收集的方法有：
    A. 网上搜索 B. 查阅书籍
    C. 口头询问 D. 其他

14. 你在学校获得需要的学习资源
    A. 非常方便 B. 比较方便
    C. 比较困难 D. 非常困难

15. 你希望老师在课题研究活动课上教你什么？
    A. 学习搜集、处理资料 B. 如何选择要探究的课题
    C. 如何进行课题探究活动 D. 其他

16. 你认为提高课题研究能力的途径主要有哪些？
    A. 开展探究性学习 B. 平时课堂学习积累
    C. 多做练习题 D. 勤动手做小实验

三、你对物理老师探究技能的评价

17. 你认为你的物理老师在学生中开展课题研究活动的意识：
    A. 很强 B. 比较强
    C. 比较弱 D. 很弱

18. 你认为你的物理老师在教学中经常会联系科技生活
    A. 不经常联系 B. 偶尔联系
    C. 较经常联系 D. 经常联系

19. 你认为你的物理老师做探究性实验的水平
    A. 很高 B. 比较高
    C. 比较低 D. 很低

20. 你认为你的物理老师根据教学需要选择的实验探究
    A. 很合适 B. 比较合适

C. 不太合适　　　　　　　　D. 很不合适

四、你对课题探究活动与物理课程整合的看法

21. 对于开展课题研究教学课，你的态度是：
    A. 非常赞成　　　　　　　B. 赞成
    C. 无所谓，不赞成也不反对　D. 反对

22. 进入高中以来，给你留下印象最深刻的物理课是：
    A. 网络课　　　　　　　　B. 专题探究课
    C. 习题课　　　　　　　　D. 普通课

23. 你认为课题研究活动运用于物理教学对教学目标的达成
    A. 很有帮助　　　　　　　B. 比较有帮助
    C. 几乎无帮助　　　　　　D. 不清楚

24. 你认为课题研究活动运用于物理教学对学生的兴趣和需要
    A. 很符合　　　　　　　　B. 比较符合
    C. 不太符合　　　　　　　D. 不清楚

25. 你认为课题研究活动运用于物理教学在突破重点难点知识方面
    A. 很有帮助　　　　　　　B. 比较有帮助
    C. 几乎无帮助　　　　　　D. 不清楚

26. 你认为课题研究活动在充实课堂学习资源方面
    A. 很有帮助　　　　　　　B. 比较有帮助
    C. 几乎无帮助　　　　　　D. 不清楚

27. 你认为课题研究活动运用于物理教学在提高学生参与教学的程度方面：
    A. 很有效果　　　　　　　B. 比较有效果
    C. 几乎无效果　　　　　　D. 不清楚

28. 你认为课题研究活动运用于物理教学对培养学生的自主探究能力
    A. 很有效果　　　　　　　B. 比较有效果
    C. 几乎无效果　　　　　　D. 不清楚

29. 你认为课题研究活动的使用在提高学习效果方面
    A. 很有效果　　　　　　　B. 比较有效果
    C. 几乎无效果　　　　　　D. 不清楚

30. 你的家长若认为开展课题研究活动会影响正常学习，你会
    A. 放弃课题研究活动　　　B. 保持沉默

C. 无所谓　　　　　　　　D. 给家长讲清道理

五、对课题研究活动学习与平时学习如何结合得更好你有何建议？

_____

_____

_____

_____

"促进自主探究——高中物理专题研究性
学习实施策略研究"课题组
2014 年 3 月

问卷 2：

中学物理实验教学情况调查问卷（学生）

亲爱的同学：

你好！这是一份关于中学物理实验教学情况的调查问卷，目的是了解中学物理课堂教学的现状。调查结果仅供物理教学研究用，而且我们保证对每位同学的回答情况进行严格保密，因此填写答题卡时不要有任何顾虑（无需签名）。请根据你们的物理老师平时的实际教学情况，选择一个最符合他（她）的选项，直接在答题卡上代表该选项的"○"内划"√"即可（务必填好答题卡上要求填写的其他信息）。请不要在本问卷上作答或划任何记号。

一、选择题（请根据事实回答）

1. 老师在上实验课时，会明确提出通过该实验课要达到的教学目标吗？

　　A. 经常　　　　B. 偶尔　　　　C. 从不

2. 做演示实验前，老师介绍观察的重点，相关的仪器、器材的名称及其用途吗？

　　A. 很少介绍　　B. 有时介绍

　　C. 每次都介绍

3. 你认为物理实验老师的课上得怎样？

　　A. 都很成功　　B. 大部分很成功

　　C. 个别的课上得很成功

4. 你感觉老师本人对物理实验的态度是_____。

    A. 应付了事　　　　B. 重视但不喜欢

    C. 重视而且很有兴趣

5. 对于课本中的演示实验,老师一般_____。

    A. 应付了事

    B. 自制教具或设计替代性实验尽量演示给学生看

    C. 创造条件让学生积极动手

6. 实验前老师鼓励学生进行实验设计(比如实验装置的确定、器材的选取、测量量及测量方法、数据处理方法,等等)吗?

    A. 经常　　　　　B. 偶尔　　　　　C. 极少

7. 学生分组实验前,老师是否给学生示范?

    A. 经常　　　　　B. 偶尔　　　　　C. 极少

8. 老师主要根据_____确定留给学生操作的时间。

    A. 实验环节和内容的多少　　　　B. 实验的难易程度

    C. 学生的操作进展情况

9. 学生进行分组实验时老师很关心各组中的分工协作情况吗?

    A. 很关心　　　　B. 很少关心　　　　C. 不关心

10. 对于生活中或物理学习中司空见惯的问题,老师经常指导学生通过实验寻找答案吗?

    A. 经常　　　　　B. 偶尔　　　　　C. 从不

11. 物理老师在实验课上经常提问哪一类学生?

    A. 优等生　　　　　　　　　　B. 中下等生

    C. 看不出对不同成绩学生的区别

12. 老师在物理实验课上是否经常介绍一些与生活、生产实际密切相关的物理问题?

    A. 经常　　　　　B. 偶尔　　　　　C. 从不

13. 在物理学习中,老师更注重学生的_____。

    A. 物理考试分数　　　　　　B. 刻苦努力程度

    C. 独到见解

14. 老师在物理实验课上是否经常结合物理学中的最新发现?

    A. 经常　　　　　B. 偶尔　　　　　C. 从不

15. 你们的物理老师在实验教学中出现过错误或疏漏吗?

A. 老师准备充分,这种情况未出现过

B. 这种情况很少

C. 这种情况很常见

16. 物理实验课上,当学生指出老师在教学中的错误之处时,老师的反应是_____。

    A. 立即纠正错误并对学生提出表扬

    B. 不动声色地纠正错误

    C. 立即纠正,且对打断课堂教学的行为流露出不高兴的神色

17. 在学生实验中老师更重视什么?

    A. 数据结果　　　　　　　　B. 操作过程

    C. 实验报告

18. 你有时会把物理老师安排今天做的实验(或小制作)拖到明天去做吗?

    A. 一般不会　　　　　　　　B. 这种情况很少

    C. 这种情况很多

19. 物理老师在你的心目中是_____。

    A. 朋友　　　B. 知识权威　　　C. 领导和长辈

20. 物理老师_____组织学生针对实验情况进行课堂讨论。

    A. 经常　　　B. 偶尔　　　C. 从不

21. 你对物理老师的观点、看法有什么评价?

    A. 都是对的　　　　　　　　B. 有时具有片面性

    C. 老师有时坚持自己的错误立场

22. 对学生错误的回答,老师的反应是:

    A. 提示并引导学生找出正确答案

    B. 不予评价,提问其他学生直到回答正确

    C. 自己干脆直接给出答案

    D. 严厉批评

23. 当你在实验中发现标新立异的问题并询问老师时,老师是如何处理的?

    A. 应付了事　　　　　　　　B. 只给我讲解

    C. 给全体同学讲解

24. 当学生回答实验问题不全面或不正确时,老师经常暂停所讲内容

转而展开讨论吗？

　　A．经常　　　　B．偶尔　　　　C．从不

25．物理实验老师是否经常拖堂？

　　A．经常　　　　B．偶尔　　　　C．从不

26．老师经常要求学生用多种方法处理实验数据吗？

　　A．经常　　　　B．偶尔　　　　C．极少

27．你在每次物理实验操作中水平发挥情况怎样？

　　A．每次都能发挥最好

　　B．多数实验中能正常发挥

　　C．多数实验中不能正常发挥

28．老师是否经常总结知识中蕴涵的物理学方法或教给学生一些思考物理问题的方法？

　　A．经常　　　　B．偶尔　　　　C．极少

29．老师对于学生分组实验的操作要求是_____。

　　A．鼓励学生自己创造性操作，不一定按部就班

　　B．必须严格按照事先设计好的步骤进行

　　C．放任自流

30．你感觉老师对演示实验的态度是_____。

　　A．应付了事　　　　　　　B．设计替代性实验尽量做

　　C．尽量为学生提供动手的机会

31．老师_____让学生上讲台给其他同学当"小老师"。

　　A．经常　　　　B．偶尔　　　　C．从不

32．当某位同学回答问题很出色时，老师_____。

　　A．不予以表扬，接着进行下一环节的教学

　　B．予以表扬

　　C．对尖子生予以表扬，对后进生不表扬并流露出怀疑的神色

33．物理实验老师经常让哪些学生回答问题？

　　A．成绩好的　　　　　　　B．成绩中下等的

　　C．每个学生的机会都差不多

34．对于学生得出的有反常规的实验结果，老师的反应是_____。

　　A．带领学生分析实验、查找原因　　B．不予理睬

　　C．怀疑学生不按规程操作

35. 老师经常组织学生进行课外实验活动吗?

  A. 经常   B. 偶尔   C. 从不

36. 老师在教学过程中,_____结合物理知识介绍物理学家的发现过程和探索精神。

  A. 经常   B. 偶尔   C. 从不

37. 物理老师更注重学生的_____。

  A. 物理成绩   B. 学习刻苦努力程度

  C. 思维是否活跃以及独到见解多少

38. 老师进行物理实验课的快慢主要根据_____确定。

  A. 实验的难易   B. 时间和内容多少

  C. 学生的接受情况

39. 全班物理成绩不理想时,老师在课上_____。

  A. 批评学生自己不努力

  B. 流露出对学生失望的情绪

  C. 客观分析原因,积极鼓励学生树立成功的信心

40. 你认为做好物理实验主要靠_____。

  A. 简单的实验方法或捷径   B. 教师讲授

  C. 自身较强的思维能力及动手操作能力

41. 在物理实验课上,老师经常联系已做过的实验进行实验方法的总结吗?

  A. 经常   B. 偶尔   C. 从不

42. 在实验过程中,当你不能及时将实验仪器调到工作状态时,老师的反应是:

  A. 老师直接给调好

  B. 要求学生查阅材料,再三调试

  C. 直接让学生换仪器

43. 假设实验课时间结束时,你却没做完规定的实验项目,老师的要求是_____。

  A. 无所谓,没什么要求

  B. 编凑数据后,交上报告就行

  C. 让下次再做

44. 老师对实验报告的批改_____。

A. 很及时

B. 非常不及时,甚至一直不发下来

C. 比较及时

二、问答题

就实验教学而言,你想给你们的老师或学校提哪些意见或建议?

_____

_____

_____

_____

谢谢大家的合作,祝大家身体健康,学习进步!

"促进自主探究——高中物理专题研究性
学习实施策略研究"课题组
2014年5月

问卷3:

中学物理实验教学情况调查问卷(教师)

姓名:_____   性别:_____   教龄:_____

所教年级:_____   所教学校:_____

非常感谢您在百忙之中填写这份问卷,我们调查的目的是想了解当前中学物理(高中)实验教学的基本情况。(请在括号内填上你的选择)

1. 您一学期所做的演示实验有(   )个。

   A. 10 以下   B. 10~15

   C. 10~20   D. 20~30

2. 您一学期所做的分组实验有(   )个。

   A. 1~3   B. 3~5

   C. 5~8   D. 大于 8

3. 学生分组实验时,仪器能否达到每班 25 套的要求?(   )

   A. 是   B. 否

4. 教材"迷你实验室"栏目里的实验,您所做的比例是(   )。

A. 30%左右 B. 50%左右
C. 80%左右 D. 基本达到100%

5. 教材"迷你实验室"栏目里的实验,配备的器材是否充足？(   )

   A. 是 B. 否

6. 教材"迷你实验室"栏目里的实验,器材缺乏时如何处理？(   )

   A. 不做 B. 用其他器材代替

   C. 自己动手做器材 D. 其他(请填写)

7. 新实验贵校有无配备实验仪器？(如运动独立性平抛仪)(   )

   A. 有 B. 没有

8. 贵校有专门的物理实验教师吗？若有,几名？(   )

   A. 0 B. 1

   C. 2 D. 3

9. 您感觉贵校目前的实验仪器在课改后有大的更新吗？(   )

   A. 有 B. 没有

10. 您认为目前贵校的实验仪器(可多选)(   )

    A. 实验仪器比较先进

    B. 实验仪器落后

    C. 实验仪器种类多

    D. 实验仪器种类偏少

    E. 观察现象的实验仪器居多、定量研究的实验仪器偏少

    F. 实验结果比较准确,能够接受

    G. 实验结果大都不准确、误差较大

再次感谢您的耐心填写！

"促进自主探究——高中物理专题研究性
学习实施策略研究"课题组
2014年5月

附录2 项目研究过程记录表格

①全国教育科学"十二五"规划 **2013** 年度教育部重点课题
"促进自主探究——高中物理专题研究性学习实施策略研究"
教改课题研究活动记录表(见表 3-11)

表 3-11 教改课题研究活动记录表

记录人：_____　　　　　　　　　　　年　　月　　日

课题名称	
活动时间	
活动地点	
参加人员	

内容：(包括此次研究活动的综述；课题的选择与研究计划的设计；教育科研资料的搜集、整理、分析；教育科研成果的表述等相关内容。)

②全国教育科学"十二五"规划 2013 年度教育部重点课题
"促进自主探究——高中物理专题研究性学习实施策略研究"
日常教育教学记录表(见表 3-12)

表 3-12 日常教育教学记录表

课题名称			
研究人员		时间	
题目			
主要内容			

③全国教育科学"十二五"规划 2013 年度教育部重点课题"促进自主探究——高中物理专题研究性学习实施策略研究"课题读书笔记或资料收集表(见表 3-13)

表 3-13　课题读书笔记或资料收集表

课题名称			
读书时间		书　名	
读　者			
心得体会或资料收集			

④全国教育科学"十二五"规划 2013 年度教育部重点课题
"促进自主探究——高中物理专题研究性学习实施策略研究"
教改课题研究学期进度简况表(见表 3-14)

表 3-14　教改课题研究学期进度简况表

_____学年　　_____学期　　　　　年　　月　　日

课题名称					
负责人姓名		学历		职称职务	
课题组成员名单					
课题目标					
课题实施计划					
课题近期进展情况					

⑤全国教育科学"十二五"规划2013年度教育部重点课题 "促进自主探究——高中物理专题研究性学习实施策略研究" 学生物理研究性学习课题申报表(见表3-15)

表3-15　学生物理研究性学习课题申报表

课题名称			
课题小组负责人（1名）		指导教师	
课题小组成员（2～4名）			
完成时间			
课题研究计划	研究目的：		
	研究方法：		
	研究进程：		
最终成果形式(小论文、调查报告、小制作、课件、图片等)			
指导教师评价			

第五节　评价模式构建的研究

一、高中物理专题研究性学习活动的评价原则

通过研究性学习理论文献综述和专题研究性活动实践,发现其评价原则主要有:

一是正面评价原则。研究性学习的评价重在发现和肯定学生身上所蕴藏的潜能、所表现出的闪光点,鼓励学生积极想象、创造和实践,激励学生的探究积极性、主动性和创造性。

二是重视应用和体验原则。要关注学生能否把学到的知识和技能应用到实际问题的提出和解决中去,在问题解决过程中能否主动获取和应用知识,能否从中获得感悟和体验。

三是师生平等探究原则。倘若学生对其研究性学习专题探究活动评价有异议,应允许学生表达自己的看法并与老师共同讨论。[21]

四是既重视结果,更重视过程的原则。教师要重视对过程的评价,重视学生在学习过程中的自我评价和自我改进,使评价成为学生学会反思、发现自我、欣赏别人的过程。

二、高中物理专题研究性学习活动的评价内容

通过研究性学习理论文献综述和专题研究性活动实践,发现其评价内容主要有:

一是研究态度。主要评价学生活动过程中的外显行为表现,如是否认真参加课题组活动,努力完成自己所承担的任务,主动做好课前准备、资料积累和分析处理工作等。

二是研究素养。主要包括知识准备(基本原理、步骤、方法等)是否恰当,研究性学习所需的工具、材料是否符合要求,主要评价其科学素养。

三是合作精神。主要评价学生在参与小组活动中的合作态度和行为表现,如是否乐于帮助同学、主动和同学配合、认真倾听同学观点和意见,对班级和小组的学习做出积极贡献等。

四是创新精神。主要考查学生在研究活动中从发现和提出问题、分析问题到解决问题的全过程所显示出的探究精神和实际操作的能力。

五是研究方法。主要评价学生对查阅资料、动手实验、调查研究、整理材料、处理数据、运用工具等方面技能、方法的掌握和运用水平。[21]

三、高中物理专题研究性学习活动的评价方式

研究实践表明:在高中物理专题研究性学习活动中,采用"等级＋评语,形成性评价量表"的评价方式,可取得不错的评价效果。

(一)评价程序分析

研究发现,专题研究性学习的具体评价程序,可参照图3-14所示。

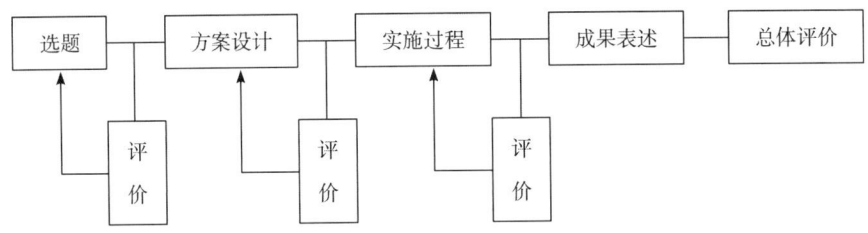

图3-14 专题研究性学习评价程序

举例见表3-16。

(二)评价量表设计

研究发现,评价应贯穿于研究性学习的内容选题、方案设计、实施过程、成果表达的全过程,要注意涵盖学生研究性学习课题的3个环节,即开题评价、中期评价和结题评价。开题评价要关注学生发现问题、提出问题、提出解决问题设想的意识和能力,促使学生以积极的态度进入解决问题的过程中;中期评价主要是检查研究计划的实施情况,研究中资料积累情况,以及研究过程中遇到的问题、困难和解决问题、克服困难的情况等;结题评价主要对学生参与课题研究活动全过程的情况、实验情况、资料积累情况、结题情况、研究结果及成果展示方式等进行评价。[25]还要注意采取教师评

价与学生自评互评相结合、对小组评价与对组内个人评价相结合、对书面材料的评价与对口头报告及活动展示的评价相结合、定性评价与定量评价相结合等做法。据此,本研究总结出高中物理专题研究性学习活动评价方式:"等级＋评语,形成性评价量表",并设计出以下 5 份评价量表,见表 3-17～表 3-21。

表 3-16　专题研究性学习评价程序例表

专题			主题	内能利用与环境保护
活动人员				
活动时间		活动地点		
活动过程	活动目标	（拟解决什么问题）		
	活动形式	（调查、小组活动、访问专家、实地测量、查询资料、网络求助等）		
	活动步骤	（分成几个阶段:明确小组人员分工,小组调查目的及调查内容,总结调查资料,处理调查数据）		
	活动结果	（得出什么结论,解决了什么问题,是否完成了预定的活动目的,存在何种问题及困难）		
活动效果评价				

指导教师：
　　　　　　年　　月　　日

表3-17　物理研究性学习课题开题评价表

课题				姓　名	
内容	评分权值及标准（满分:100分）	自评	互评	教师评	综合评
选题	必要性(15分)				
	科学性(15分)				
	创新性(20分)				
	可行性(15分)				
方案设计	思路清晰(10分)				
	方法明确(15分)				
	安排合理(10分)				
总评等级	合计总分85分以上为A,70～84分为B,60～69分为C,60分以下为D			总分：等级：	
学生自评	总结进步： 课后反思：				
教师评语	鼓励： 建议：				

表 3-18 物理研究性学习过程学生评价量表

课题		研究阶段		姓名		
内容	评分权值及标准 （满分：100 分）		自评	互评	师评	综评
课前准备	15 分(知识、工具、材料等完备,15 分;缺一,10 分;缺二,5 分;无准备,0 分)					
参与程度	15 分(积极参与任主角,15 分;积极参与任助手,10 分;有参与,5 分;不参与,0 分)					
实践能力	15 分(动手能力强,15 分;动手能力有提高,10 分;动手能力一般、提高不多,5 分)					
协作程度	15 分(协作好,15 分;有协作,10 分;协作性较差,5 分)					
创新精神	15 分(创新意识强,15 分;有提出改进建议,10 分;创新意识较差,5 分)					
方法掌握	10 分(学习方法和研究方法掌握得好,10 分;方法较一般,5 分)					
完成程度	15 分(能按要求完成,15 分;经过努力未能按要求完成,10 分;不够努力或态度不够认真,5 分)					
总评等级	合计总分 85 分以上为 A,70～84 分为 B,60～69 分为 C,60 分以下为 D		总分： 等级：			
学生自评	总结进步：					
	课后反思：					
教师评语	鼓励：					
	建议：					

（备注：如果学生参与的研究性学习有多个阶段,比如既有实验,又有社会调查访问等,可以对每个过程分别评价,然后取几个过程总分的平均分作为该项最后得分并确定相应的等级。）

表 3-19　物理研究性学习课题结题评价表

课题				姓名		
课题组长			课题组其他成员			
内容		评分权值及标准（满分：100 分）	自评	互评	教师评	综合评
论文（作品）评价	科学性	10 分				
	逻辑性	10 分				
	创新性	10 分				
	完整性	10 分				
	意义（价值）	10 分				
	工作量	10 分				
答辩评价	陈述	条理性	10 分			
		科学性	10 分			
	答辩	应答能力	10 分			
		合作程度	10 分			
总评等级	合计总分 85 分以上为 A，70～84 分为 B，60～69 分为 C，60 分以下为 D			总分： 等级：		
学生自评	总结进步： 课后反思：					
教师评语	鼓励： 建议：					

表 3-20 学生研究性学习课题小组过程性自我评价表

课题		姓名	
课题组成员		评价分数	评价等级
课题研究表现	课题小组能有计划、有步骤地开展课题研究活动		
查阅有关资料	能积极有效地查阅有关课题资料,查阅途径广泛		
探究实验中的表现	有安全意识,具有有效控制实验条件能力		
	具有良好的实验习惯,实验过程整洁、有序		
	实验中能及时发现问题、提出问题		
	实验中能有效收集实验信息与资料		
	对物理现象能做合理解释,初步揭示物理原理		
小组协作性	课题研究中有协作精神,实验和谐进行		
小组学习中知识迁移能力	课题研究中能够结合运用已有的知识,对遇到的课题新问题能进行较好的迁移		
小组学后反思的价值	学后反思能够揭示学习规律,能够给予其他同学启示,提高同学的认知水平		
自评总分		自评等级	
你认为优秀组员			

(备注:每个项目评价等级"A、B、C、D",每项分数分别为 10 分,满分 100 分,自评总分 85 分以上为 A,70～84 分为 B,60～69 分为 C,60 分以下为 D。)

课后自我反思:
(1)你能较好地查阅课题有关资料吗?
(2)你能较顺利地完成物理探究实验、解释课题中的实验现象吗?
(3)通过课题研究你能进一步认识了解被研究的对象吗?
(4)课题研究还需要老师为你提供哪些帮助?

表 3-21　物理研究性学习个人反思总结表

班级		姓名		性别		指导教师	
课题名称							
你对这次研究是否感兴趣，请说明理由							
你能较好地查阅课题有关资料吗							
能完成物理探究实验且解释实验现象吗							
研究中你遇到的最大困难是什么							
你对研究成果评价及需要老师哪些帮助							
通过本次活动你最大的收获是什么							
你对小组合作情况的评价和感受是什么							
本次活动的遗憾点、需要改进的是哪一方面							

（备注：研究性学习综合得分以及最后等级认定：每个课题组员的研究性学习综合得分＝课题开题平均分×20％＋过程评价分×40％＋结题评价分×30％＋自我评价分×10％。评价等级分为"A、B、C、D"，综合得分 85 分以上为 A，70～84 分为 B，60～69 分为 C，60 分以下为 D。最后让学生进行反思总结。）

（三）高校强基计划背景下学生自主探究能力评价体系建设

在对 2014 年美国高校国内新生录取考察因素调查中，论文/写作样本的重要性排名第 5，可以预见未来学生通过自主探究学习撰写的论文会成为高校强基计划招生的重要依据。所以，我们一直在探寻有效的评价体系，使评价结果能为高校的强基计划招生提供参考。

高校强基计划招生考试的评价指标内容有中学发展与成绩、创新能力、思维能力、知识视野、应变能力、问题解决能力、表达能力、未来意识、身心健康、道德水平等。由此，我们设计了《物理研究性学习课题开题评价表》《物理研究性学习过程评价量表》《物理研究性学习课题结题评价表》《学生研究性学习课题小组过程性自我评价表》。这4份表格对学生研究性学习的各方面表现进行了细致的量化打分,最终得出总评等级。通过这个评价体系,对学生的思维能力、知识视野、问题解决能力、未来意识等指标做了充分评价。[25]评价体系还补充评价了学生论文中无法直接展示的指标,比如通过过程评价量表,对学生研究过程中的参与程度、实践能力、协作能力和创新精神等进行评价,使高校全面了解学生的各项能力和学科素养。而第5份表格《物理研究性学习个人反思总结表》,是用来引导学生对整个自主探究的过程进行反思与总结,从中也能反映学生的思维能力、问题解决能力和未来意识等。通过立体的评价,再加上学生撰写的探究小论文,学生鲜活的形象将呈现在高校强基计划招生老师的眼前。

四、关于评价模式构建研究的分析与讨论

(一)评价原则的分析

研究显示,物理专题研究性学习活动的评价原则主要有正面评价原则、重视应用和体验原则、师生平等探究原则以及既重视结果,更重视过程的原则等。究其原因,可能有以下几点:其一,教师的评价是学生感受成长的喜悦、烦恼或挫折的主要参照物,教师的积极正面评价,能有效改变学生自我认知的倾向性,自主行为的调控力。[25]其二,因为学习是研究性的,要研究问题就允许有新的答案,师生共同探究,教学相长才能使研究性学习更具科学精神。其三,中学生由于知识和能力水平所限,他们的探究活动能够取得一个好的"结果"固然可喜,若没能取得,教师也必须要充分肯定他们表现出来的良好科学探索精神和合作态度,这种精神和态度将有益于学生终身学习。

(二)评价内容的分析

研究显示,物理专题研究性学习活动的评价内容主要有研究态度、研究素养、合作精神、创新精神以及研究方法等。这可能是因为,学生参与研究性学习的态度、在研究性学习活动中所获得的体验情况、研究方法技能掌握情况以及创新精神和实践能力的发展情况等构成了专题研究性学习实效性的重要影响因素。[25]

(三)评价方式——"等级＋评语,形成性评价量表"的分析

研究显示,物理专题研究性学习活动可采取积极正面的"等级＋评语,形成性评价量表"评价方式。评价应贯穿研究性学习的内容选题、方案设计、实施过程、成果表达的全过程,评价要涵盖学生研究性学习课题的三个环节,即开题评价、中期评价和结题评价。[21]要注意采取教师评价与学生自评互评相结合、对小组评价与对组内个人评价相结合、对书面材料评价与对口头报告及活动展示评价相结合、定性评价与定量评价相结合等做法。其原因可能是,研究性学习的特点决定了研究性学习的评价手段、方法是多种多样的,评价的信息资料收集应该贯穿于研究性学习的全过程。

研究证明,学生对这种"等级＋评语"的评价方式是欢迎的,在对参加研究性学习的学生的调查中,绝大多数学生赞成这种新的评价方式,认为这种评价方式具有引导性的作用,使他们了解到自己在研究性学习活动中的成功与不足,明确今后努力的方向。为此,本研究认为,这种等级加激励性评语的评价方式可以使学生获得成就感。

第四章
专题研究性学习课程的实施策略研究

在介绍了物理专题研究性学习课程的规划与方案后,本章具体阐述了课程的实施策略研究。在课程的实施部分,笔者结合自身及项目组的物理教学实践,详细论述了将专题探究活动与高中物理概念教学、高中物理规律教学、高中物理实验教学、高中物理习题教学、高中物理科技活动教学以及高中物理思维与探究能力培养教学6个方面有机融合的研究实施过程,实践并总结出这6个方面的物理教育教学核心问题的教学结构模式,提出相应的课程实施策略,并着重彰显实施策略的系列化以及可操作性。同时,本章还对应列举出这6个方面问题较成功的若干典型案例,旨在对课程实施策略加以佐证说明。十多年来,项目组对高中物理专题研究性学习课程进行了颇具成效的建设与实施,本章的系列研究成果和成功典型案例,是项目组不断努力探索与实践的一个缩影,也是一个窥见的窗口。

本章呈现的是高中物理专题研究性学习课程核心问题的教学结构模式,提出相应课程的实施策略。实践表明,将专题探究活动与高中物理概念教学、规律教学、实验设计教学、解题方法教学、课题探究教学以及学科能力培养等内容有机融合,能够有效提高探究活动的实效性,从而收获良好的教学效果。具体体现在以下几个方面:

一是专题研究性学习实施策略运用于高中物理课堂教学在技术上是可靠的、有操作性的。实验研究表明,该模式从对客观世界的观察、实验出发,积累数据,经过科学抽象和辩证思维,并广泛应用数学工具,建立假设,总结出经验规律或定律。教学流程相对固定,符合青少年学生的一般认知规律,可运用于不同的课堂教学,也较容易为教师所掌握并运用。

二是专题研究性学习实施策略运用于高中物理课堂教学在实践上是具有可重复性的。实验研究发现,该模式可运用于同一知识点的新课学习、阶段复习，也可推广至高中阶段部分理论课和大多数实验课的学习。对于教师而言，掌握了这一教学模式，可以复制到今后的同类型教学中使用。

三是专题研究性学习实施策略运用于高中物理课堂教学在教学效果上是有效的。一个教学理论的核心价值在于其实践成果。实验研究证明，运用本理论实施阶段教学后，将有利于高中物理课堂教学模式由"接受—理解—巩固—解题"转变为"参与—体验—内化—外延"的新型教学模式，学生的平均成绩较对照班有一定程度的提升，班级内部的差异性小，显示教学成果良好。

四是专题研究性学习实施策略运用于高中物理课堂教学在一定范围内是可以推广的。高中学生的认知规律存在普遍性，高中物理教学内容虽然有版本区别但在同一课程标准下是趋同的。实验研究表明，不同教师运用该理论的教学效果均好于该教师的另一对照班，由此可见该理论可以在高中物理教育领域一定范围内推广。

第一节　"螺旋型"教学结构的物理概念教学
——专题探究与概念教学的融合实施研究

随着教育改革的深入，我们越深切地感到要提高教学效率，离不开优化教学过程。而教学过程的考究离不开对教学结构的分析，因为实施结构性原则对学生系统理解学科知识、培养创造性的思维能力，并形成良好的学习方法等有着重大意义。本节内容试图结合中学物理教学实践，从教学结构的理论简介、试验设计、几点反思3个方面，对"螺旋型"教学结构在物理概念教学中的实施做一探讨。

一、"螺旋型"教学结构的理论简介

物理概念的"螺旋型"教学结构包含有感知、内化、迁移3个教学环节。感知是指通过物理情境创设使学生对物理概念产生直观认知；内化是指引导学生对物理概念的内涵外延进行抽象、加工和理解；迁移是指运用物理概念来阐释具体物理问题,三者紧密衔接、螺旋上升,从而促使学生的物理科学思维能力得到进阶培育。

二、"螺旋型"教学结构在 A 层次物理概念教学中的试验设计

三明一中从 2009 年开始实行学年学分制及高中分层次教学改革,根据学生学习情况将学生分成 A 层次(特保班)、B 层次(普通班)两个层次的教学班,特保班学生的学习成绩及接受能力等比普通班学生相对要更好,教师针对 A、B 两个层次学生的不同情况因材施教,最终使这两个层次的学生和谐发展、共同进步。在这项教改项目的基础上,2013 年,笔者向全国教育规划办申报的课题——"促进自主探究——高中物理专题研究性学习实施策略研究",有幸被立项为全国教育科学"十二五"规划 2013 年度教育部重点课题(课题批准号:DHA130285)。针对之前 A 层次学生物理概念学习中存在的问题和不足,我们项目组决定在 A 层次学生中进行"螺旋型"教学结构的试验,经过近两年的实践,摸索出高中物理概念的"螺旋型"教学结构操作模式,现总结如下,以作抛砖引玉之用。

[**试验对象**]2015 届高三(1)班(A 层次特保班)。因为这种教学结构经常在较为抽象、教学难度大的概念教学中使用,而这种概念常需要联想、拓深、挖掘、灵活运用,这就要求学生有扎实的"双基",能较熟练地进行联想、类比、归纳等。[26]基于此点考虑,项目组选择了 A 层次特保班学生来进行此项试验。

[**试验时间**]2013—2015 年,跟踪实验。

[**试验前后状况**]对 A 层次特保班学生物理概念的学习,在 2013 和 2015 年,也就是在试验前后进行了两次问卷调查,现将调查情况对比如下,见表 4-1。

另外,从问卷分析得知,试验前 A 层次特保班学生在物理概念学习中存在以下几点问题:

(1)对概念学习的重要性主观认识不够。A 层次学生初中物理基础较好,常有些自负心态。班上有位曾是物理兴趣小组的同学称:物理学习中若能记住一些公式、定律,并用之去攻克一些难题,基础题不用怕,而且一定能拿高分。殊不知,物理概念未扎实掌握,在特定的物理情景中就会张冠李戴,审题出现偏差,更谈不上从容面对千变万化的物理问题。

表 4-1 物理概念学习调查情况[23]

项目	所占比例	
	实验前	实验后
重视概念学习	30%	95%
怕解概念题	85%	17%
认为概念对综合题有较大影响	23%	81%
概念题得分较高	14%（高二上）	91%（高三上）

（2）概念的物理意义理解不够。很多同学对教材为什么要引入这个概念不管，书上既然有这个概念我学就是了。

（3）概念的本质深挖不够。有一次复习波长概念时，一连提问了数个学生都未讲到实质，说"两个波峰或波谷间距离叫波长"大有人在，对"连续相邻的两个对平衡位置位移总相等的两质点间距离叫一个波长"中的"相邻""位移""总相等"等关键字眼，很多学生不能深刻理解。

（4）概念的合理迁移不够。很多概念都有千丝万缕的联系，但学生不善于采用联想、归类、类比、图表等方法对概念进行记忆、理解和运用，很多人是死学而不能活用，这必将导致在解有复杂物理过程、多概念运用的综合问题时遇到很大障碍。

[试验操作]经过实践，针对 A 层次学生，我们摸索出物理概念"螺旋型"教学结构的教学模式[27]，如图 4-1 所示。

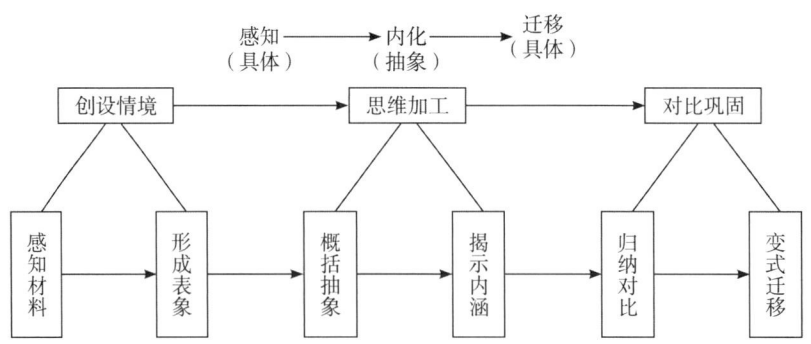

图 4-1 物理概念"螺旋型"教学结构模式

(一)感知——创设情境

对人脑的生理机制和心理学研究的成果表明,高中阶段,学生的逻辑思维已占主要地位,不过在掌握复杂的抽象概念时,他们仍需要具体形象的支持,因此应特别强调以下两点。

1. 要创设情境,直观教学

从具体的生动的感性材料出发,经过分析综合,抽象出科学的概念来。在引入新的物理概念时,通常采用3种方式:

(1)从学生所熟悉的生活事例进行综合概括,找出反映其本质的特点,引出概念。如讲力的概念时,可以举这样的例子,人推车从静止开始运动,人和车发生了相互作用,使车改变了运动状态;手拉弹簧,则弹簧形变;等等,从而总结出:力是物体对物体的作用,它的效果是使受力物体的运动状态发生变化或产生形变。

(2)从实验总结出概念。如讲光电效应,不是先下定义,而是通过对实验的分析,总结出:金属受到射线照射时放出电子的现象叫光电效应。在电磁部分,如电场、磁场、感应电流、自感等,都是通过对实验的观察得出概念。

(3)通过逻辑推理得出新概念。特保班学生逻辑推理能力普遍较强,在讲解一些无法直接感知、实验的概念时,要充分利用A层次学生的这一优势来让他们间接感知得出新概念。如讲物体的惯性和惯性定律时,可以一定速度水平抛出的球在不同表面上的运动为例,说明路面越光滑,受到的阻力越小,它运动的距离就越远。如果在没有任何摩擦阻力的路面上运动,那么球能运动多远呢?这个实验是不能直接做出的,但可通过推理得出:阻力越小,运动的距离就越远,若不受任何阻力的影响,则球将永远运动下去,保持运动状态不变。由球的例子再加以推广,便可以得出:一切物体在没有受到外力作用时,总保持匀速直线运动状态或静止状态,直到有外力的作用迫使它改变这种状态为止。[19]

2. 要努力使学生完成认识上的飞跃

概念是理性的认识,它是将丰富的感性材料经过头脑的"加工"和"制作"的过程来完成的,我们要充分发挥A层次学生的主观能动性来完成这种认识上的飞跃。如讲物体运动的加速度,就要列举大量速度随时间变化的实例(如汽车的进站和出站,飞机的起飞和降落,物体的下落和上抛,以及导弹的发射,卫星的运转等),从而比较出它们速度变化的不同,这种不同可以用加速度这一概念来表示,它是在速度和时间这两个概念的基础上,经过对实际问题的分析比较而引出的。这样有意识地引导学生,使之在认识上有所进展,在思维能力上得到提高。

(二)内化——思维加工

在学生形成表象的基础上,引导学生进行分析、比较、综合、概括,排除次要因素,抓住主要因素,找出一系列现象的本质属性,形成科学概念,并用简洁的物理语言,给出确切的表述或定义。概念建立之后,教师还要在揭示概念的主要性质和内涵上下功夫,使学生深化对概念的认识。如在楞次定律的教学中,很多学生往往只抓住"阻碍"二字,而丢掉"阻碍"的对象的"变化",于是便把定律中"阻碍引起感应电流磁通量的变化"理解为"阻碍磁通量",而得出"感应电流的磁场总是与原磁场方向相反"的错误结论。在教学中应引导学生区别"阻碍磁通"与"阻碍磁通量的变化"所表示的不同意义,这可以联系力学中"阻碍运动"与"阻碍运动(状态)的变化"来理解,阻碍运动是使运动停止最后速度趋于零,而阻碍运动的变化则是加速度趋于零,二者所表达的物理意义是截然有别的,但在"阻碍"变化这一点上有相似之处。[28-29]在此基础上指出"阻碍(磁通量)变化"所表达的物理意义为"增反减同",即:

(1)当原磁通增大,则感应电流的磁场必与原磁场方向相反。
(2)当原磁通减少,则感应电流的磁场必与原磁场方向相同。

这两点是通过对概念内涵的揭示来理解楞次定律本质,也是对定律内容难点的突破。

(三)迁移——对比巩固

物理概念建立之后,还须进行知识的迁移,即通过与有关相近概念的对比,以及进行适当的运用来巩固、深化对概念的理解,完善对概念深度和结构的认识。该步骤应注意以下两方面的问题。

1. 要注意概念之间的联系与区别

(1)了解概念之间的因果关系。一些物理量和物理现象之间存在这样或那样的联系,因此反映它们本质的概念之间也有一定的关系,我们不但要掌握每一个概念的性质和特点,还要了解它和其他概念之间的联系,以及它们在相互关系中所处的地位和作用。A层次学生逻辑思维较严谨,很多学生善于从事物的固有联系来进行推理、论证,教师可充分利用学生这一长处来进行概念理解和教学运用。

【案例 4-1】

讨论不同频率 ν 的色光在同一种介质(真空和空气除外)中传播时,波速 v、波长 λ、折射率 n 及偏向角 δ 之间关系如图 4-2 所示,一束白光经玻璃三棱镜色散后,经研究知:

频率 ν 的色光(如紫光):

$$v = \frac{C}{n}$$

$v_小 \longrightarrow n_大 \xrightarrow{\text{光的折射定律}} \delta_大$

$$\lambda = \frac{v}{\nu}$$

$\lambda_小$

该结论常用来分析许多有关光学概念辨析推理问题。

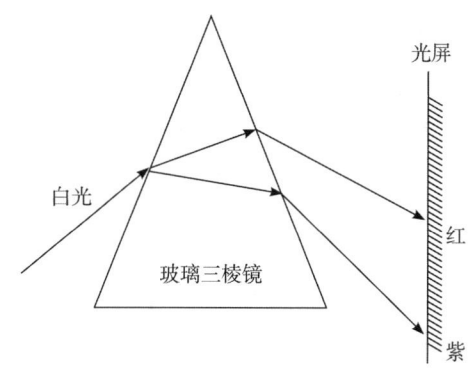

图 4-2 光的色散

(2)注意区别易混淆概念。有些概念是相近的、易混的,一定要注意它们之间的区别,以免运用时产生负迁移,必要时可用对比的方法阐明各自的物理意义。如压力和重力,学生往往把物体放在水平桌面上的物体对桌面的压力大小等于物体重力这一特殊情况,错误地认为重力即压力,因此我们讲压力这一概念时,除正确地理解压力是垂直于接触面的作用力之外,还应指出它和重力的联系与区别:重力是由于地球的吸引而使物体受到的力,压力则是垂直于接触面的两个物体之间的相互作用,是和重力无关的弹力,它的大小可以等于重力或为重力的一部分,并可利用物体在水平面上、斜面上和竖直面上静止不动时的情况进行分析,这样就可以将重力和压力区别开来。另外,动量和动能、热量和温度、电压和电动势等,都应加以区别。

2. 在反复实践中巩固概念

A 层次学生思维敏捷,思考问题有一定独创性,因此我们在概念的创新运用阶段,主要是通过变式迁移,将概念灵活地、创造性地运用于新的物理情景中,把实际问题转化为物理概念化的模型问题,然后分析、解决问题。教学中,教师还要引导学生总结运用物理概念方法和规律性,提高学生思维的发散性、逆向性、灵活性等,增强物理概念运用的创新能力。[27] 在知识迁移的过程中,既要重视问题类型的多样性,也要有适当的重复;既要有单一概念的练习,也要有综合性的运用。选择题、计算题、实验题等的训练都不失为是理解和巩固高中物理概念的重要举措。

[试验成效和不足]经过近两年的"螺旋型"教学结构的概念教学,不但使 A 层次学生较好地掌握高中物理概念,而且还通过概念的学习有力地促进了学生系统理解学科知识,培养了学生在新的、特殊的物理情景中的创造性思维能力。三明市 2015 年高三上学期期末统考物理试题较灵活,创新性物理背景、实际应用性的题型较往年更多,然而,据统计,在此次全市统考中该特保班学生物理成绩"985"大学上线率 58.5%、"211"大学上线率 88.5%、本一上线率 99.5%、本二上线率 100.0%,不可否认这必将为该班学生能更加从容自信地应对 2015 年理综高考夯实基础。

本次试验也存在一些不足:

一是试验项目中的理论研究还比较少,有待于进一步丰富。

二是如何通过物理概念的学习来更好地带动整个物理学科的学习,有待于进一步研究。

三是高考录取"985"工程大学的学生人数还相对较少,也就是尖子生领头羊的培养还须加强。

四是如何使 B 层次普通班学生也纳入此项试验,有待于项目组后期进一步探索。

三、对"螺旋型"教学结构的几点反思

为了更好地优化"螺旋型"教学结构,以提高学生的学习效果,项目组在教学中还有以下几点反思。

(一)引导学生创新问题训练,扩展"螺旋型"教学结构的认知深度

根据认知理论,认知的兴趣是由和已知事物相联系的新东西而引起的,适时训练一些物理情景较新颖的生题,不但可以提升"螺旋型"教学结构下学生的认知水平,而且对激发学生的求知欲和兴趣也是很有意义的。

【案例 4-2】

图 4-3(a)所示是在高速公路上用超声波测速仪测量车速的示意图,测速仪发出并接收经反射回来超声波脉冲信号,根据发出和接收到的时间差,测出汽车速度。图 4-3(b)中 p_1、p_2 是测速仪发出的超声波信号,n_1、n_2 是相应的由汽车反射回来的信号。设测速仪匀速扫描,p_1、p_2 之间的时间间隔 $\Delta t=1.0$ s,超声波在空气中的传播速度是 $v=340$ m/s。若汽车是匀速行驶的,则根据图 4-3(b)可知,汽车在接收到 p_1、p_2 两个信号之间的时间内前进的距离是_____,汽车的速度是_____。

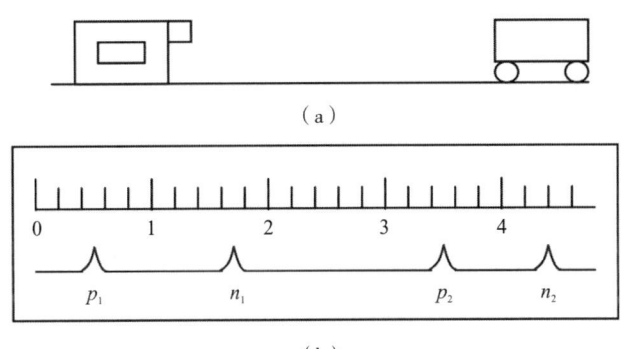

图 4-3 超声波测速仪原理

对于本题学生一般无从下手,老师可作适当提示,由图 4-3(b)中脉冲信号可先求出 p_1 和 p_2 信号从发出至经汽车反射回来被测速仪接收到分别历时:

$$\Delta t_1 = \frac{1.2}{3} \times \Delta t = 0.4 \text{ s},$$

$$\Delta t_2 = \frac{0.9}{3} \times \Delta t = 0.3 \text{ s}。$$

接下来据题意可画出几何关系示意图,并提醒学生汽车接收到 p_1、p_2

两个信号之间的时间间隔并不是 1.0 s。经提示后学生就不难解决本题，他们会觉得这种解法思路新颖，解法独特，似有"山外青山楼外楼"之感，有跃跃欲试的要求。

还可以引导学生参加一些课外的科技活动以及学科兴趣小组活动，活动的过程，也是一个学习螺旋上升、提高的过程，从中可以使学生不断产生新的学习要求，有的甚至达到"入了迷"的地步。此外，还可以介绍学生阅读有关的课外科技书刊，进一步扩展他们的视野。

（二）引导学生总结解题方法，提升"螺旋型"教学结构的认知能力

解题方法是对平时解题积累的一种归纳、提高，是学生对知识的认知得到"螺旋型"的提高后的一种成果展示，这种经常性的方法总结可极大地提高学生分析和解决问题的能力，培养他们的创造意识，训练思维的广阔性、深刻性和逻辑性。

【案例 4-3】

在复习"电磁感应"一章时，电磁感应的力电综合问题是该章的核心问题。这种问题一般会涉及以下物理规律的考查：力学中的牛顿定律和运动学公式、电磁学中的闭合电路欧姆定律及法拉第电磁感应定律，若需求解电磁感应现象过程中产生的焦耳热，则通常还要涉及克服安培力做功将其他形式能量转化为电能等功能关系的分析。

因此，教师应注意引导学生分析以下两个基本问题[28-29]：

1. 导体棒的动力学分析

（1）列出动力学方程（常画出受力分析图）：

牛顿第二定律：$F_合 = ma$，若处于平衡状态：$F_合 = 0$，其中合外力分析中涉及的安培力为 $F_安 = BIL\sin\theta$。如图 4-4 所示，要特别注意安培力方向的分析，即先用右手定则或楞次定律判断出 $I_感$ 方向，再用左手定则判断出 $F_安$ 方向。

（2）列出电磁学方程（常画出等效电路图）：

闭合电路欧姆定律：$I_感 = \dfrac{E_感}{R_总}$，其中 $E_感 = BLv\sin\theta$ 或：

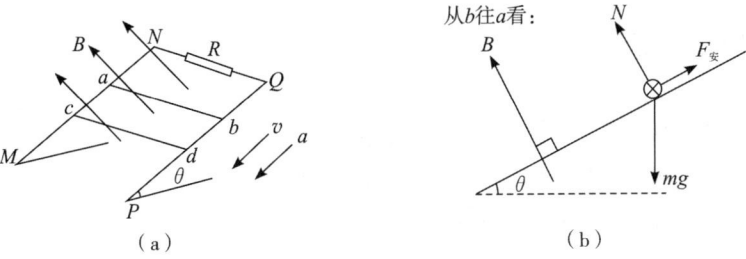

图 4-4　动态分析求收尾速度模型

$$E_{感}=n\frac{\Delta\phi}{\Delta t}=\begin{cases}nS\dfrac{\Delta B}{\Delta t}（感生型感应电动势）\\[6pt]nB\dfrac{\Delta S}{\Delta t}（动生型感应电动势）\end{cases}。$$

导体棒在安培力和其他恒力作用下做的变速运动通常是加速度逐渐减小的变加速运动，但在一定条件下，也可以做匀变速直线运动，此时一般还需列出运动学公式等辅助方程。

2. 电磁感应现象中能量转化及焦耳热的求法

(1) 能量转化如图 4-5 所示。

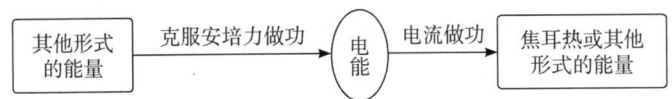

图 4-5　电磁感应现象中的能量转化

(2) 求解焦耳热 Q 的 3 种方法如图 4-6 所示。

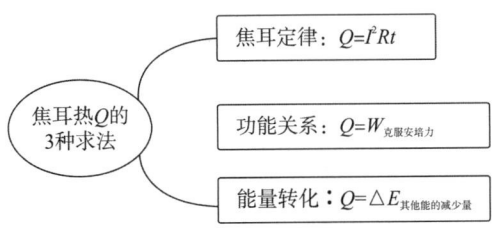

图 4-6　电磁感应现象中求解焦耳热的方法

使用方法一求焦耳热通常要求 $I_{感}$、R 恒定，若 $I_{感}$ 会变化，则通常必须考虑采用方法二或方法三，后面这两种方法几乎不会受到任何条件的限制，其使用范围最广泛。

四、结束语

教无定法,教学方法应防止呆板单一。"螺旋型"教学结构这种教学方法在较为抽象、教学难度较大的概念教学中使用有自己的独特优势,是符合学生认知规律的,但这种教学方法也不是万能钥匙。教育工作者应根据实际的教学内容、实际的学生情况等因素,采取以某种教学结构为主,并注意有机地渗透其他教学方法和手段,我们不应"单兵种,而应多兵种混合作战",这样才能"克敌制胜"。

第二节 "探究式"教学模式的物理规律教学
——专题探究与规律教学的融合实施研究

21世纪,在新的竞争中立于不败之地的,应该是科技发达、教育制度完善的那些国家。与21世纪的知识经济时代的发展趋势相适应,教育领域在价值观念、培养目标、课程结构、教学方法和管理模式等诸多方面发生了一系列的变化,引起全社会广泛关注的探究性学习正是在这一历史背景下得以提出且不断发展的。为此,我们广大教育工作者应该加强对学生探究性学习的教学活动的研究,不断在课堂教学中渗透探究性的学习方式,充分发挥学生学习的主动性和创造性,形成在探究中获得知识的教学氛围以实现教学的创新。本节内容试图围绕教育部课程标准中提出的培养学生目标体系,结合中学物理教学实践,从新知识、实验技能、发散性思维、研究性学习、科学研究方法5个方面,对"探究式"教学模式在物理规律教学中的实施做一探讨。

一、科学探究能力的培养目标

由于科学探索是一项重要的创新活动,那么科学教育中学生进行科学探究就需要重要的科学创新、科学思维能力。[30] 其具体体现为以下几个方面:

一是发现问题、提出问题的能力(运用对称、类比、特殊化、一般化等方法提出问题)。

二是能运用理论思维导致悖论,分析产生悖论的原因,并能提出猜想或假说(运用已学过的理论结合归纳、推广、等效、直觉等方法提出新的猜想或假设)。

三是能运用实验和逻辑方法验证猜想或假说,完善新的理论。

四是能运用科学思维方法(分析、比较、抽象、概括、归纳等),从理论上分析及处理实验现象和数据、建立模型、得出概念、发现规律等。

二、物理探究式教学模式的实践探讨

(一)运用"科学探究式"教学模式设计实施新知识创新教学

新知识主要是科学研究中的一些新概念、新规律和新模型等。运用"科学探究式"教学模式来实施新知识创新教学,其特点是以学生的认知流程为主线,以教师的启发指导、提供信息(知识背景和方法背景、材料)为导航,以学生的自我探究为主体,通过教师与学生双方互动式交流使学生获取新知识[30]。该教学模式流程如图4-7所示。

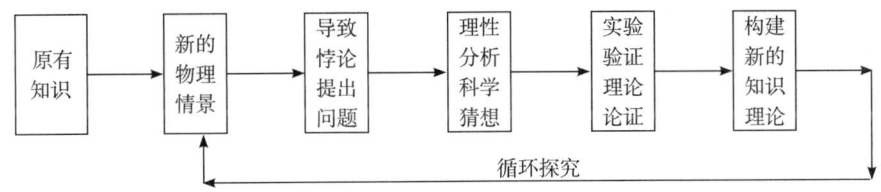

图4-7 "科学探究式"教学模式流程

下面以"原子的核式结构的发现"的教学为例。

对"原子的核式结构的发现"一节教学,由于学生在化学课中已学过原子的核式结构,若简单陈述卢瑟福的α粒子散射实验并不能激发起学生的学习兴趣和创新思维。但是如果将卢瑟福的α粒子散射实验的设计思想设计成探究性的研究课题,去组织引导学生的思维活动,则可设计如下程序化问题以调动学习的积极性[31]:

(1)卢瑟福为何要设计α粒子散射实验?

(2)卢瑟福为何以α粒子作为射线源?能否用阴极射线代替?

(3)实验中靶标的材料为何用金(Au),而且要制成金箔片?能否用铝箔代替?

(4)根据实验现象中 α 粒子极少数反弹,绝大多数不偏转,能推出什么结论?

通过以上小课题的研究,不仅静态的知识被还原为动态的科学认知过程和探究过程,学生在此过程中还受到物理学家们科学研究方法、科学创新思维的熏陶,从而在新知识学习过程中自身能力得以提高和锻炼。

(二)运用"实验探究式"教学模式设计实施实验创新教学

物理是一门实验科学,在实验教学中要充分培养学生探究物理规律的各项技能和方法。

"实验探究式"教学模式就是针对这个要求提出的,其特点是以学生认知程序为教学主线,即教师根据学生的认知特点,遵循科技人员应用设计的思维方法,模拟科技人员进行实验探究情景,通过铺设知识和思维台阶,展现实验探究过程,在教师导航下,通过师生双方互动式活动来引导学生进行科技探索。

【例 4-1】(2002 上海卷 17 题)有一组同学对温度计进行专题研究,他们通过查阅资料得知 17 世纪时伽利略曾经设计过一个温度计,其结构为:一麦杆粗细的玻璃管,一端与一鸡蛋大小的玻璃泡相连,另一端竖直插入水槽中,并使玻璃管内吸入一段水柱,根据管内水柱高度的变化,可测出相应的温度。为了研究"伽利略温度计",同学们按照资料中的描述自制了如图 4-8 所示的测温装置。图中 A 为一小塑料瓶,B 为一管,通过软木与 A 连通,管的下端竖直插在大水槽中,使管内外水面有一高度差 h,然后进行实验研究:

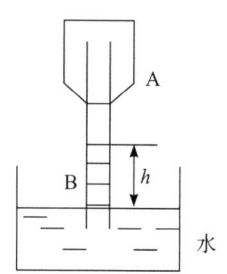

图 4-8 2002 上海卷第 17 题图

(1)在不同温度下,分别测出对应的水柱高 h,记录的实验数据见表 4-2。

表 4-2 2002 上海卷第 17 题表

温度 $t/℃$	17	19	21	23	25	27
h/cm	30.0	24.9	19.7	14.6	9.4	4.2
$\Delta h = h_{n-1} - h_n$	5.1					

根据表中数据算相邻两次测量水柱高度差并填入表内的空格,由此可得出结论:

①当温度升高时,管内水柱高度 h 将_____(填:变大、变小、不变)。

②水柱高度 h 随温度的变化而_____(填:均匀、不均匀)变化。试从理论上分析并证明结论②的正确性(提示:管内水柱产生的压强远远小于一个大气压):_____。

(2)通过实验,同学们发现用"伽利略温度计"来测温度,还存在一些不足之处,其中主要不足之处有①_____;②_____。

该题提供的物理情景:"有一组同学对温度计进行专题研究……"本身就是一个关于实验探究性学习的题目。从考查方面看,本题突出考查了学生是否具有这种"类似科学研究"的能力。在第(1)小题中首先需要进行数据处理,若描出 h-t 图象就会发现在实验误差范围内图象是一条直线,从而得出 h 随温度是均匀变化的,这就要求教师在平时教学中培养学生处理实验数据并根据这些数据总结归纳出物理规律的能力[32]。然后第(1)小题题目中接下来有提示:"管内水柱产生的压强远远小于一个大气压",则暗示学生瓶内气体做等压变化,这考查了学生是否具备建构"等压变化"这个模型的建模能力。在第(2)小题中由于在建构物理模型过程中不考虑管内水柱产生的压强和实际大气压可能会变化等因素的影响,这与实际实验情况有偏离,故该种温度计测温度存在不足之处也是显而易见的,这需要教师在平时进行"实验探究式"教学中努力提高学生的实验素养和误差分析能力。

(三)鼓励发散性思维,培养学生思维的变通性

发散性思维又称辐散思维,是创造性思维中重要组成部分。它是根据已有的信息,从不同角度、不同方向思考,从多方面寻求多样性答案的一种展开性思维方式。它表现出流畅、变通、独特三大特征。培养学生思维的变通性要求平时的物理教学中对所给的例题、习题、试题的形式和内容应富于变化,要让学生在条件和问题的不断变化中培养探究性学习的意识和能力,防止不良思维定式,不假思索地照搬某种常规解题方法。

下面以"高中物理竞赛中有关热平衡方程"的教学为例[33]。

在高中物理竞赛中有关热平衡方程的教学中,笔者特意设计这样一个问题:用 200 g 温度为 100 ℃ 的热水和 200 g 温度为 20 ℃ 的铝块,能否用

混合法使铝块的温度达 90 ℃？

一般学生按照常规的思维方式，运用热平衡方程来分析，不难列出：$C_水m_水(100-t)=C_铝m_铝(t-20)$，代入有关数据解得 $t=86.1$ ℃，因此得出不可能使铝块的温度达到 90 ℃ 的结论。

此时，如果教师提出一个启发发散性思维的关键问题："题目要求水必须一次性与铝混合吗？"许多同学就可能突破常规思维的束缚去分析：先取 100 g 热水与铝块混合，解得热平衡后温度 $t=76.4$ ℃，然后把这部分水倒掉，加入剩余的 100 g 温度为 100 ℃ 的热水与温度已升高到 76.4 ℃ 的铝块再次混合，则可解得最后热平衡温度 $t'=93$ ℃，可见完全可以使铝块温度达到 90 ℃。趁热打铁，教师进而提出问题："铝块最后的温度有可能超过 93 ℃ 吗？"此时大多数学生会兴致勃勃地再去分析考虑，则探究的结论渐渐浮出水面：把水分成的份数越多，进行热传递的次数越多，铝块能达到的末温就会越高。

（四）开创具有科技创新特点的研究性学习及活动课

要进行以培养学生创新精神和实践能力为重要内容的素质教育，就必须改变学生的学习方式，即由以被动接受知识转变为自主研究探索来主动领悟，不但要学习课本内的知识，还要探索课本外的东西，从中感受从事科学研究的一般方法和创新乐趣。研究性学习及活动课由此产生，其一般程序是：开设科普讲座→指导选题→制订研究计划→实施研究→结果处理或撰写论文报告→交流研讨等[34]。针对物理学科的特点通常有科普讲座型、知识探究型、准学术研究型及创新研究型等不同层次的研究性学习活动课类型。

不论哪一个层次的研究性学习和活动课都要注意以下几点：

（1）要注意新颖性（独特、创新）、实用性（经济实惠，符合科学规律，具有实用价值）、先进性（能解决某些技术难题，使产品的性能提高、用途增广等）。

（2）要注意使学科类知识与科技活动类知识相互有机的结合。在学科教学中，应努力挖掘科学知识因素，引导学生把课堂知识转化为实用技能，在社会实践与日常生活中运用。

（3）要注意在研究活动中做到多辅导、多点拨、多示范，少指责、少包办。

（五）渗透科学研究方法，提高科学探究素质

高中物理中的科学研究方法一般流程如图4-9所示。我们在探究式教学的实施过程中，应注意有机地渗透科学研究方法，使学生明白一些学科方法论内容以培养他们的科学素养。

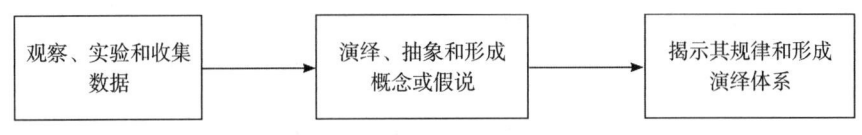

图4-9 科学研究方法一般流程

著名教育家陶行知说过："人有两件宝，双手和大脑。"瑞士心理学家皮亚杰也曾说过："要认识一个客体，就必须动之以手，智慧始于动作。"教师在平时的教学中要鼓励学生勤动手，多去做一些科学探究，从中体会到探究问题的一般方法和过程，从而使学生初步认识到将来从事科研工作的基本程序，使他们的科学探究素质得到一定的提高。

下面以"电动势"的教学为例。

在学习"电动势"一节内容之后，可提出以下问题布置学生课后探究：

(1)收集器材，自制一个伏打电池。

(2)怎样确定自制伏打电池的正负极？

(3)测定自制伏打电池的电动势。

(4)研究自制伏打电池电动势大小跟电池的哪些因素有关？（如电池内溶液浓度、两极金属板的材料及插入溶液的深浅度等）

通过对以上问题的实验和理论研究探索，学生不但可以加深对电动势的产生机理、特点等的认识和理解，而且还可以从中体会到科学探索的一般研究方法和无穷乐趣，这对培养学生进行探究性学习的能力是非常有益的。

三、试验效果及反思

著名教育家叶圣陶说："教任何课，最终目的在于教达到不需要教。引导学生进入这样一种境界：能够自己去探究，自己去辨析，自己去砺练，从而获得正确的知识和熟练的能力。"两年来，为突出学生自主学习地位，让学生在情景中亲身体悟、主动参与、研讨互动，主动获取知识，我们课题组

在实验班进行了"探究—归纳—反馈"教学模式的探索[35]。

试验表明:经过两年的教学对比实验,采用高中物理探究式教学:"探究—归纳—反馈"教学结构,相对于传统的讲授法课堂效果显著提高。在高二下学期的几次大考当中(表4-3),实验班的成绩明显好于对比班(实验班和对比班在高一分班时是平行班)[22]。

表4-3 实验班和对比班成绩对照

班 级	优秀率	及格率	平均分	t 检验
实验班	38.1%	82.2%	68.9	$t=2.361$
对比班	20.8%	66.7%	61.5	(显著)

然而,此教学模式以能力提高为主要目标,新高考也越来越重视学生能力的考查,如何在高考复习中运用这一教学模式,克服复习时间短、教学内容多的矛盾,如何提高复习效率,适应新高考模式,培养出大批高素质的人才,将是今后我们项目组努力探索的目标。

四、结束语

由于在物理探究式教学中要注重学生探究的过程、方法,注重学生情感、态度和价值观的培养,注重交流与合作,注重科学精神,注重创新和实践,因此对学生学习的评价不能只盯一个最终结果,而应该更加注重对学生探究性学习的过程进行评价,并且要注意评价方式的多元化。中学生由于知识和能力水平所限,在他们进行的探究性学习当中能够取得一个好的"结果"固然可喜,若没能取得,教师也必须要充分肯定他们从中表现出来的良好科学探索精神和处理问题时的科学探究态度。通过建立积极、正面的评价机制,学生在科学探究的锻炼中,逐步形成科学思想和科学方法,这必将有利于学生的终身学习。

第三节 "探索性"设计思想的物理实验教学
——专题探究与实验教学的融合实施研究

物理学是一门以实验为基础的自然科学,每次物理实验的重大突破都会促进物理学及科学技术的快速发展。但许多地方由于长期受到实验条件、设备的限制和一些不正确的人为主观意识的影响,学生的实验技能和实验素养还有待进一步提高,这在提倡素质教育的今天显得尤为重要和迫切。为此,广大教育工作者应该努力探索科学的实验教学方法,使学生在实验的探究实践中逐步了解和掌握一些科学研究的思维方法和工作方法。本节内容试图围绕培养学生良好的科学素养,从注重实验的导入设计、创新设计、研究性学习实验活动课设计、实验科学研究方法及物理思想方法论4个方面,对"探索性"设计思想在物理实验教学中的实施做一探讨。

一、高中物理探索性实验设计指导思想

瑞士心理学家皮亚杰认为,引起学生认知上的冲突,引起最佳或最大限度的不平衡,才能激发学生的求知欲和好奇心。按照他的平衡学说,冲突是认知结构重新组织和随后发展的基础。为此,物理探索性实验的设计首先要足够"新颖",正是这种"新颖"的刺激,才能激起学生对问题探究的兴趣和欲望。但"新颖"还要涉及一个"度"的问题,太弱的刺激不能引起认知上的不平衡,而太强的刺激,如超过主体认知结构的范围也不行。这正如皮亚杰所说:"一个人既不注意太熟悉的东西,因为已经司空见惯了,他也不注意太不熟悉的东西,因为和他图式中的任何东西都没有联系。"

概括以上两个方面,探索性实验的设计指导思想应该是"新颖、适度",这样的设计如同树上的果子一样,学生必须"跳一跳"才能摘到。

二、高中物理探索性实验设计策略

(一)注重实验的导入设计,构建科学探究的课堂氛围

精心设计的实验引入犹如乐曲中的前奏,起着提示主题、激起兴趣、进入情境的作用,这对新课的引入十分重要。项目组认为常常可以从旧知识中导出新实验的原理和所用实验器材,再引入实验。

【案例 4-4】

在"运动电荷在磁场中的作用"一节教学时,从上一节知识中的"通电导线在磁场中受到安培力作用"引导学生分析,并做出猜测:"电荷的定向

移动形成电流,那么运动电荷在磁场中可能会受磁场力作用吗?该磁场力作用可不可以视为通电导线受到宏观安培力作用的微观体现?"[36]当然,这种原理还需要从理论和实验的角度进一步验证。[37]但是实验如何导入呢?

笔者是这样设计的[38]:

①我们要检验的观点中,它们的因果关系怎样?为此,我们实验时必须提供什么?(需验证:运动电荷在磁场中这是"因",它会受到磁场力这是"果",这样,必须提供运动电荷与磁场)

②用什么提供磁场呢?如何产生离开导体的运动电荷呢?(磁场可用蹄形磁铁或通电线圈,本次实验中拟用高电压产生运动电子)

③运动电荷是微观粒子,还要有能显示其受力的办法,那么该如何显示它受力呢?(如图 4-10 所示,可通过显示径迹的方法。径迹的显示可用涂有荧光粉的荧光屏,也可用低压的水银蒸气发出辉光来显示,继而介绍电子射线管、感应圈和磁铁等器材,再进行实验演示)

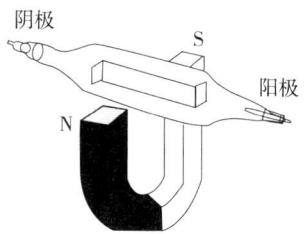

图 4-10　电子射线管验证电子磁场中受磁场力作用

实验导入方式的设计必须注意老师的提问和学生自己的探究要"新颖、适度",要能刺激学生心理产生疑问,这样才易形成科学探究的课堂氛围。

(二)注重实验的创新设计,培养学生创新思维能力

对现有实验大胆创新已成为当前物理教学的共识。引导学生对实验进行创新可有如下几种主要途径。

1. 设计开放式实验,培养思维的发散性

开放式实验就是指为达到同一实验目的,让学生自主选择实验器材,依据不同实验原理设计出不同的实验方案,从而极大地培养学生的思维发散性和创造性,充分张扬学生的个性。

【案例 4-5】

为了测量木块与木板之间的动摩擦因数。利用现有的器材:木板、木块、弹簧秤、刻度尺、秒表、砂桶与沙,某实验课题小组设计了下面 3 种实验方案,如图 4-11 所示:①增减砂桶内的砂,使木块匀速运动,并测出木块、砂

与砂桶的重力;②用力 F 拉木板向左运动,并读出弹簧秤的示数,称出木块的质量;③让木块从木板顶端加速滑到底端,并测出下滑时间及相应各长度。

如果这 3 个实验的操作正确无误,你认为哪个实验方案测动摩擦因数最准确而且最简单?试从实验原理出发对每个方案做出简要分析评价。

分析:其中方案②最准确而且最简单。方案①木块匀速不易调节和判断;方案②滑动摩擦力的大小可直接从弹簧秤中读出,与木板抽动快慢无关;方案③时间、长度的测量都会产生一定的误差,且测量过程和步骤较多。

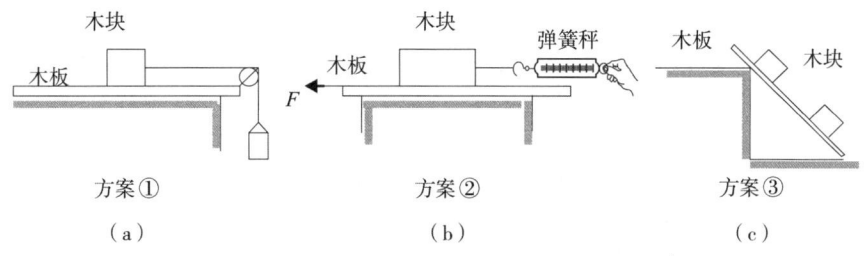

图 4-11 测量木块与木板之间的动摩擦因数方案

上述探索性实验案例为开放性的实验,学生选择不同的实验器材可设计出不同实验原理的多种实验方案,教师对不同的实验方案要认真加以点评,要充分肯定每种方案中的可取之处和闪光点,要充分褒奖每个实验小组的实验探索精神和探究问题时的科学合作态度,然后从中筛选出一个或几个最优的实验方案在所有学生中加以推广、形成共识[39]。

2. 设计新情景实验,培养思维的迁移性

课本上还有许多内容没有配备现成的仪器,若不做,则学生缺乏感性认识,很难对学生讲清楚,且内容显得枯燥乏味。真所谓"千言万语道不清,一看实验便分明",为此教师应创设一些新的实验情景,启发学生设计新实验课题方案,培养学生把所学知识移植应用于新领域的实验创新能力。

[案例 4-6]

高中的"摩擦力的方向"是一个较难说清楚的难点,教师在课堂上费尽口舌,也难令学生满意。可启发学生设计这样一个实验:

用剪子把一块海绵剪成一个"刷子"状,把它放于桌子上做相对运动时,可由海绵的摆向很清楚地观察到海绵受到的摩擦力的方向;用这块海绵还可以演示静摩擦力的方向,即让这块海绵有向左或向右运动趋势,从中可观察到它受到的静摩擦力的方向[图 4-12(a)];如果再做同样一块海绵[图 4-12(b)]叠在一起,还可演示两相对运动物体各自受到的摩擦力。通过简单的实验,学生不但较轻松地突破难点,而且思维的迁移性得到很好的发挥。

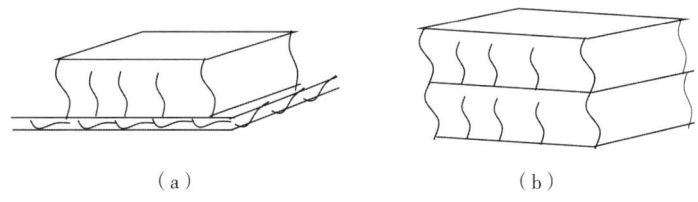

（a）　　　　　　　（b）

图 4-12　演示摩擦力方向

3. 设计科学性实验,培养思维的精致性

实验的科学性设计是指:探索性实验的设计首先必须保证实验设计不出现科学性错误,其次,实验设计要具有物理思想方法的教育因素[40]。提出实验的科学性设计的原因是:一个较好的探索性实验设计本身就是一项小型科研,其结果很难在设计之始加以预测。因此,如果在设计中没有科学的态度,往往稍有疏忽就会出现科学性错误。另一个原因是,物理学本身的科学性也要求我们在实验中尊重实验事实。因此,教师要引导学生对实验方案进行认真细致的科学设计,不仅要考虑实验原理,而且要细致考虑实验数据的精确性(实验误差问题)和实验结果的合理性,以培养学生思维的精致周密性和实事求是的科学态度[41]。

【案例 4-7】

"滑动变阻器作分压器使用时输出特性的研究"的探索性实验

这本身是一个很好的实验设计,但可惜出现科学性错误,如图 4-13(a)所示,出现当 $R \gg r$ 时直线与 $R \ll r$ 时曲线相交的错误结论。其实,若在实验中对实验数据认真处理不难得出正确结论,如图 4-13(b)所示,当负载电阻值 R 不同时,滑动变阻器 r 的输出电压调节范围也不同[42]。

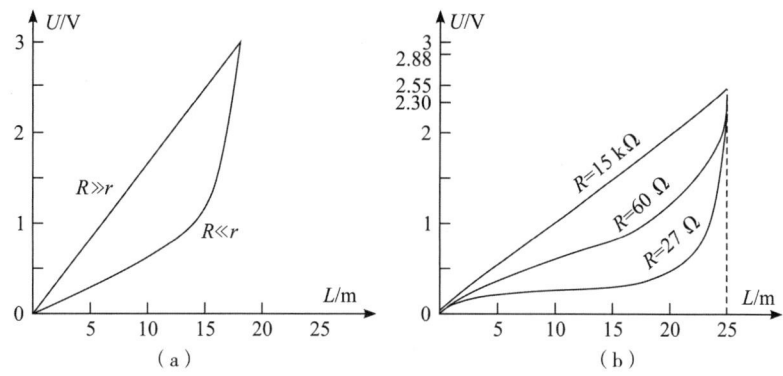

图 4-13 分压器输出特性研究

由闭合电路欧姆定律,我们还可以求出滑动变阻器输出电压最大值的表达式:

$$U_{\max} = \frac{E}{1 + \left(\dfrac{1}{R} + \dfrac{1}{R_{\text{滑}}}\right) r_{\text{内}}}$$

如电源电动势 $E=3$ V,内阻 $r_{\text{内}}=20$ Ω,使用最大阻值 $r=200$ Ω 的滑动变阻器作分压器,则电压调节范围见表 4-4。由于电源内电阻 $r_{\text{内}}$ 的存在,当分压器处于最大值 r 时,输出电压 $U \neq E$,且 U 与 R 有关。不同的 R 值对应不同的最大调节范围,R 越大,$U_{\max}$ 越接近 E 值。

表 4-4　电压调节范围

电压调节范围	0～2.30 V	0～2.55 V	0～2.88 V
负载 R	27 Ω	60 Ω	15 kΩ

(三)注重实验的研究性学习活动课设计,提高学生的科学探究素质

研究性学习实验活动课以建构具有创造性、实践性的学生课外课题活动为主要形式,以激励学生主动探索、主动创造为基本特征,以促进学生科学探究素质全面提高为目的。其操作模式流程图如图 4-14 描述[34]。

设计研究性学习实验活动课注意以下几点:
(1)要注意实验选题有新颖性、实用性。
(2)要注意学科知识与科技活动类知识有机结合。

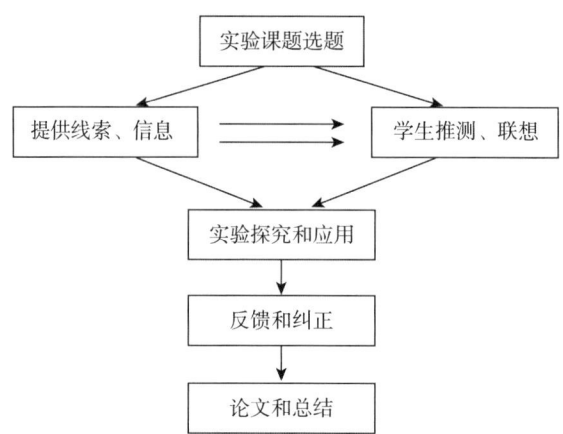

图 4-14　研究性学习实验活动课操作模式流程

(3)要注意教师多点拨,少指责、少包办。

【案例 4-8】

研究性学习课题:新、旧电池搭配使用的做法是否合理？我们都有过这样的生活体验:手电筒里的两节干电池用久了以后,灯泡发红光,这就是我们常说的"电池没电了"。有人为了"节约",在手电筒里装一节新电池和一节旧电池搭配使用。某课题小组为检验此人做法是否合理,设计了下面的实验[16]:

①先设计了如图 4-15(a)所示的电路来分别测量新、旧干电池的电动势和内阻,并将测量结果描绘成如图 4-15(b)所示的路端电压随干路电流关系的 U-I 图象,由图象分别记录下新、旧电池的电动势和内电阻。

②再将上步骤中的新、旧干电池串联起来一起装到手电筒里,如图 4-15(c)所示,分析计算其中旧电池电源提供的电功率和它本身内电阻消耗的电功率分别是多少？[已知图 4-15(c)中手电筒的小灯泡上标有"3.8 V,3.8 W"的铭牌字样,计算时不考虑温度对电阻的影响。]

③通过上面的计算判断新、旧电池搭配使用的做法是否合理？（旧电池提供的电功率为 0.4 W,而其本身消耗的电功率为 0.44 W,旧电池本身消耗的功率大于其提供的电功率,旧电池成为耗电元件,显然新、旧电池搭配使用是不合理的。）

④了解不同种类电池在现代社会中的使用情况,对科学环保地回收利用旧电池有何建议性意见和设想？

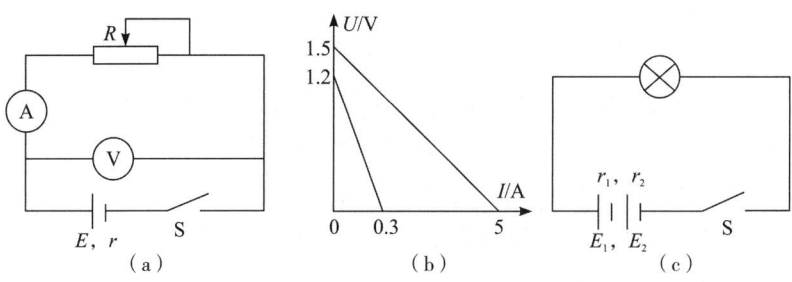

图 4-15　研究新、旧电池搭配使用是否合理

三、高中物理探索性实验思想方法论

法国科学家贝尔纳说:"良好的方法能使我们更好地发挥天赋和才能,而拙劣的方法却削弱甚至扼杀我们的才能。"实验是科学研究过程的一个缩影,在探索性实验中蕴含着重要的科学研究方法和丰富的物理思想方法论,教学中应注意因势利导将它们突显[43]。也就是说,在高中物理探索性实验教学中,我们要注重突显实验中蕴含的科学研究方法,渗透物理思想方法论教育。

(一)在实验设计过程中要注意突显"实践—理论—再实践"的科学研究方法

在实验教学中,要让学生逐步了解和掌握一些科学研究的思维方法和工作方法。物理学常遵循图 4-16 所示的流程图来研究问题,即通过实践、理论、再实践不断循环上升[44]。例如,在研究自由落体的运动中,先要求学生进行两个实验:一个重物和一张张开的纸张同时从同一高度下落,观察哪一个先落地;把刚才的纸张揉成一团,再让它与重物同时下落,观察哪一个先落地。比较两个实验的不同点可知道是空气阻力的问题。这时自然提出猜想,如果物体不受空气阻力而做自由落体运动,下落速度是不是可能与物体重力无关呢?接着用毛线管实验来验证假设,并建立起自由落体运动的规律。

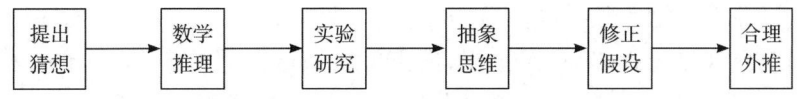

图 4-16　研究自然规律的科学方法

(二)在实验设计过程中要注意渗透物理思想方法论的教育

高中物理实验中包含着丰富的物理思想方法,如"验证牛顿第二定律"实验中运用的控制变量法、螺旋测微器中利用的机械放大法,"电场中的等势线的描绘"实验中的模拟法,还有等效法、平衡法、补偿法等。因此,在实验教学过程中要特别注意渗透思想方法论的教育,其意义并不比探究一个实验本身小。

四、结束语

"探索性"设计思想的物理实验教学,体现了数学推理和实验研究相结合的一种科学研究方法,这种方法,对引导学生体悟今后自然规律的科学研究具有重大的启迪意义。

第四节 "进阶式"建模方法的物理习题教学
——专题探究与习题教学的融合实施研究

通过对事物的共性物理特征进行抽象概括,寻找出事物内在本质及内在规律,从而达到认识问题的目的,即物理模型建构[45]。学习者须据原有知识探究所面对的新情境,建构起新理解。本节内容试图结合若干高中物理模型问题,从建立模型、运用模型和升华模型3个螺旋形提升的教学环节设计,对"进阶式"建模方法在物理习题教学中的实施做一探讨。

一、进阶式物理建模教学的结构流程

进阶式物理建模教学,首先要基于经验事实,从物理学视角抽象概括建构起某种物理模型;其次要通过推理论证等科学思维方法,内化客观事物的本质属性、内在规律及相互关系;最后还要鼓励基于事实证据对不同观点和结论提出质疑、批判,进而提出创造性的见解[46],即包含模型建构、科学推理、科学论证、质疑创新等递进式内涵要素。其教学结构如

图 4-17 所示。

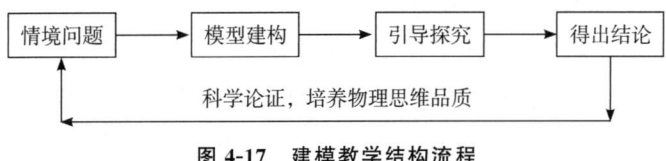

图 4-17 建模教学结构流程

二、进阶式物理建模教学的实施

(一)教学环节一:"建立模型"实施策略——抽象概括,模型建构

1. 物理模型分类

常见物理模型分类如图 4-18 所示。

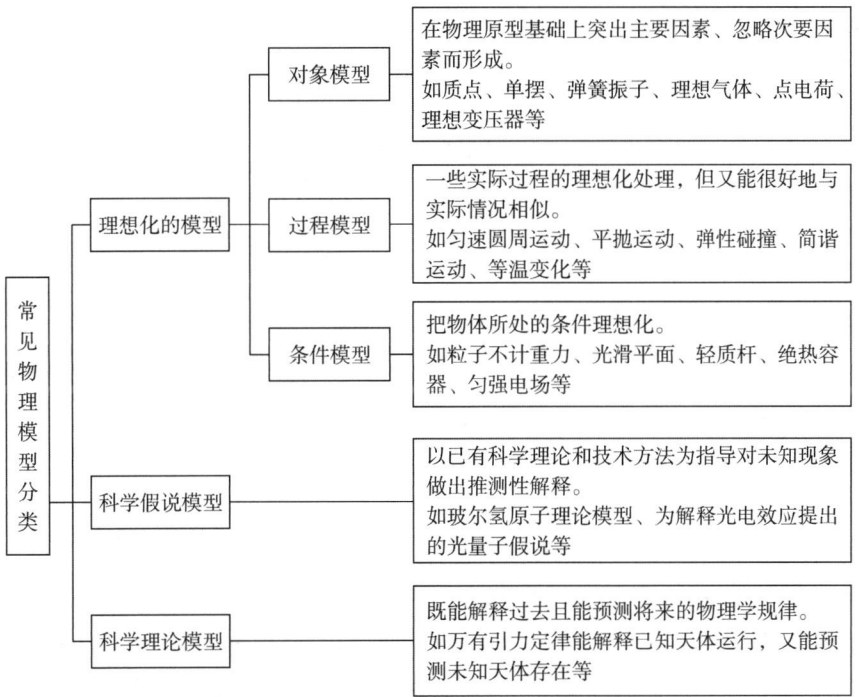

图 4-18 常见物理模型分类

2. 建立模型的主要方法

(1)抽象法。即根据从具体事物中抽取出的某一方面特征或属性来构

建物理模型。其主要应用于确定研究对象、研究范围等[47]。例如,某类物体在外力作用时其形状发生改变,而一旦外力撤去,此类物体形状又将恢复原状,因此便可据此特性来建立弹簧模型。

(2)理想化。即在建模过程中将所研究的物理对象进行理想化处理。理想化建模主要应用于理想化物理形态、理想化物理环境及理想化物理过程等。例如,理想刚体是将物理形态进行理想化,绝热光滑是将其所处环境进行理想化,而等压过程则是将运动变化过程进行理想化[48]。

(3)归纳法。即在大量物理实验以及所得数据基础上对实验结论进行归纳,然后依据归纳出的实验结论演绎出新的物理规律。例如,牛顿三大定律就是通过大量的实验,利用归纳法而建立起来的物理模型,而通过这三大定律可延伸出其他力学规律(如由牛顿第二定律和运动学公式可推出动能定理)[49]。

对于比较复杂和隐蔽的物理问题,还可采用类比法、等效替代法等方法来建立物理模型。

【案例 4-9】

在讲授电磁感应现象的实际应用时,首先带领学生回顾楞次定律和法拉第电磁感应定律,明确感应电流的判断方法以及感应电动势的大小计算。然后演示电磁感应小实验,如图4-19 所示,当通电线圈(其中连接一振荡器可使线圈中形成变化电流)靠近接有 LED 小电珠的另一个线圈时,

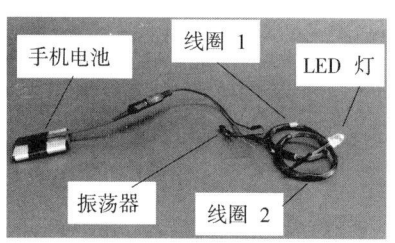

图 4-19 神奇的电磁感应线圈

LED 小电珠会发光(磁生电),引导学生解释并回答:①本实验中产生的感生型还是动生型感应电动势?②两线圈靠得更近时,小电珠为什么会越亮?最后,师生共同总结出楞次定律的实质是体现了能量的转化与守恒,通过克服感应电流在原磁场中所受安培力的作用将其他形式的能量转化为电能,即为"磁生电"的本质。如此设计的意图是温故而知新,激发探究欲,引起学生积极思维,更为重要的是向学生示范如何从实际生活问题中提炼出感生型感应电动势的物理模型,使模型的建立变得水到渠成。

(二)教学环节二:"运用模型"实施策略——推理论证,质疑创新

在进阶式建模教学的模型运用环节,教师要搭建脚手架帮助学生探索科学知识,让学生亲自体验旧理论与新理论的认知冲突,学会使用质疑的眼光去反思问题,初步形成批判性思维。求解复杂物理问题的思维方法,一般是采用"先拆后合"的办法,即通过创设层进式问题串,引导学生将一个复杂的物理大问题拆分为若干较为简单的小问题,再引导学生利用物理知识、数学工具进行推理论证、讨论交流[50],探寻各物理量之间的内在联系和相互制约关系,并允许学生在问题探究中出现失败,同时,训练中力求一题多解、一题多变。实践表明,这种教学方式的意义价值,一是通过由浅入深的问题引导,突破学生在已知与未知之间的知识难点,可充分展现解题思路的具体设计思维过程或突破解题思维中的难点,让学生从问题探究中充分体验到解题方案是如何一步一步最终成型起来的乐趣,从而激发起学生参与课堂的积极性;二是通过问题设问带动学生的认知发展,引发学生对新问题产生新思考,促进思维的主观能动性,使学生的科学思维、科学探究等学科核心素养要素得以进阶式地训练与发展。

本小节案例可参看本书案例 1-4。

(三)教学环节三:"深化模型"实施策略——方法总结,内化提升

许多高中物理问题,包括高中物理教材,其中蕴含有典型的、富有丰富模型化教学资源的内容,常涉及微元法、类比法、动态分析等重要的物理思想方法,具有典型物理抽象元素,是让学生体验物理建模的良好契机。实践表明,只有学生学科素养得以内化提升,物理建模教学才能得到深化。从教师教学层面来说,一是揭示规律性,有意识地引导学生分析不同题型的不同特点,注重教给学生分析解决问题的方法和思路;二是突出专题性,集问题方法和规律于一体,集中解决专题中的一些难点问题。从学生学习层面来说,要积极参加两类活动的探索,一是问题解决活动,提出问题—形成假设—验证假设;二是实验体验活动:融入情境—生成体验—反思体验。本教学环节要重视从不同侧面阐述观点,培养学生具体分析问题的习惯,根据实际情况灵活运用模型规律而不是死套"方法",其中特别要注意求解物理问题动力学的观点、能量的观点、动量的观点 3 种方法的互译互换。

【案例 4-10】

"杆＋导轨"模型是电磁感应现象中动力学问题高考命题的"基本道具"，主要考查导体杆在磁场中受力与运动的关系，考查的知识点多，物理情景变化空间大[51]。教学中在完成"杆＋导轨"的模型建立和模型运用后，引导学生依托不同类型的典例分析总结归纳出电磁感应动力学问题求解方法：

$$\begin{cases} 电磁学方程： \\ I_感 = \dfrac{E_感}{R_总}，其中 E_感 = BLv\ 或\ E_感 = n\dfrac{\Delta\phi}{\Delta t} = \begin{cases} nS\dfrac{\Delta B}{\Delta t}（感生型） \\ nB\dfrac{\Delta S}{\Delta t}（动生型） \end{cases} \\ （常画等效电路图分析） \\ 动力学方程： \\ F_合 = ma（平衡状态：F_合 = 0），其中 F_安 = BI_感 L，有时涉及使用功能和动量的方法 \\ （常画受力分析图分析，其中 I_感方向由右手定则或楞次定律判断，F_安方向由左手定则判断） \end{cases}$$

上述电磁学、动力学两类方程常联立求解。

三、结束语

综上所述，进阶式物理建模教学彰显了"建立模型→运用模型→深化模型"螺旋形的思维发展。教学实践表明，在建立模型阶段，要注意创设真实学习情境，使学生充分认识到建模研究是对自然现象进行抽象概括的创造性工作；在运用模型阶段，要通过设置若干层进式问题串，促使学生由浅入深、由表及里地从多维角度进行探究，特别是要能突破关键问题的思维瓶颈；在深化模型阶段，要帮助学生从物理本质出发探寻有关问题的内在联系，使碎片化知识走向结构化知识，形成科学的认知结构，最终完成知识的自主建构。比如，建构天体"追及"运动模型时[52]，如图 4-20 所示，先引导学生观察改造后的时钟，秒针和分针模

图 4-20　时钟模拟天体"追及"

拟不同轨道半径的天体追及运动情况,用实物帮助建立运动图景,总结模型特点,然后再用 flash 程序模拟天体追及运动的完整图景,使模型刻印在头脑中。

第五节　"STS 教育"课题探究的物理科技活动教学
——专题探究与科技活动的融合实施研究

《国家中长期教育改革和发展规划纲要》(2010—2020 年)指出,我国中长期教育的战略主题之一是要"优化知识结构,丰富社会实践,强化能力培养。教育学生学会动手动脑,学会生存生活,学会做人做事,促进学生主动适应社会"。物理学和自然现象、生产生活紧密相连,科学的发展、技术的进步以及一些重大社会问题的解决都离不开物理知识。因此,物理教学中渗透科学、技术、社会教育,将两者有机地结合起来是一个值得研究的课题。物理教学必须合理地选取"自然科学"、"生产技术"与"人文社科"这 3 方面素材,刻意构建一个宽广的教学平台,充分展现科学的人文价值[53]。本节内容试图以这一角度为切入点,结合自身的教学实践案例,通过如何从以人为本的课堂教学和科学-技术-社会(science-technology-society,STS)教育的探究性学习两条渠道,对 STS 类综合实践在课题探究教学中的实施做一探讨。

一、STS 的缘起和内涵

近一个多世纪以来,人类在享受近代工业革命和现代科学技术带来的高度物质文明的同时,突然发现自己正亲手制造着对自身生存与发展的严重威胁。例如,对自然资源过度开发引起的土地沙漠化、洪水泛滥,克隆人带来的伦理问题……于是 1968 年一些世界著名社会学家组成一个叫"罗马俱乐部"的国际学术团体,专门开展对科学、技术和社会三者相互关系的研究,并开设 STS 课程,其目的在于深刻理解技术本身及其对人类和社会的影响。

STS 是一门研究科学、技术、社会三者相互作用关系的复杂而庞大的系统学科。其着眼于研究系统各个因子之间的相互作用,保证人类文明健康发展;研究如何发挥人与社会在系统中的能动作用;研究如何建立内在的动力学机制,使得系统具有较强的自我调节能力。

二、STS 与教育

有条件地开设 STS 课程,普及 STS 知识,增强人们的 STS 意识,已经成为全民教育的一种趋势。[54]具体来说,物理学科的 STS 教育要实现以下 3 项目标。

(一)让学生掌握基础知识和学习方法

由于物理学偏重思考理解,教师在传授知识的同时要注意使学生形成科学的思维方法,进而更好地掌握物理基础知识和基本技能。

(二)增强学生社会责任意识

让学生了解科学、技术、社会三者之间的关系,即科学的目标是探知自然奥秘和社会的真谛;技术的目标是对世界加以改造使之适应人类之需;科学、技术的共同目标是促进人类社会的进步,并与自然和谐运行,这种进步与和谐又促进科学技术的提高。[55]

(三)培养学生的科学素养

通过渗透 STS 教育,造就一大批能够综合运用所学知识,收集和处理信息,分析和解决问题,具有优良科学态度和科学素养的人,这样的人应懂得科学、技术和社会的相互影响。

三、高中物理渗透 STS 教育的教学策略

(一)构建以人为本的物理教学平台,使其成为 STS 教育的重要基础阵地

《普通高中物理课程标准》中的"学科核心素养"目标,是物理课堂教学的出发点和落脚点,其所倡导的以人为本的教学理念要求在教学活动的设计中关注学生的发展。

1. 挖掘课程人文资源,强化认知理念渗透

鲁科版高中《物理1》课本第3章"匀变速直线运动的研究"中有这样一段描述:通过描述运动来表达自己的思想和情感,一直是艺术家常使用的技巧之一。例如,著名画家乔柯莫·巴拉的油画《拴狗绳上一只狗的精力》展示了一位女士和她的腊肠犬在人行道上散步的情景。女士双脚和小狗双脚的对比,就像拍摄的序列照片,让人感受到小狗快速地奔跑和女主人悠闲地漫步[56]。一般,散文诗的语言清新流畅,使人充满遐想,这是艺术家眼中的运动,将物理学与文学、艺术有机地融合在一起,展示了课程的人文性。这些人文资源在物理新教材中凸显,笔者以为在教学中要加以认真研究和挖掘,充分利用好。

学科学的最终目的是用科学,但首先对自然、社会得有一个全面正确的认识,这就要求将以人为本的STS认知理念渗透到不同的教学内容中去。例如,针对"内能"一节教材[阅读材料]"地球的温室效应":从近几年全球气候变暖(社会问题)出发,从物理角度分析地表受热后向外辐射热量,大气中二氧化碳阻碍这种辐射(科学问题)……怎样改善能源结构,减少煤炭和石油的燃烧(技术问题),从而保护人类生存环境,使人与社会、自然和谐共生。

2. 提升物理建模能力,训练科学思维方法

由于STS的内容具有综合性、复杂性,且各因素相互交结在一起,学生不能抽象出问题的本质特征,导致建立模型困难。这就要求教师在平时的教学中要重点剖析一些探索性较强、能充分体现科学方法的教学案例,让学生感知科学研究中科学方法的无穷魅力。

【例4-2】(2012福建卷22题)如图4-21(a)所示,在圆柱形区域内存在一方向竖直向下、磁感应强度大小为B的匀强磁场,在此区域内,沿水平面固定一半径为r的圆环形光滑细玻璃管,环心O在区域中心。一质量为m、带电量为$q(q>0)$的小球,在管内沿逆时针方向(从上向下看)做圆周运动。已知磁感应强度大小B随时间t的变化关系如图(b)所示,其中$T_0 = \frac{2\pi m}{qB_0}$。设小球在运动过程中电量保持不变,对原磁场的影响可忽略。

(1)在$t=0$到$t=T_0$这段时间内,小球不受细管侧壁的作用力,求小球的速度大小v_0;

(2)在竖直向下的磁感应强度增大过程中,将产生涡旋电场,其电场线是在水平面内一列沿逆时针方向的同心圆,同一条电场线上各点的场强大小相等。试求 $t=T_0$ 到 $t=1.5T_0$ 这段时间内：

① 细管内涡旋电场的场强大小 E；

② 电场力对小球做的功 W。

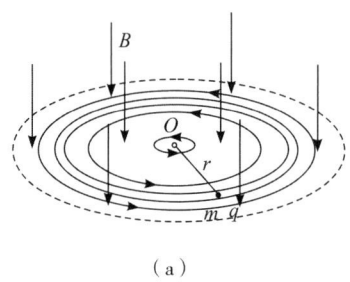
（a）

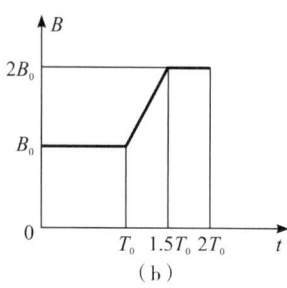
（b）

图 4-21　2012 福建卷 22 题图

分析：均匀变化磁场在细管内产生涡旋电场，细管内小球在电场力作用下做变速圆周运动，其有切向加速度。该电磁感应模型对大多考生新颖陌生，但若能想到把环形玻璃管展开成一条直线来处理，即变速圆周迁移成匀变速直线运动，问题将变简单，先求出小球经过 $\Delta t=1.5T_0-T_0=0.5T_0$ 后的末速度 $v=v_0+a\Delta t$，再由动能定理求出 $F_电$ 对小球做的功 W。以能力立意的高考试题要求考生关注信息提取，应用新知识解决新问题。本题化曲为直的关键处理使用到了微积分的思想，即无限分割，逐渐逼近真实状况，不但需要考生具有较强的应变能力，同时渗透物理思想方法考查。

3. 创新实验设计方案，促进实验素养养成

高中物理实验教学中，我们应从实验设计、实验条件的控制以及实验方法的选择上努力尝试创新，渗透 STS 的物理思维元素，这可有效提高学生实验素养。

以"牛顿第二定律"的实验探究为例。

方案 1：如图 4-22 所示。

设问：物体 a、M、F 三者相互影响，如何研究？

提出控制变量法：控制 M 不变，研究 a 与 F 的关系；再控制 F 不变，研究 a 与 M 的关系。

提问：小车的受力如何？摩擦力 f 的存在给实验带来许多麻烦，f 如何抵消呢？

提出平衡摩擦力：把木板垫成斜面，利用斜面用重力的分力与小车所

受的摩擦力 f 相抵消,从而使细线的拉力等效为小车的合力。

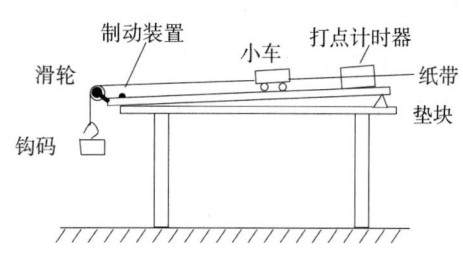

图 4-22 "牛顿第二定律"探究方案 1

设问:砝码重力等于拉力吗?两者有何关系?

提出近似法:在钩码质量远小于小车的质量,即 $m \ll M$ 时,$F \approx mg$。

方案 2:如图 4-23 所示。

取下钩码前,小车匀速下滑:

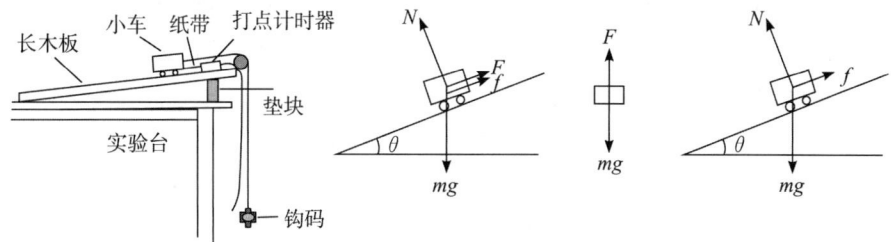

图 4-23 "牛顿第二定律"探究方案 2

对小车:$Mg\sin\theta - f - F = 0$ ①

对钩码:$F - mg = 0$ ②

取下钩码后,小车匀加速下滑:

对小车:$Mg\sin\theta - f = Ma$ ③

由①~③式,得小车匀加速下滑时所受合外力为

$$F_{合} = Mg\sin\theta - f = mg$$

因为钩码质量便于用天平称量,故用钩码的重力 mg 来替代对小车的拉力 F,即 $F = mg = Ma$,该方案从理论上讲,不需要满足 $m \ll M$ 来减少系统误差,这也是方案 2 最成功、最精妙之处,但在改变 m 或 M 时,须重新平衡摩擦力,很难实际操作,故方案 2 未被推广。

4. 加强学生道德修养,培养社会责任意识

教学中应把物理知识与社会生活中的重大问题切实联系起来,以培养学生的社会责任感,使其从社会责任、道德、生存环境等多角度思考问题。例如,利用居里夫人从几十吨的沥青中提取出几克镭从而发现新元素镭的事例,培养学生坚忍不拔、严谨求实的科学态度。同时,还要充分重视课后习题资源的教育功能,以社会生活为背景,以基础知识为核心,引导学生学以致用。例如,利用"1961年,美国《科学》杂志刊登了根据伽利略当年描述的实验装置所进行的一项重复性斜面实验。该实验的倾角为3.73°,使用水钟测量时间……",让学生验证伽利略当年的研究。[57]

(二)推进STS物理探究性学习,使其成为STS教育的重要活动阵地

推进STS教育的物理探究性学习,实质上是将科学领域的探究方法引入教学,使学生通过类似科学家的探究过程理解科学概念和科学探究的本质,培养一定的科学探究能力。

1. 变测量验证性实验为探究性实验——激活主体创造思维

传统的物理实验教学常常是教师把实验目的、内容、步骤详细而周密地安排好,甚至连结论也预先说给学生听,学生只需依葫芦画瓢地被动实验。如果教师能选取一些灵活性、变通性大的问题,创设情境,鼓励学生提出多种设想和解决问题的方案,再收敛思维,确定最佳方案,则能极大地训练学生思维的流畅性、变通性和独创性,从而激活创造思维。

例如,在做"探究单摆的运动,用单摆测定重力加速度"的分组实验前,可引导学生先发散思维:你能设计出几种测定重力加速度的方法?学生可能会提出多种不同的方案:①利用打点计时器、重锤和纸带,按验证机械能守恒定律实验装置,求出相邻两点的位移差,用 $\Delta s = aT^2$ 可得 $a = \Delta s/T^2$,若阻力足够小,此时 $a = g$;②测出自由落体运动的位移及时间,运用 $s = gt^2/2$ 可求 $g = 2s/t^2$;③可用倾角为 θ 的气垫导轨,由 $a = g\sin\theta$ 求 g 等。在分析各方案的利弊后,确定一种较合理的实验方案:$g = 4\pi^2 L/T^2$。

2. 开设有关STS教育的研究性学习课程

结合学校的课程设置,利用校本课程拓宽STS教育的内容。例如,在高一、高二年级中可开设"物理学史""航空航天技术""生活物理趣谈"等研究性学习选修课,使之成为与学生共同探索学习的窗口。

以"从古至今的美妙——古代诗歌中的物理学"研究性学习为例。

古代诗歌中蕴藏着丰富的物理学知识,为探究其中的奥妙,2011年,笔者带领高一年级的研究性学习小组做了不懈努力。课题小组通过网上调查和书刊查阅、与语文老师探讨交流、实地参观列东江滨文化长廊——"中国古代成语典故",同时,课题小组还对三明一中部分同学进行了问卷调查,并对统计数据进行较深入的分析。通过以上多种形式的研究,小组成

员深深感受到古代诗歌中所蕴含的物理学魅力。

根据课题组研究情况列举一例:"举杯邀明月,对影成三人。"——李白《月下独酌》。光有直线传播的性质,点光源(我们姑且将"明月"当成点光源)发出的光照到不透明的物体(人),在背光面的后方形成了一个光线照不到的黑暗区域,这就是"影"。如图4-24所示,由于"明月"的发光面比较大,发光面上的每个发光点,都可看成一个点光源,它们都在物体背后形成影区,这些影共有的范围完全不会受到光照射,叫本影;本影周围还存在能受到部分光照射的区域,叫半影。因而,以上"对影成三人"的现象便是由本影和半影而产生的一种光学现象。

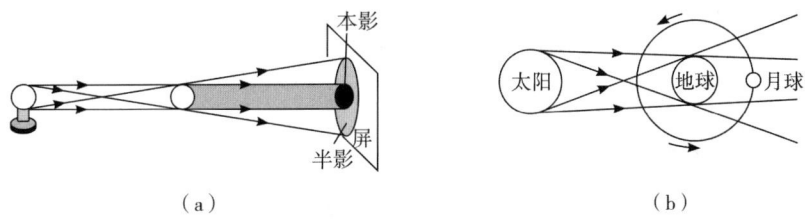

图 4-24 月全食原理

3. 开展青少年科技创新活动

以全国青少年科技创新大赛、全国中学生数理化学科能力竞赛和校园科技文体节为契机,将 STS 教育拓展到学生的课外生活,开展小实验、小制作、小发明、小创造、小论文撰写等活动,以展示非凡想象力和创造力。[58]例如,开展"测量玩具车速度""假如生活中没有摩擦力"等小实验,制作"简易潜望镜""万花筒""橡皮筋测力计"等小学具。

四、课题探究教学实施的 3 个环节

教学实践表明,物理教育中实施课题探究教学,需特别注重以下 3 个环节的具体实施。

(一)教师主导——注重启发引导

教师要围绕所要探究的课题有针对性地进行系列问题设计,使之与学生认知结构中某些观念建立起实质性联系。因此,教师一般可采用从学生已有知识中引出所要研究的课题。

(二)学生探究——注重思维创新

学生探究环节是指学生切实作为主人进行课题探究。每个学生都有机会走上讲台,实现由"学习者"到"研究者"角色的转变,陈述自己的课题探究过程。教师可适时加以点拨。

(三)师生共探——注重反思改进

通过以上两个环节的实施,课题探究的主体活动基本完成,但通常还会存在一些困惑。因此,在这个环节中教师要善于捕捉学生探究活动中的反馈信息,通过师生互动、生生互动,形成教与学的和谐和共振,使每个学生都能拥有一种成功学习的情感体验。[54]

【案例 4-11】

"自制打点计时器"的课题探究教学

打点计时器中蕴含着大量的电磁学和力学规律,为学以致用,进一步了解打点计时器的工作原理,参照上述课题探究的3个实施环节,课题组学生自制出打点计时器小作品。

1.实验研究准备过程

课题组决定做如图 4-25(a)所示的电磁打点计时器。课题组买来了永磁铁、线圈,用半导体制成滤波器,使交流电保留半个周期的同一方向的电流。再尝试用弹簧控制振针,在磁场力作用下让振针向下运动,然后依靠弹簧的弹力将振针回复到原来的位置。然而一开始就遇到了困难,由于线圈匝数太多,振针振幅太大,在 0.02 s 的时间内振针无法完成一个周期的振动,导致打点的周期不稳定,无法准确记录时间。所以我们决定将线圈剪短一些,以减小磁场力,同时也使得振针振幅减小,经过多次调试,准备好了最核心的部分。

2.动手实践操作过程

首先,为了得到 4~6 V 的交流电压,课题组在回形硅钢片的原线圈一侧绕上多匝线圈,在副线圈一侧绕上少量线圈,希望得到低压交流电源。但由于铁损铜损以及束磁等因素影响,变压没有达到预期效果,决定使用现成的底座。课题组网购了规定规格的漆包线,并按照电磁打点计时器所需匝数进行了缠绕,得到了简易的线圈,如图 4-25(b)所示。

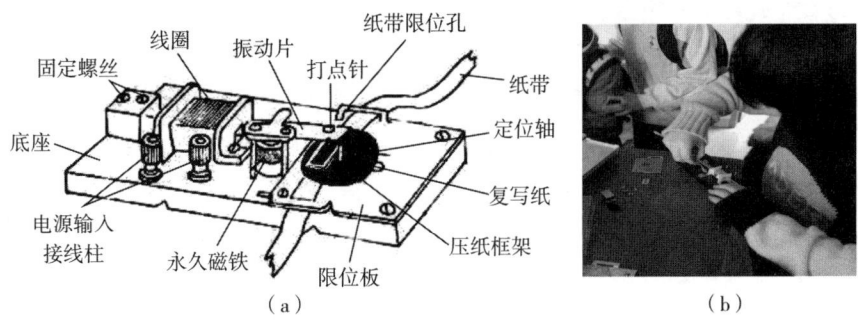

图 4-25　打点计时器结构

其次，课题组将长铁条一端固定在小木块上，另一端穿过线圈。之后将小磁铁固定在底座上，以方便固定永久磁铁，并且将永久蹄形磁铁与振片的距离控制到相等，确保打点计时器的振幅无误差。

最后，如图 4-26(a)所示，课题组用铁片与螺丝将贴片进行固定，而在限位孔的问题上，找到两个回形塑料片，将其固定在计时器下端两侧。将自制电磁打点计时器固定在倾斜轨道上，进行"恒力做功与动能改变的关系"的实验探究，打点计时器打出的点颜色较浅，并发生了断点的现象，于是调整打点计时器振针的位置，终于成功地打出了一系列清晰的小点，如图 4-26(b)所示。[54]

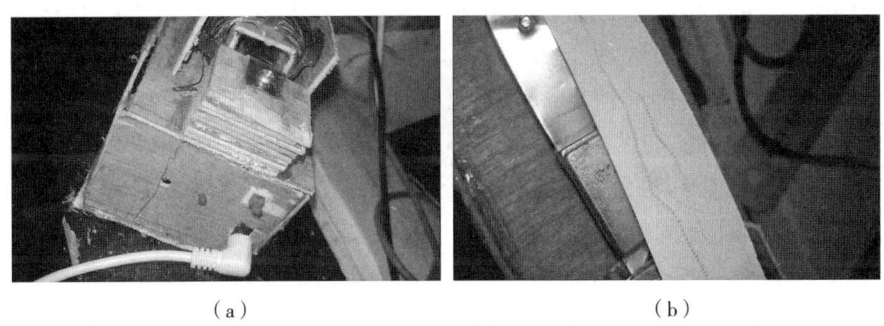

图 4-26　打点计时器实验

3.制作过程中出现的问题及解决办法

课题组制作成功后，进行了第一次实验，实验开始时，发现自制的打点计时器打出的点歪歪扭扭的，不像实验室的打点计时器打出的点是直的，这样会影响实验数据的测量。一开始，课题组仔细观察了打点计时器，并没有发现什么异常，后来将实验室的打点计时器拆开进行对照观察，终于发现是没有装限位孔导致的问题。于是课题组对自制的打点计时器进行了改进,加装了一个限位孔。

改进后课题组做了第二次实验,这次打出的点基本笔直,但是,在打点计时器大约运作了 30 s 后,出现了一个严重的问题:线圈烧断了。课题组在短暂的吃惊后,马上去图书馆查阅资料,终于得出一个答案:线圈匝数太少。因为根据资料,线圈匝数少,线圈的电阻、电感等综合阻抗就较小,于是流过线圈的电流将较大,由焦耳定律公式 $Q=I^2Rt$ 可知线圈产生的焦耳热增加,易烧断。所以课题组增加了线圈的匝数,进行了第三次实验,就没有什么问题了。

五、物理教育中开展课题探究教学还需注意的两个问题

(一)课题探究教学要注重增强物理课堂教学的开放性

课题探究教学是把学生置于一种开放、主动、多元的学习环境中,课上与课下结合,校内与校外呼应。例如,有一个小组在研究单摆振动周期的过程中,想测量摆角较大的情况下,摆球摆动周期的变化情况。这个实验内容是教材要求之外的,但是肯定学生会想到这一问题,只是没有实验研究的意识,更无行动。在这次课题探究学习过程中,这个小组就按自己的意愿,分别测量了摆角为 5°、10°、15°、20°、25°、30°时摆球振动的周期,他们发现,摆球的周期随着摆角的增大而增大。于是,他们在成果汇报时,就"发表"了自己的实验结果。受这一小组工作的启发,另一小组将测量范围扩大到摆角为 80°,也是每隔 5°测量一次。他们的实验结果是,随着摆角的增大,摆球的振动周期先增大,后减小,再增大,而且测量结果表明,在摆角为 35°左右时,是周期变化的转折点。[55]这一研究结果,出乎所有人的意料。笔者很惊讶于这一研究过程,在自然科学发展历程中,有多少发明的过程与此相似。

(二)课题探究教学要注重培养学生的创新思维能力

利用课题探究教学的模式进行教学,一定要求能够发挥学生学习的主体性和教师教学的主导作用,因为民主与活跃的课堂可使学生的思维更加发散,更具创新意识。为此,一是要注重研究知识的获取方法和思维能力的培养,这将有利于学生的终身学习;二是要注重引导学生个性化地去研

究知识的实际应用,培养其学以致用的实践能力,使学生能真正做到以学为乐。同时还需注意,并不是所有的高中物理学习内容都可以采用课题探究教学的模式去学习,课题探究教学的开展必须根据实际情况适时、适量和适当地进行,同时还要注意与其他教育教学方式互为补充和融合。

六、结束语

综上所述,有人把科学、技术与社会形象地比喻为一个三棱锥塔的 3 个面,并认为:当人们站在它的不同侧面底部时,它们之间的距离很远,只有站在这个"塔"的一定高度,它们之间的距离才会较近,才能发现科学与技术、科学与社会、技术与社会是怎样相互作用的,又是怎样融为一体的。我们在物理教学中,必须合理地选取"自然科学"、"生产技术"与"人文社科"这 3 方面素材,刻意构建一个宽广的教学平台,以人为本,努力渗透 STS 教育[58],这样才能真正使学生"能保持对自然界的好奇,初步领略自然现象的美妙与和谐,对大自然有亲近、热爱、和谐相处的情感"。

第六节 高中物理思维与探究能力培养教学
——专题探究与能力提升的融合实施研究

当今时代,有人称之为"知识爆炸时代""技术密集型时代""电脑网络时代"等,更有说服力的要算德国学者哈根·拜因豪尔和恩斯特·施玛克的提法:"教育时代"。他们认为:"教育是替一个未知的世界培养未知的儿童。"(《学会生存》)形象地讲,教育是今天播什么种、明天开什么花、结什么果的工作。从这个意义上说,谁掌握了面向 21 世纪的教育,谁就能在 21 世纪的国际竞争中处于战略主动地位。

但是,长期传统的应试教育使得出现了不少"一长四短"的学生:一长指擅长应付考试,四短指动手能力差、知识面狭窄、独立思考能力差、自主学习能力差。例如,刘改琴硕士对重庆市的中学教师的探究式教学观念及其实施现状进行了调查研究:①"讲解法"依然是大多数教师所采用的教学方法。②教师认为在探究的各个环节中,"发现并明确提出要探究的问题"

"得出结论、解释和建构物理模型"是最需要教师指导的两个环节。为此，人民教育出版社的任长松先生提出了探究式学习的18条原则[59]。同时，高中新课程素质教育的提出也为在升学-应试怪圈中徘徊的中国基础教育，找到了一条改革的新思路和突破口。素质教育中的一个重要组成部分——发展智力、培养能力，也就成为当代教育理论中一个颇为活跃的问题。在中学物理教学中，这个问题尤为重要，这是因为，一是由于现代物理迅猛发展，物理知识高速扩充和不断更新，要求学生不单在中学阶段要有较高的学习能力，而且在走出校门之后，还要有独立获取新知识的能力；二是由于物理学的"实验—模型—实验"的辩证研究方法，以及由简到繁、由表及里的严谨科学体系，使得物理学本身包含着极其丰富的培养能力的因素。[49]本节内容试图以素质教育中强调的发展智力、培养能力的基本思想为出发点，结合中学物理教学实践，从培养学生的科学思维能力和实验与探究能力等两个方面，对高中学生的几种重要物理学科能力的培养和发展做粗浅探讨。

一、高中物理学科能力的概念和内涵

高中物理课程帮助学生从物理学的视角认识自然、理解自然，建构关于自然界的物理图景；引导学生经历科学探究过程，体会科学研究方法，养成科学思维习惯，增强创新意识和实践能力；引领学生认识科学的本质以及科学·技术·社会·环境（STSE）的关系，形成科学态度、科学世界观和正确的价值观，为做有社会责任感的公民奠定基础。[1]

根据多元智能理论，我们的学生是一个个具有个体差异的活生生的人，他们的人格特质、能力发展都千差万别。在心理学上，学生的能力通常分为一般能力和特殊能力两大类。一般能力是在许多活动中都表现出来的能力，如观察力、注意力、记忆力、想象力、思维能力等，这就是通常所说的智力。特殊能力是在某种专业活动中表现出来的能力，如实验能力、自学能力、运用数学方法解决问题的能力等。[23]一般能力和特殊能力是相互促进的，一般能力愈发展，则为培养特殊能力创造了有利的条件；而在发展特殊能力的同时，也促进了一般能力的发展。对学生来说，要真正掌握好某门学科，除了要求有一般能力，还要求具备和发展那门学科所必需的某些特殊能力。

能力是在人的活动中、在实践的过程中发展起来的。一个具有优秀素质的人,如果不接受教育,不去从事活动,那他的能力不会得到发展,这也许是我国古代天才儿童仲永成人之后变作庸人的原因之一。那么,就某个学科的学习来说,什么是学科能力?学生的学科能力究竟朝着什么方向发展?我国著名心理学家林崇德教授指出:"学科能力是学生的智力、能力与特定学科的有机结合,是学生智力、能力在特定学科中的具体体现。"[5]针对高中物理学科,2003版《普通高中物理课程标准(实验)》提出:"培养学生的观察和实验能力,科学思维能力,分析问题和解决问题的能力。"《普通高中物理课程标准(2017年版)》提出:"学习科学探究方法,发展自主学习能力,养成良好的思维习惯,能运用物理知识和科学探究方法解决一些问题。"[1]同时还指出:要重视发展学生"抽象与概括、分析与综合、推理与判断"[1]等科学思维能力。为了制定我国高中物理教学和高考命题评价体系,全国高考物理学科委员会征求了有关专家意见,分析了物理课程在整个中学课程中的地位,比较各学科的特点及其对学生素质和能力发展主要贡献的基础上,根据物理学科的特点和需要,从中学物理教学和高考命题的实践经验出发,提出5个方面的能力要求:理解能力、推理能力、分析综合能力、应用数学处理物理问题的能力以及实验与探究能力,并通过描述性的说明,界定了每一种能力的具体含义。

但是,新课程物理学科高考考查的能力除了这5个方面的能力要求,笔者认为还应增加对自主学习能力的要求,因为自主学习能力既是学生个体发展的需要,也是为学生终身发展,应对现代社会和未来发展的需要。高中物理的自主学习能力是指能够从所提供的新材料中获取有关的物理学信息,并运用这些信息,结合已有的知识解决相关的物理学问题。其具体要求包括3方面:一是能按教材中所提供的材料和要求,收集、整理、分析资料,自主进行科学探究,获取新知识,并解决相关的物理问题;二是能关注、了解对科学、技术和社会发展有重大影响和意义的物理学新进展以及物理学发展史上的重要事件;三是能从所提供的新材料中获取有关物理学信息,并运用这些信息,结合已有知识解决新情境中的物理学问题。

上述课程标准与高考评价体系中,有关中学物理学科能力的提法虽然有些不同,侧重虽然有些不同,但都较好地体现了物理学科的基本特点与学生发展的有机统一。

二、高中物理学科能力培养的实践和探讨

就当前高中物理教学的实际来看,在一般能力中要特别注意思维能力的培养,而在特殊能力中则应着重培养实验能力。下面结合高中物理教学实践,对学生思维和探究能力的培养做几点粗浅探讨。

(一)培养学生的科学思维能力

思维是从事物的感性认识上升到理性认识的加工整理过程。没有思维就不可能产生认识上的质的飞跃,也就不可能完成对客观世界的完整认识。伽利略的"沿水平的运动是永恒的"著名论断以及麦克斯韦方程等,都是思维引起突破的光辉范例。可以说,思维能力是智力的核心,其具体要求为:"要通过概念的形成、规律的得出、模型的建立、知识的应用等,培养学生抽象和概括、分析和综合、推理和判断等思维能力以及科学的语言文字表达能力。"学生思维能力一般是从具体到抽象、从不完善到完善、从形式逻辑到辩证逻辑逐步发展提高的。因此,在教学中要遵循思维发展的这些特点,采取有效措施促进学生思维能力的发展。

1. 课堂教学结构要优化设计

努力创造条件,优化课堂教学结构,采用启发式教学。关于启发式教学的高中物理课堂教学过程通常是这样:先让学生通过眼、耳、口、手、脑等多种器官参加活动以获取丰富的感性材料,为思维准备良好的基础,同时遵循从已知到未知、从直观到抽象、由浅入深、由表及里的教学原则,提出一些富有启发性的、有一定难度的、但又是学生力所能及的问题进行设疑引学,然后再引导学生分析推理、辨疑解难,使认识上升到理性阶段。这时,教师的示范讲解也是很重要的。教师可通过典型问题的分析,引导学生掌握分析问题的途径、方法和步骤,从而培养学生思维的逻辑性、严密性和灵活性。在学生理性认识建立以后,接下来要做释疑反馈这项工作,即要引导学生把知识用于实践,以提高分析和解决问题的能力。这时,要选择一些有利于启发思维的题目让学生训练,题目的类型要多样化,如描述、论证、实验、推理、讨论等。[60]上述教学过程可通过图 4-27 的启发式教学因素图得到反映。

启发式教学因素图中的设疑引学,即新课引入、激发学习兴趣这个教学环节我们要尤其重视设计。因为能力和爱好往往是彼此吻合,一起发展

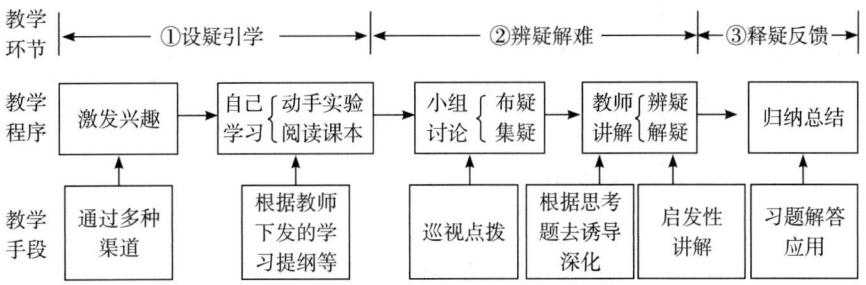

图 4-27　高中物理启发式教学因素

的。如果一个学生对某门学科或某项活动形成了强烈的、稳定的爱好,一般来说,在那个学生身上必然具有与那门学科或活动有关的能力。因此,学生的一种强烈爱好,可以作为正在形成某种能力的标志。比如达尔文在上学时,数学、医学等科目学得不好,但他从小对收集标本、打猎、旅行有特殊的爱好,因而后来登上科学的高峰。

为了激发学生对物理的兴趣爱好,教师可采用讲述历史典故,提出引起悬念的问题,或演示一些发人深思的实验等方式来充实教学内容。例如,讲万有引力时可介绍预见海王星和冥王星的史实;讲电磁波谱时可介绍伦琴发现 X 射线的故事等。此外,还应该组织各种有趣的课外活动、智力比赛(类似于中央电视台的《三星智力快车》栏目)、读书会等,以扩大眼界,培养兴趣。

2. 引导学生经常总结解题方法

解题方法是对平时解题积累的一种归纳、提高,这种经常性的方法总结可极大地提高学生分析和解决问题能力,培养他们的创造意识,训练科学思维的广阔性、深刻性和逻辑性。

下面以"电磁感应力电综合问题"的复习为例。

在复习"电磁感应"一章时,电磁感应综合问题(与力、电综合)是本章核心内容,也是一个难点,教师可引导学生总结如下解题方法[28-29]:

(1)求电磁感应现象中收尾速度 v 的分析思路,物理模型如图 4-28 所示:

$$\begin{cases} mg\sin\theta = BIL \text{(动力学方程)} \\ I = \dfrac{E}{R} = \dfrac{BLv}{R} \text{(电磁学方程)} \end{cases}$$

以上两式常常联立方程组求解。

在对导体棒进行动力学分析时,涉及像图 4-28 的倾斜轨道时,为了便于受力分析,常画受力分析平面图或侧视图,特别注意安培力方向的分析。列电磁学方程时,若涉及较复杂的电路结构,常画出等效电路图。

(2)求电磁感应现象中产生的电能 $E_电$ 方法：

①$E_电=Q_热=I^2Rt$(要求 I、R 恒定,但正弦式交流电例外,其电热由有效值求得)。

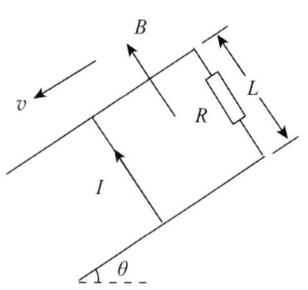

图 4-28　动态分析求收尾速度模型

②$E_电=W_{F_安}=F_安 s\cos\alpha$(利用功的计算式要求 $F_安$ 恒定,即恒力做功)。

③当感应电流变化时,由能量转化和守恒定律求 $E_电$(使用范围最广)。

再举例分析,如图 4-29 所示：

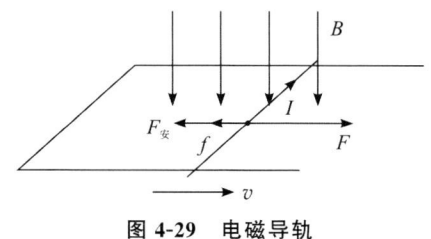

图 4-29　电磁导轨

若 v 恒定(即匀速),且轨道光滑：$W_F=W_{F_安}=E_电$,即 $P_F=P_{电总}$。

若 v 恒定(即匀速),且轨道粗糙：$W_F=W_{F_安}+W_f=E_电+W_f$。

若 v 增大,且轨道粗糙：$W_F=W_{F_安}+W_f+\Delta E_{k增}=E_电+W_f+\Delta E_{k增}$。

电磁感应的力电综合问题一方面要考虑电磁学中的有关规律,如闭合电路欧姆定律、楞次定律、法拉第电磁感应定律、左右手定则、安培力的计算公式等,另一方面还要考虑力学中的有关规律,如牛顿运动定律、动能定理、能量守恒定律、动量定理、动量守恒定律等(即动力学、动量和功能三大物理求解方法)。需要学生有较强的将电磁学与力学知识综合起来应用的科学思维能力,特别还要注意上述两种常见问题的分析：动态分析求电磁感应现象中收尾速度 v 以及求电磁感应现象中产生的电能 $E_电$,教师引导学生总结解题方法,对学生渗透和培养物理问题动态分析的思维方法和功能转换的物理思想,使学生遇到此类问题容易建立起正确的物理模型、数形模型,形成一个大致的求解方向,从而提高学生的抽象与概括、分析与综合、推理与判断等科学思维能力。

(二)培养学生的实验与探究能力

物理学是一门以实验为基础的自然科学,物理学的概念和规律必须通过实验才能形成和建立,物理学的理论假说也必须通过实验来验证。实验是研究物理学及其他自然科学的一种基本方法。学物理而不做实验就像在岸上捧着游泳书学游泳,只能是纸上谈兵。因此,实验与探究能力是高中物理学科能力中最重要的能力之一,其具体可包括实验观察能力、实验操作能力、实验数据处理能力以及设计简单实验的能力等。[16]近年来,全国高考物理试题中对实验的考查要求较高,创新实验必将是今后高考物理实验命题的热点和重点,教学中要注意培养学生的实验与探究能力。

1. 精心创设实验问题情境,培养实验分析能力

要精心创设好实验的问题情境,问题要由浅入深,环环相扣。

下面以"功的原理"的实验探究为例[15]。

平时生产生活中大量使用简单机械,如滑轮、杠杆,目的是什么?是为了省力、省位移,还是省功?

如图 4-30 所示,做好课本中的利用滑轮组提升重物的实验是学生认识这一问题的突破口。教师可以在课堂上安排分组实验,在问题的引导下进行探究,可以用列表法分析问题。

图 4-30 滑轮组提升重物

结合表 4-5 创设以下问题:

问题 1:比较 D_1 与 D_2、D_3 与 D_4 容易得出使用机械能省力但不能同时省位移。

问题 2:比较 D_5 与 D_6,同时考虑到 D_7 与 D_8,发现使用机械不能省功,反而费功,引发学生思考这是为什么?

问题 3:引发学生合理猜想:对于机械来说,动力功应等于有用功加上额外功,故费功。

上述实验要达到让学生理解机械功的原理,进而认识使用机械的目的。在这一教学过程中,教师通过问题的创设引导学生进行数据的比较,揭示事物的本质规律,这正是科学探究所强调的须着力培养学生发现问题、分析论证的能力。

表 4-5　利用滑轮组提升重物实验记录

项　目	要测量的物理量	直接提升	使用滑轮组提升	比较得出的结论
1	弹簧秤读数	D_1	D_2	
2	绳子自由端位移	D_3	D_4	
3	动力做功	D_5	D_6	
4	有用功	D_7	D_8	

2. 注重建构实验规律过程，培养实验探究能力

科学家的科学探究方法一般是"提出假设—数学推理—实验验证—合理外推"。一个相对复杂的探究实验，可设置分解成若干个小问题，注意这些小问题要在老师的引导下，探究完成一个之后再分析下一个，有步骤地进行，而不应把问题全抛出来，甚至只是提供器材叫学生笼统地去探究（学生无从下手，效率低下）。物理教学中应注意渗透科学研究方法，同时也应进行学法指导和辩证唯物主义教育。[44]

下面以"安培力方向"的实验探究为例[2][37-38]。

"磁场对电流的作用力"在教材中起到承上启下的作用。安培力大小与方向的探究是本节的重点，如何在不同场合正确地运用左手定则以及电流表的工作原理是本节的难点。

首先，学生分组活动：会动的铝箔"天桥"。将一铝箔条折成天桥形状，用胶纸粘牢两端，使蹄形磁铁横跨过"天桥"。通过这个简单而神奇的小实验，引导学生亲身操作并观察到奇妙的现象：在磁场中铝箔弯曲，这可很好地激发学生学习的好奇心和求知欲。

其次，实验探究安培力、电流和磁场三者方向之间的关系，引导探究步骤如图 4-31 所示。

问题 1：能否确定安培力方向、电流方向、磁场方向三者之间的关系？

问题 2：既然找到了三者之间的关系，我们能否找到确定安培力方向的方法？

经过前人的大量研究，总结出一个简单的判断方法，就是左手定则。

本案例注重建构实验规律的认识过程，要求学生能正确分析问题的物理情境和物理条件，找出其中起重要作用的因素及有关条件，这对培养学生的探究意识和探究能力，激发学生学习的好奇心和求知欲，逐步培养学生对物理的热爱和群体合作品质有重要意义。鉴于左手定则的重要性，教

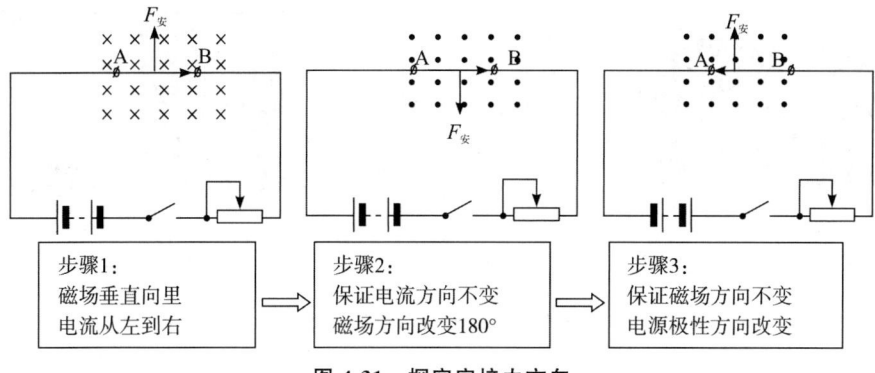

图 4-31　探究安培力方向

学中还须结合随堂练习使学生熟练掌握。教师还应当强调,安培力的方向总是既垂直于磁场方向,又垂直于电流方向,即安培力一定垂直于磁感线与电流所确定的平面,但磁场方向不一定总与电流方向垂直,教学中要注意纠正电流方向、磁场方向和安培力方向三者总是相互垂直的错误认识。另外,还需强调用左手定则确定 I、B、F 方向的关系时,I 和 B 是因,F 是果,无论所求的是哪个量的方向,这个因果关系是确定的。这对学过右手定则后解决综合问题,确定究竟应该用左手定则还是用右手定则,是很重要的。最后,教学中还应介绍电流表的基本结构和原理,目的在于使学生了解安培力在电流表中如何应用,以培养解决实际问题的能力。

3. 大胆改进传统实验方案,培养实验创新能力

麦克斯韦曾经说过:……实验的教育价值常常与仪器的复杂程度成反比。自制仪器常出故障,却有许多优越之处,其中最重要的一点是:学生们敢于拆卸它,修理它,因为它是学生自己制作的。经过改进的实验,常常新颖、创新性强、实验功能突出、实用性强。

下面以"安培力大小"的实验探究为例[2][37-38]。

如图 4-32 所示,先利用电磁炮模型实验引入新课,引出安培力概念,再进行分组实验让学生切身感知安培力,为后面学生探究安培力大小时如何改变线圈中的电流大小、处在磁场中的导线长度和磁感应强度做了很好的铺垫,这样学生就能较顺利地回答出如何改变这 3 个影响因素,产生知识技能的合理迁移,从而为实验方案的顺利成型起到重要作用。

在图 4-32 的第三个环节中,对安培力大小进行定量实验探究的同时,可结合表 4-6 至表 4-8 实验数据的记录,分析与讨论,得出实验结论。

体悟物理：高中物理专题研究性学习

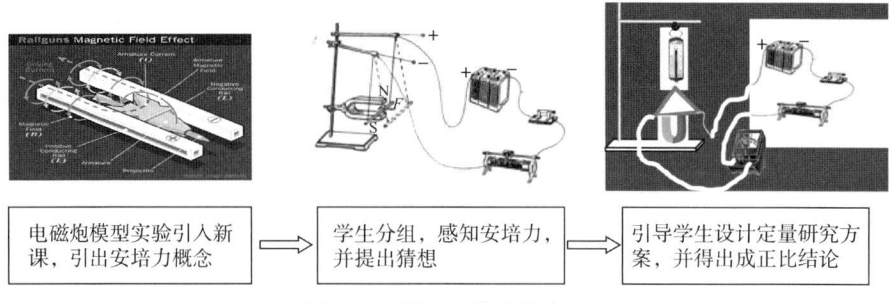

| 电磁炮模型实验引入新课，引出安培力概念 | → | 学生分组，感知安培力，并提出猜想 | → | 引导学生设计定量研究方案，并得出成正比结论 |

图 4-32 探究安培力的大小

表 4-6 探究 $F_安$ 与 I 关系实验记录

磁感应强度 B 和导体棒在磁场中长度 L 一定，改变电流强度 I 大小		实验结论
电流 I 大小	安培力 F 大小	$F_安$ 与电流 I 成正比
I_0	F	
$2I_0$	$2F$	

表 4-7 探究 $F_安$ 与 L 关系实验记录

磁感应强度 B 和电流强度 I 大小一定，改变导体棒在磁场中长度 L		实验结论
长度 L 大小	安培力 F 大小	$F_安$ 与导体棒 L 成正比
L_0	F	
$2L_0$	$2F$	

表 4-8 探究 $F_安$ 与 B 关系实验记录

导体棒在磁场中长度 L 和电流强度 I 大小一定，磁感应强度 B 改变		实验结论
磁感应强度 B	安培力 F 大小	$F_安$ 与磁感应强度 B 成正比
B_0	F	
$2B_0$	$2F$	

该教学设计最大的巧妙之处是关于探究安培力大小的实验设计，突破了定性研究的传统处理方式，利用弹簧秤受力的变化，让学生能比较定量地感知安培力大小。我们自制了一个重要的线圈，通过对弹簧秤初始状态调零消除线圈重力对研究过程的影响以使读数测量更直接，线圈上有抽头可以改变匝数（25 匝、50 匝、75 匝），这不但可以很方便地改变线圈处在磁场中的有效长度，而且无需每次改变匝数时对弹簧秤调零。这个自制线圈

的设计对实验成功起了关键作用。[2]

在本案例教学中,通过自制教具、改进传统实验方案的实验探究,使学生进一步定量地了解磁场对电流的作用力大小跟电流的大小、导线在磁场中的长度以及磁场强弱的关系。在教学中应注意:①在探究安培力与哪些因素有关时,要让学生充分活动,要有意识地引导学生注意以下3种情况下的实验条件:B、L 不变,I 改变;在 I、B 不变时(存在着 $I \perp B$、$I // B$、I 与 B 成任意角度3种可能),L 改变;I、L 不变,B 改变。观察实验现象,归纳实验结果,培养他们的观察能力和由实验现象总结出物理规律的能力。②培养学生利用控制变量法总结归纳物理规律的能力,并让学生体会到控制变量法在科学研究中的作用。[2]

三、结束语

在上述分析的基础上,关于学生高中物理学科能力的培养和发展,在我们日常教学工作中,还需要注意以下几点:

一是正确理解加强"双基"和发展能力之间的关系。学生掌握知识技能和发展能力有着密切联系。知识和技能的掌握能促进能力的发展,同时,掌握知识和技能的快慢,也依赖于能力发展的程度。对物理知识进行概括归纳和重新构建的能力、灵活运用物理概念规律以及物理实验方法去解决实际物理问题的能力、包括建模能力在内的抽象思维能力和创新能力等,都是学生在学习知识的同时,同步得到发展的。

二是能力有个别差异,发展能力并不意味着每个学生都要等同地发展某种同样的能力。实际上,每个学生的能力都是按照自己的需要和爱好以自己的方式发展的,有其自己的优点和缺点,不能够也不应该以一个模式来要求学生的能力发展。[10]不拘一格选拔人才,发展能力也需要不拘一格。

三是人的能力发展的早晚是各不相同的。有的学生早在童年时期就显露出一般能力中的某些特殊表现,如在音乐、绘画、体育等领域的独特才能,这叫能力的早期表现。高斯9岁能解级数求和的问题;控制论的创始人之一维纳,11岁能写论文,18岁获得博士学位。但无论是对能力表现早还是能力表现晚的学生,都要一视同仁,加强引导培养,使他们成长得更好。

第五章
专题研究性学习课程的教学课例研究

在上一章详细阐述了专题探究活动与高中物理概念教学、规律教学、实验教学、习题教学、科技活动教学以及高中物理思维与探究能力培养教学 6 个方面有机融合的课程实施过程和实施策略之后，本章笔者结合自身以及项目组的物理教学实践，进一步对应列举出这 6 个方面问题较成功的典型教学课例："'磁场对电流的作用'创新教学设计——专题探究与概念教学的融合研究课例""测电源 E、r 实验中系统误差修正——专题探究与规律教学的融合研究课例""'伏安法测量电表内阻'探究教学设计——专题探究与实验教学的融合研究课例""'等效负载法'处理变压器问题——专题探究与习题教学的融合研究课例""'探究·发展'专题研究性学习活动采撷——专题探究与科技活动的融合研究课例""高中物理竞赛解题能力的培养——专题探究与能力提升的融合研究课例"。这些专题研究性学习课程典型教学课例贯穿一定的教学结构模式，同时也是对上一章中关于本课程实施策略的重要例证，彰显课程建设系列研究成果，供研究者参考，给予相应启示。

以现代研究性学习理论为指导，进行课题探究教学的实践与研究，必将有助于学生勇于探索的科学精神的培养，在我国基础教育课程教学改革中具有重要的潜在价值。为此，广大科技教育工作者针对此项活动，不仅需要在第二课堂的课外活动中进行有目地探索与拓展，还应该在实施素质教育的主阵地——日常课堂教学中进行有计划的渗透与加强。如何在高中物理专题研究性学习课程的总体设计思想以及课程方案的指导下，有效开展课堂教学；在教学过程中又会遇到哪些问题，如何解决这些问题等，是摆在任课教师面前的现实问题。我们项目组课程开发团队的教师群策群力,设计教学实施方案,探寻课程实施策略,具体到每一节课的每一个具体的环节。

本章试图以上述这一角度为切入点,在笔者自身及项目组教师物理教学实践的基础上,通过展现高中物理专题研究性学习较成功的典型教学课例,分别从专题探究与概念教学的融合研究、专题探究与规律教学的融合研究、专题探究与实验教学的融合研究、专题探究与习题教学的融合研究、专题探究与科技活动的融合研究、专题探究与能力提升的融合研究6个方面对课程实施策略进一步例证阐释,旨在重点说明如何采取有效教学策略,在课堂物理教学以及课外科技活动过程中更好地实施课题探究教学。

教学实践表明,通过物理专题研究性学习的探究活动,同学们收获着反思与感悟、收获着体验与快乐!专题研究性学习课题组的同学们不仅学会了分享与合作,而且还培养了发现解决问题的能力以及收集和处理信息的能力,同时还有助于同学们更新观念,吸收新思想与新知识,丰富了课外生活,拓展了视野,让大家不再觉得学习物理枯燥乏味。

第一节 "磁场对电流的作用"创新教学设计
——专题探究与概念教学的融合研究课例

"磁场对电流的作用"是普通高中课程标准实验教科书鲁科版物理(选修3-1)第6章第1节的内容,是学好后续洛伦兹力和电磁感应知识的重要基础。通过本节内容的学习,学生可有效加强对磁场分布规律的认识,体会到磁场对电流作用的实际应用,同时,本节内容还可培养学生的实验探究能力和空间想象能力。在这节内容的学习之前,学生对电流周围的磁场分布、磁感应强度的概念等已有所了解。本课例试图围绕学生培养的目标体系,创新物理科学思维,从安培力大小、安培力方向和安培力应用3个方面展开教学设计。教学重点是安培力大小和安培力方向的实验探究,特别是对安培力大小做出创新定量的探究。教学中穿插运用了情景激学、实验探究和启发讨论等多种教学手段,学生对安培力的研究是通过自主学习、设计实验、操作观察、合作交流、归纳总结等过程得出规律[36],然后再学以致用,体会到安培力在生产生活实践中的应用。

一、关于教学结构模式与教学流程的设计

(一)教学结构

为充分体现课程标准中要求培养学生自主探究学习的精神,在教学中可通过创设实验来探究安培力大小和安培力方向等的影响因素,让学生自主获取知识,培养对科学的好奇心与求知欲;关于安培力的实际应用,则在教学中还应该广泛联系生产生活实际,如电磁炮、电动机、电流表等工作原理,以体现教学内容的时代性。基于以上两点考虑,我们认为本节课的教学设计可遵循以下教学结构模式,如图5-1所示。

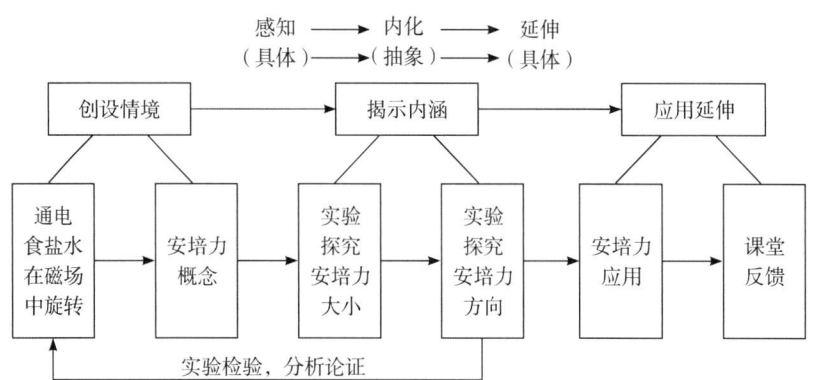

图5-1 "磁场对电流的作用"教学结构模式

(二)教学流程

根据上述教学结构模式,设计出如图5-2所示的教学流程图。

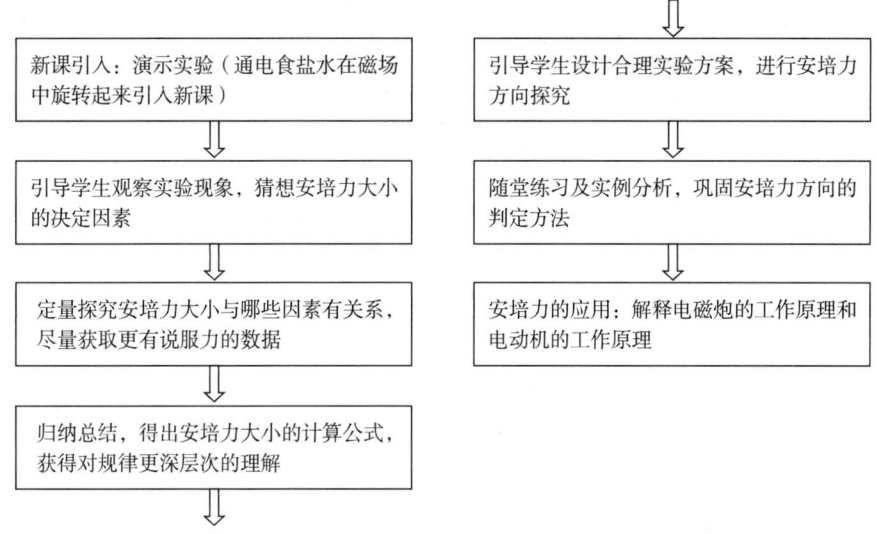

图 5-2 "磁场对电流的作用"教学流程

二、关于教学指导思想与教学过程的设计

(一)教学目标分析

本节课三维教学目标为[61]:①知识和技能:a.知道什么是安培力,知道安培力与哪些因素有关,掌握安培力的计算公式,会计算匀强磁场中安培力的大小;b.会用左手定则判断安培力的方向。②过程和方法:a.经历安培力大小、方向与哪些因素有关的探究过程,认识科学探究意义;b.体会控制变量法的研究方法。③情感、态度、价值观:a.培养学生动手能力、归纳能力和空间想象能力,在实验和讨论中培养学生的创新精神和合作意识;b.理论联系实际,开阔学生视野,建立科学的世界观。

(二)教学重难点分析

本节课教学重点是安培力计算公式和左手定则,教学难点是安培力大小和方向的探究。实验用器具有学生电源、滑动变阻器、蹄形磁铁(3个)、电磁铁、三角形线圈、弹簧秤、铁架台、磁电式仪表、"电磁炮"图片、开关、导线若干、教学课件等。

(三)教学过程分析

本节课主要教学过程设计如下:

教学过程	师生互动过程	设计意图与知识链接
引入新课 实验引入：我们一起来看个有趣的实验，将玻璃容器盛上适量食盐水，在水底和水上部放上电极，容器外用磁铁围绕成环形磁场。	实验现象：如图 5-3 所示，食盐水旋转起来。

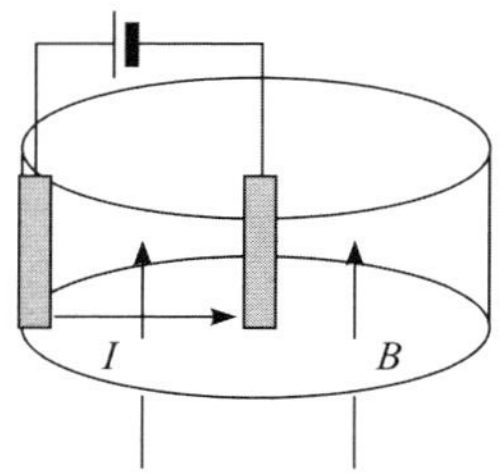

图 5-3 神奇的盐水 | 情景激学。 |
| **（一）安培力的概念** 当通电导体附近有磁铁时，通电导体会受到力的作用。当通电导体的电流方向改变或磁体的磁极位置变换时，通电导体的受力方向也会发生改变，说明磁场对电流的作用力的方向与电流方向和磁场方向有关。[38] 安培力：磁场对电流的作用力。 | 学生：按图 5-4 实物连线后在教师指导下进行实验。

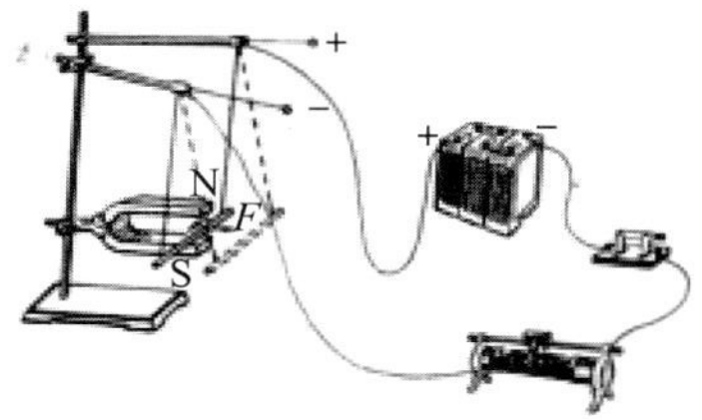

图 5-4 探究安培力实验 | 让学生感受磁场对电流的作用。 |

续表

教学过程	师生互动过程	设计意图与知识链接
(二)科学探究安培力大小与哪些因素有关 猜想与假设：引导学生在上述实验基础上提出猜想，安培力大小或与通电导线长度、电流及磁场等因素有关。 方法点拨：控制变量法。 实验条件：匀强磁场，通电导体与磁场垂直放置。 实验过程：如图5-5所示，实验时，通过对弹簧秤初始状态调零消除线圈重力的影响。为什么在此要将线圈做成三角形？这个问题留到课后再分析。 (1)在磁感应强度和通电导体在磁场中的长度不变的情况下，通过调节滑动变阻器改变线圈的电流大小，探究电流的大小和方向对安培力的影响。 (2)在磁感应强度与电流的大小和方向不变的情况下，通过把两个蹄形磁铁并排放入线圈下方，增加在磁场中的通电导体的长度，探究通电导体在磁场中的长度对安培力的影响。	学生：大胆猜想可能与通电导线的长度、电流以及磁场等因素有关。 教师：鼓励学生大胆猜想，这是研究物理问题的一种方法，但需要实验加以检验。 弹簧秤测量力的大小在竖直方向便于操作，故要引导学生想到对弹簧秤初始状态调零。同时通过对研究过程的影响。三角形磁铁中，并与调零消除线圈（多匝）与电源相连、线圈底边置于蹄形磁铁中，并与磁感线垂直。 教师：通过问题引导的方法，带领学生利用控制变量法设计实验原理。 围绕如何改变电流的大小、在磁场中的通电导体的长度及磁场强度展开讨论，最后设计出较定量地测出安培力大小的可行性操作方法（此处是主要是理论探究）。	教师引导学生在原有实验原理基础上改进实验方法。

续表

教学过程	师生互动过程	设计意图与知识链接
(3)在通电导体长度和电流不变的情况下,通过改变电磁铁电流的强度来改变磁场的强弱,探究磁感应强度的大小对安培力的影响。 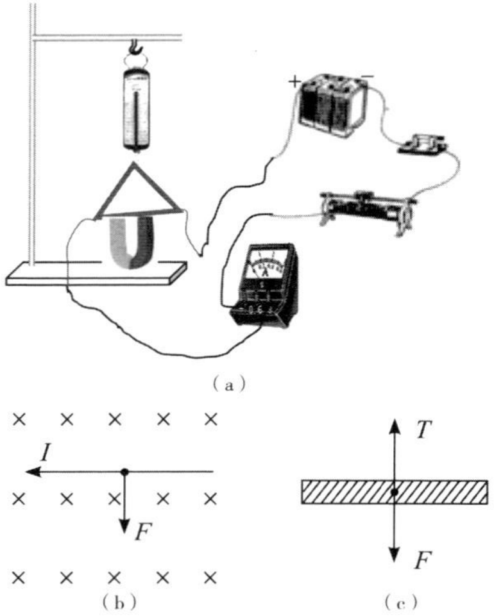	教师:在设计基础上进行演示实验。	**方法点拨:** 介绍在上述两个探究实验设计中,影响安培力的因素很多,如果将它们混在一起考虑,无法知道每个因素是怎样影响安培力的。因此,实验中通常只让某个因素(变量)变化,不让其他因素变化(控制变量),这样便知道这个因素是如何影响安培力的了,即为物理学中一种重要的物理研究方法——控制变量法。

图 5-5 安培力大小影响因素

续表

教学过程	师生互动过程	设计意图与知识链接
分析与讨论：由学生分析实验结果，可得出结论，见表 5-1～表 5-3。 **表 5-1 探究安培力大小** 磁感应强度 B 和通电导体在磁场中的长度 L 一定，改变电流强度 I 大小 | 电流 I 大小	安培力 F 大小	实验结论
I_0	F	安培力大小与电流 I 成正比
$2I_0$	$2F$	| **表 5-2 探究安培力大小** 磁感应强度 B 和电流强度 I 大小一定，改变通电导体在磁场中的长度 L | 长度 L 大小	安培力 F 大小	实验结论
L_0	F	安培力大小与通电导体 L 成正比
$2L_0$	$2F$			学生：参与设计实验的讨论，读取数据，记录数据方式得出实验结论（学生协助教师完成实验）。	突破教材传统定性的处理方法，尽量获得更有说服力的定量大小的实验数据。

续表

教学过程	师生互动过程	设计意图与知识链接
表5-3 探究安培力大小 通电导体在磁场中的长度 L 和电流强度 I 大小一定,磁感应强度 B 改变 | 磁感应强度 B	安培力 F 大小	实验结论 | | --- | --- | --- | | B_0 | F | 安培力大小与磁感应强度 B 成正比 | | $2B_0$ | $2F$ | | (三)安培力的大小 (1)在匀强磁场中,当通电导体棒与磁场方向垂直时,导体棒所受的安培力 F 最大,等于磁感应强度 B、电流 I 和导体棒长度 L 的乘积,即 $F=BIL$。[38] (2)在匀强磁场中,当通电导体棒与磁场方向平行时,导体棒所受的安培力 F 等于零。 强调: ①公式成立的前提条件——匀强磁场,通电导体棒与磁场方向垂直放置。 ②公式各物理量单位为国际单位:电流单位为 A、长度单位为 m,磁感应强度单位为 T,安培力单位为 N。	教师通过数据归纳,讲述安培力在一定条件下的决定关系(学习遵循由简单到复杂的原则,我们从认识导体棒与磁场垂直与平行这两种特殊的情况开始认识安培力。第115页的"拓展一步"让学生先课后阅读,下节课再讨论磁场与导体棒互成夹角的情况)。	对探究知识进行归纳总结,形成结论,获得对规律更深层次的理解。[39]

续表

教学过程	师生互动过程	设计意图与知识链接
（四）科学探究安培力方向与哪些因素有关 提出问题：从前面的实验中发现，当通电导体的电流方向改变或磁体的磁极位置交换时，通电导体的受力方向也会发生改变，说明安培力的方向与电流方向和磁场方向有关。怎样确定安培力的方向？ 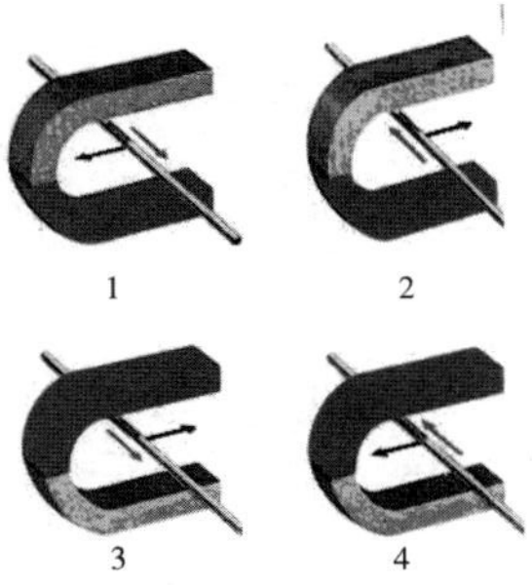 图5-6 安培力的方向影响因素	如图5-6所示，学生分组实验探究导体棒所受安培力的方向。	

续表

教学过程	师生互动过程	设计意图与知识链接
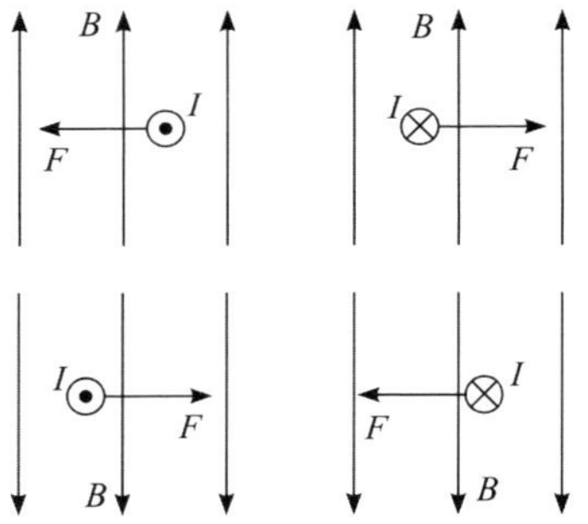 **图 5-7　电流、磁感应强度、安培力方向关系**	教师：引导学生尝试画出电流、磁感应强度、安培力方向的平面关系图，如图 5-7 所示。 学生分组探究：利用前面实验中记录的结果，通过归纳，发现规律。	让学生体验通过实验和归纳总结得出物理规律的过程与方法；在实验和讨论中培养学生的合作意识和创新精神。
学生通过实验总结的规律对未知的安培力方向做出判断，通过实验加以验证。 讲授： 左手定则内容：如图 5-8 所示，伸开左手，让大拇指与其余 4 个手指垂直，并与手掌在同一平面内，让磁感线垂直穿过手心，4 指指向电流方向，那么，大拇指所指方向即为通电导线在磁场中的受力方向。[38]	学生交流：学生交流自己的研究结果（教师要鼓励不同的描述）。 教师：归纳总结左手定则。 学生交流：再用新课引入时的通电食盐水在磁场中受力旋转的方向进一步印证左手定则的正确性。 教师：安培力的方向总是既垂直于磁场方向又垂直于电流方向的，教学中要注意纠正学生可能产生的电流方向、磁场方向和安培力方向总是相互垂直的错误认识。	形成结论。

第五章 专题研究性学习课程的教学课例研究

续表

教学过程	师生互动过程	设计意图与知识链接
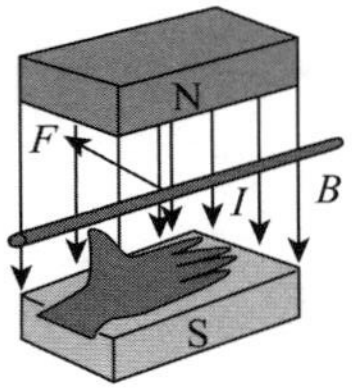 让导体棒与磁场不垂直，通以电流后，学生观察导体棒的运动情况。 （五）安培力就在你身边 提问：生活中的哪些事例与安培力有关？ （1）电磁炮（图5-9）。 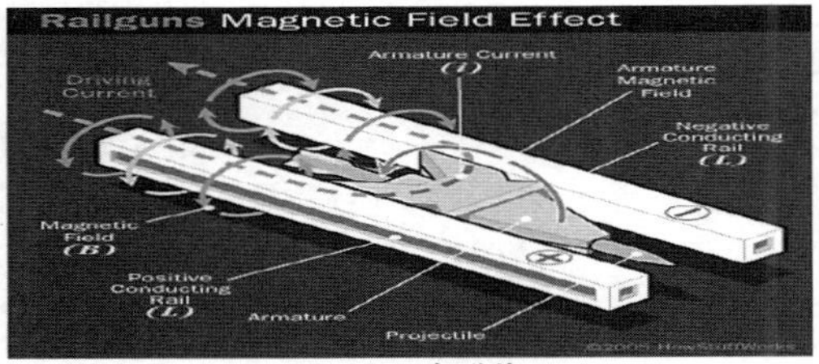 图5-8 左手定则 图5-9 电磁炮	学生通过课后第119页第5题的思考提出自己对于提高电磁炮炮弹发射速度的想法，教师总结并适度介绍电磁炮的相关知识。 教师总结提高电磁炮发射速度的方法：	开阔学生视野，培养其运用所学知识解决实际问题的意识和能力。

续表

教学过程	师生互动过程	设计意图与知识链接
由左手定则可判断炮弹受到平行于导轨向左的安培力。 (2)电动机(课堂上展示玩具上用的小电动机、电流计。 学生举例:录音机、洗衣机、电吹风。 教师:这些电器里的电动机正是靠安培力才转起来的。 课后思考: ①电动机的转动与哪些因素有关? ②结合安培力有关内容,尝试讨论电动机转动的快慢与哪些因素有关$(B,I,L_1,L_2,\theta$ 等)。	(1)增大导轨的电流。 (2)增强磁场。 (3)增大导轨间的距离。 (4)减小滑块与轨道摩擦。 (5)增加两导轨的长度。	给课堂留下思考空间,引导学生理论联系实际,鼓励学生课后查找资料,自己解决问题。

三、板书和课后小实验设计

(一)板书设计

(1)安培力的概念:磁场对电流的作用力。

(2)科学探究安培力。

安培力的大小:在匀强磁场中,当通电导体棒与磁场方向垂直时,导体棒所受安培力 F 最大,等于磁感应强度 B、电流 I 和导体棒长度 L 的乘积,即 $F=BIL$。

①公式成立的前提条件——匀强磁场,通电导体棒与磁场垂直放置。

②电流单位为 A,长度单位为 m,磁感应强度单位为 T,安培力单位为 N。

安培力的方向:遵循左手定则。

(3)安培力就在你身边:①电磁炮;②电动机;③电流计。

(二)课后小实验

会跳动的灯丝:找一块蹄形磁铁,让它慢慢地接近发光的白炽灯,灯丝会怎样?想想这是什么道理。(提示:发光的白炽灯丝中通过的是交变电流。)

四、教有所思

(一)关于安培力大小的探究

通过前面的学习,学生已经知道:电流的周围存在磁场,可以对其他磁体产生力的作用。因此,从知识上和心理上都比较容易接受磁场对电流的作用力。通过现象明显的演示实验,学生也较容易定性归纳出有哪些因素影响安培力的大小,同时,因为前面已经学习过使用控制变量法的情况,所以学生也比较快就可以得出用控制变量法来研究安培力 F 与 B、I、L 的关系。但对如何确定 F 与 B、I、L 的正比关系,会有较大困难,正因如此,本节课突破定性研究的传统处理方式,采用定量探究安培力大小的实验设计就显得弥足珍贵。实验中,弹簧秤在竖直方向测量力的大小便于操作,故要引导学生想到把蹄形磁铁竖起来,而设计的最巧妙之处在于通过对弹簧秤初始态调零,消除了线圈重力对研究过程的影响,从而利用弹簧秤能够简单直接地测量出线圈所受安培力 F 的变化,使学生直观定量地感知 F 与 B、I、L 之间的比例变化关系。这也是本节课的最大创新之处。

(二)关于安培力方向的探究

对安培力方向的判定比较抽象,需要较好的空间想象力。在教学处理上,可在演示实验中具体标出 F、B、I 的方向,化抽象为形象,突破理解难点。鉴于左手定则的重要性,课堂上也可要求学生分组实验,从各个角度探究左手定则内容,并通过实验来验证,这样既体现了实践第一的观点,又使物理规律具有强有力的说服力,体现了直观性原则。[59]

(三)关于公式 $F=BIL\sin\theta$ 的教学

对 $F=BIL\sin\theta$ 的推导,《高中物理课程标准》只要学生了解 B 与 I 垂直和平行两种情况下安培力的计算。但对于程度较好的学生也可引导其运用理论推导出该公式,旨在让学生深刻体悟到实验探究和逻辑推理相结合的物理学科的和谐之美。

不足之处:在教学实施中,应更加善待学生的即时课堂生成,努力挖掘教育资源。而关于安培力在现代科技生产实践中的应用的教学设计,更应关注学生运用所学知识解决实际问题的意识和能力的培养。

综上所述,我们的日常物理教学应当注重让学生亲身经历科学探究和动手实践的过程,注重体现"从生活走向物理,从物理走向社会"的新课程理念。教学实践表明,学生在亲历"感知—内化—延伸"的探究过程后,对物理规律会有更深刻的认识和体悟,也必将收获更多的成功体验。

第二节 测电源 E、r 实验中系统误差修正
——专题探究与规律教学的融合研究课例

在高中物理部分电学实验的实际测量中,往往忽略电表的影响,即近似地把电流表内阻 R_A 视为零,把电压表内阻 R_V 视为无穷大。但实际上,

电流表内阻的存在和电压表内阻的有限性,一般会引起系统误差。下面就以"伏安法测定电源电动势和内阻"实验为例,结合 3 个典型案例的诠释剖析,就电表内阻对系统误差的影响与修正做进一步探讨(分析系统误差时暂不考虑偶然误差影响)。

一、伏安法测定电动势和内阻的系统误差分析

图 5-10(a)和(b)所示的两种测定电路,是分别采用电流表的外接法和内接法来测量电源电动势和内阻。设电源电动势真实值为 E、测量值为 E',内阻真实值为 r、测量值为 r',电压表、电流表读数分别为 U 和 I。

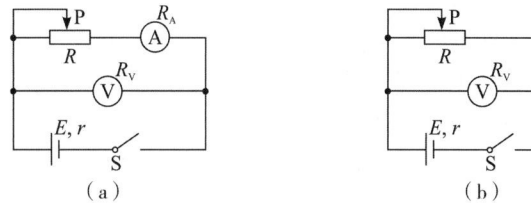

图 5-10　伏安法测定电动势和内阻

（一）系统误差产生原因

在图 5-10(a)中,电压表测定的电压 U 就是电源的实际路端电压,而电流表测定的电流 I 并不是通过电源的实际电流,通过电源的实际电流应为 $(I+U/R_V)$,其中 U/R_V 是通过电压表的电流。[47]因此,电压表的分流影响是引起此测量电路系统误差的原因。

在图 5-10(b)中,电流表测定的电流 I 就是通过电源的实际电流,但电压表测定的电压 U 并不是电源的实际路端电压,电源的实际路端电压应为 $(U+IR_A)$,其中 IR_A 是电流表分担的一部分路端电压。因此,电流表的分压影响是引起此测量电路系统误差的原因。

（二）等效电源法分析系统误差

关于测量电源电动势和内阻实验系统误差的分析,实际教学中常采用理论计算法或电源 U-I 图象法分析,但计算法运算较繁杂,图象法又较为抽象,下面尝试用等效电源法来分析。

等效电源处理方法是:将某元件从原电路中去除后剩余的电路网络看

成一个等效电源。去除该元件后,两接入点间的电势差等于等效电源的电动势 $E_{等效}$;将该元件去除后,同时将电路中电源去除(保留其内阻 r),两接入点间电阻等于等效电源的内阻 $r_{等效}$。[47]

图 5-10(a)方案是由于电压表的分流才导致产生系统误差,因此可将原电源与电压表并联起来视为一个等效电源(从 A、B 两点看进去),如图 5-11(a)所示。根据上述等效电源的处理方法,可得等效电源(新电源)的电动势和内阻,即原电源电动势和内阻的测量值分别为

$$E' = E_{等效} = U_{AB} = \frac{R_V}{R_V + r}E \tag{1}$$

$$r' = r_{等效} = \frac{R_V}{R_V + r}r \tag{2}$$

由(1)(2)式易得出:$E' < E$,$r' < r$。而图 5-10(b)方案因电流表分压产生系统误差,则原电源与电流表串联视为一等效电源,如图 5-11(b)所示。同理,原电源电动势和内阻测量值分别为

$$E' = E_{等效} = U_{AB} = E \tag{3}$$

$$r' = r_{等效} = r + R_A \tag{4}$$

由(3)(4)式易得出:电动势的测量是准确的,但 $r' > r$。显然此法分析较简捷。

另外,(1)式还表明内阻测量值 r' 相当于是电压表内阻 R_V 和电源内阻 r 的并联值,当 $r \ll R_V$ 时,$r' \approx r$。比如测量干电池内阻,由于其内阻约几欧,甚至更小,满足 $r \ll R_V$ 条件,这种情况下常采用电流表外接法测量。(4)式还表明内阻的测量值 r' 相当于是电流表内阻 R_A 和电源内阻 r 的串联值,当 $r \gg R_A$ 时,$r' \approx r$。比如测量芭乐、苹果等水果电池的内阻,由于其内阻约几百欧,甚至更大,满足 $r \gg R_A$ 条件,这种情况下常采用电流表内接法测量。

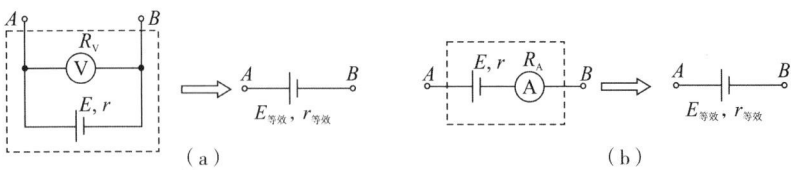

图 5-11 伏安法测定电动势和内阻

二、伏安法测定电动势和内阻的系统误差修正

(一)利用电源U-I图象分析进行误差修正

利用电流表内、外接法测得的两条电源U-I图线,能有效修正电表内阻引起的系统误差。

【案例 5-1】

同时利用两条电源U-I图线来准确测定电动势和内阻

在图5-12(a)中,待测电源的电动势和内阻设为E、r,S_2为单刀双掷开关。主要测量步骤有:①闭合开关S_1,将S_2置于图5-12(a)中1位置(对应电流表内接),调节滑动变阻器的滑片P,记录下多组电压表示数U和对应的电流表示数I,在图5-12(b)中绘出A线,其坐标轴横纵截距分别为I_A、U_A;②将S_2置于图5-12(a)中2位置(对应电流表外接),同理记录多组U、I值,在图5-12(b)中绘出B线,其坐标轴横纵截距分别为I_B、U_B。现进行以下两点讨论:

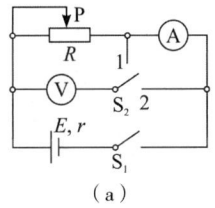
(a)
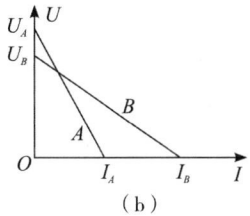
(b)

图 5-12 电源U-I图线测定电动势和内阻

(1)由于电流表外接法时电源电动势和内阻的测量值均小于真实值,而内接法时电动势的测量值等于真实值、内阻的测量值大于真实值,因此图5-12(b)中A、B两线的纵轴截距(表示电动势测量值)必然满足$U_A > U_B$,两线的斜率绝对值(表示内阻测量值)必然满足$k_A > k_B$。

(2)由A、B线知电流表外接时电动势和内阻的测量值分别为U_B和U_B/I_B,电流表内接时电动势的测量值为U_A,则由(1)(2)(3)式可得

$$\frac{R_V E}{R_V + r} = U_B \qquad (5)$$

$$\frac{R_V r}{R_V + r} = \frac{U_B}{I_B} \tag{6}$$

联立(5)(6)式,并考虑到 $E = U_A$,解得

$$E = U_A, \quad r = \frac{U_A}{I_B}$$

由于 U_A、I_B 均可准确获知,故上式表示的电动势 E 和内阻 r 是准确的。

(二)利用补偿电路设计进行误差修正

有时通过设计一些特殊补偿电路,来避免电表内阻引起的系统误差。[48] 下面列举两例。

【案例 5-2】

利用电桥式补偿电路来准确测定电动势和内阻

在图 5-13(a)中,E_s 是标准电池(电动势为 E_s,内阻不计),其电动势很稳定(如汞-镉电池在 20 ℃时的电动势为 1.083 V);AB 为均匀电阻丝,E 为待测电池(电动势 E 小于 E_s,内阻 r 未知)。E_s、R' 和电阻丝构成辅助电路。主要测量步骤有①测出电阻丝 A、B 两端点间的距离 L_0;②将电阻箱调至某一阻值 R,R' 调为零,闭合开关 S_1、S_2,调节 P 使电流计 G 示数为零,测出此时 AP 长度 L;③调节电阻箱,重复步骤②,记录多组 R 及对应的 L 值。

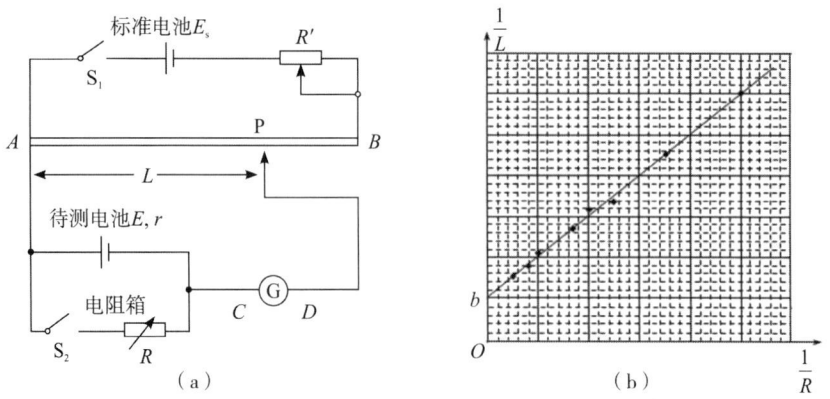

图 5-13 桥式补偿电路测定电动势和内阻

由于 G 表示数为零,则 $u_{CD}=I_G R_g=0$,即 $\varphi_C=\varphi_D$,且 G 表相当于断路,故这时有 $u_{AC}=u_{AP}$,即 $\dfrac{R}{R+r}E=\dfrac{L}{L_0}E_s$,变形得到 $\dfrac{1}{L}=\dfrac{E_s r}{EL_0}\cdot\dfrac{1}{R}+\dfrac{E_s}{EL_0}$,可见 $\dfrac{1}{L}-\dfrac{1}{R}$ 图象为一次函数,如图 5-13(b)所示。设图象的纵轴截距为 b、斜率为 k,则有

$$b=\frac{E_s}{EL_0} \tag{7}$$

$$k=\frac{E_s r}{EL_0} \tag{8}$$

联立(7)(8)式,解得

$$E=\frac{E_s}{bL_0},\quad r=\frac{EL_0 k}{E_s}=\frac{k}{b}$$

【案例 5-3】

利用等效式补偿电路来准确测定电动势和内阻

在图 5-14(a)中,E 是待测电源,E' 是辅助电源,灵敏电流计 G 为监视电流表,T 是一个常开开关,通常是断开,按下时接通,松开后又断开,防止 G 表中长时间有电流。E'、R' 和 A 表构成辅助电路。主要测量步骤有:①调节 R 的滑片到某一位置,闭合开关 S_1、S_2,短时间按下开关 T,观察 G 表示数,反复调节 R' 的阻值,直到使 G 表示数为零,记录下此时电压表 V 和电流表 A 的示数 U_1、I_1;②减小 R 的阻值,重复步骤①,再次记录下电压表 V 和电流表 A 的示数 U_2、I_2。

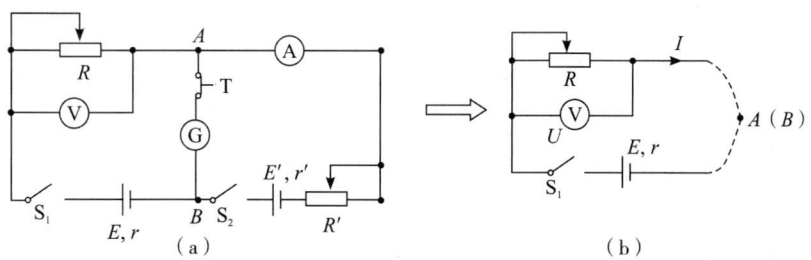

图 5-14 等效式补偿电路测定电动势和内阻

由于 G 表示数为零,有 $u_{AB}=I_G R_g=0$,则 A 点电势 φ_A 等于 B 点电势 φ_B,即 A、B 可视为同一点,因此图 5-14(a)中测量电路部分可等效为图

5-14(b)。由于不存在电流表分压产生的系统误差,电压表 V 测定的电压 U 就是电源实际路端电压,而通过电源的实际电流 I 又可由图 5-14(a)中的 A 表准确测得[这是因为图 5-14(a)中 G 表无分流],因此由 U_1、I_1、U_2、I_2,根据闭合电路欧姆定律得

$$E=U_1+I_1r \tag{9}$$

$$E=U_2+I_2r \tag{10}$$

联立(9)(10)式,解得

$$E=\frac{U_1I_2-U_2I_1}{I_2-I_1},r=\frac{U_1-U_2}{I_2-I_1}^{[38]}$$

由于 U_1、I_1、U_2、I_2 是准确的电源路端电压和干路总电流,不存在测量的系统误差,故上式表示的电动势 E 和内阻 r 是准确的。

在案例 5-2 和案例 5-3 中,由于含 G 表的回路中,A、B 间的电势降低,而反电动势 E 或 E',又将电势升高从而得到补偿,使 G 表中的电流为零,故含 G 表支路被称为补偿电路。[48]

三、教学小结

总之,上述 3 个典型案例的实验设计,在系统误差分析的基础上,体现了图象处理、电路补偿、电桥平衡以及等效替代等物理思想方法的应用,对巧妙解决电表内阻引起的系统误差问题做出有益探索。

第三节 "伏安法测量电表内阻"探究教学设计
——专题探究与实验教学的融合研究课例

物理实验的重大突破能有效促进物理学及相关技术的大力发展。如今的高考非常突显对实验探究能力的考查,其中电表内阻的测量是新课程高中物理实验教学中的难点之一,涉及电表内阻测量的考查在近年高考中时有出现,如 2017 年高考全国 Ⅱ 卷第 23 题(要求利用题设电路测量一量程为 100 μA、内阻大约为 2500 Ω 的微安表内阻,求解主要采用了电桥平衡

法的方法）。高中阶段电表内阻的测量方法有很多,常用的如半偏法、等效替代法和桥式电路法等,其中伏安法是高中物理中一种测量电表内阻的非常重要的方法,但由于采用该方法测量电表内阻时,实验室提供的实验器材往往种类繁多,规格也纷繁复杂,这给学生正确选择实验仪器、合理设计实验方案等带来很大的困难。教学实践表明,许多学生对这类设计性的实验问题不能灵活应变,常常感到茫然无助、束手无策,显然这也是我们高中物理实验教学中的一个疑难问题。为此,我们应该努力探索科学的实验教学方法,使学生在实验探究的实践中逐步了解和掌握一些科学研究的分析过程和思维方法,从而使其科学思维和科学探究等学科素养得到发展。[60] 笔者以为在提倡以"主动·探究·合作"为特征的探究性学习方式的今天显得尤为重要和迫切。下面就围绕培养学生良好的科学探究能力及创新思维品质,从实验测量原理的探析、设计方案的逐层剖析递进、探究思维的拓展提升3个方面,对"伏安法测量电表内阻"的探究式教学设计策略做一探讨。

一、高中物理探究式教学设计的指导思想

在传统教学模式中,教师在教学中往往忽视知识结论的产生过程,只重视结论的理解和应用。但物理教学的目的不仅仅是掌握现存的知识结论和物理问题的结果,更重要的是要让学生经历求知的过程、体验求知的乐趣。布鲁纳曾经说过:"知识是过程,不是结果。"笔者认为这也许正是《普通高中物理课程标准(2017年版)》每个要素的核心素养达成水平所倡导的。

正因为如此,我们应该把科学家从事科学研究的一些基本做法反映到实际教学中来,努力尝试让学生亲历科学结论的产生过程,即"问题—假设—求证—结论"的探究路径[62]。只有这样,学生才能体会到科学探索的艰辛,才能在探究成功后发出"哇"的欢呼声,从而进一步提高学生的科学探究能力。也只有这样,才能使教师在传授知识的同时,将科学的研究方法和思维品质潜移默化地传给学生,使学生受益终身。

二、"伏安法测量电表内阻"的探究式教学设计

(一)探析测量原理,引导建构设计框架

任何一个测量性物理实验,关键都是首先要明确其核心的实验原理,这样在实际问题情景中才能有一个较明确的思维方向,有助于提高解决问题的效率。笔者在实际教学中,首先探析在几种常见情况下的"伏安法测量电表内阻"主要设计思路,引导学生一起归纳总结出测量原理,从而建构起这类问题的设计框架。

(1)电流表、电压表各一只,可以测量它们的内阻,如图 5-15 和图 5-16 所示。

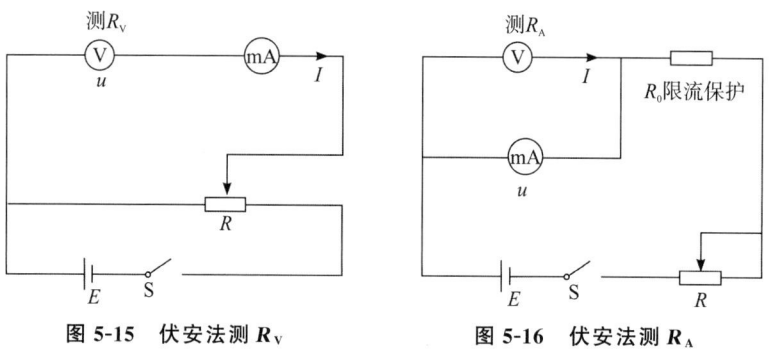

图 5-15 伏安法测 R_V 图 5-16 伏安法测 R_A

$R_V = \dfrac{u}{I}$,I 较小,常使用毫安表 $R_A = \dfrac{u}{I}$,u 较小,常使用毫伏表

(2)两只同种电表,若知道一只的内阻,可测量另一只的内阻,如图 5-17 和图 5-18 所示。

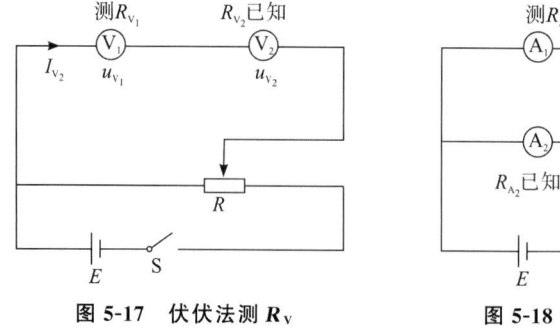 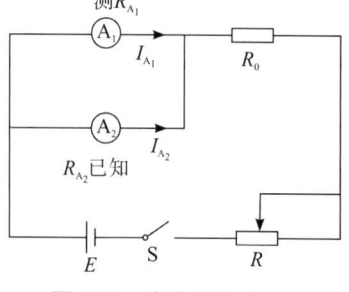

图 5-17 伏伏法测 R_V 图 5-18 安安法测 R_A

$$R_{V_1} = \frac{u_{V_1}}{I_{V_2}} = \frac{u_{V_1}}{\left(\dfrac{u_{V_2}}{R_{V_2}}\right)} \qquad R_{A_1} = \frac{u_{A_2}}{I_{A_1}} = \frac{I_{A_2} R_{A_2}}{I_{A_1}}$$

(3)两只同种电表,若内阻都未知,则需要借助一只阻值已知的定值电阻或电阻箱才能测量电表的内阻,如图 5-19 和图 5-20 所示。

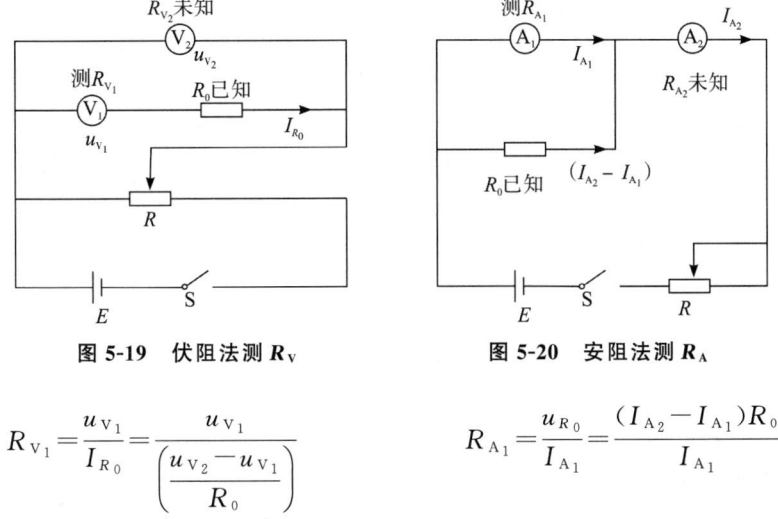

图 5-19　伏阻法测 R_V　　　　图 5-20　安阻法测 R_A

$$R_{V_1} = \frac{u_{V_1}}{I_{R_0}} = \frac{u_{V_1}}{\left(\dfrac{u_{V_2} - u_{V_1}}{R_0}\right)} \qquad R_{A_1} = \frac{u_{R_0}}{I_{A_1}} = \frac{(I_{A_2} - I_{A_1}) R_0}{I_{A_1}}$$

从上述伏安法测电表内阻的测量原理可知,我们不但充分利用到了电流表、电压表自报电流和自报电压的功能(即电流表、电压表本身就是一个用电器,电流表示数也可表示通过其本身的电流强度,电压表示数也可表示加在其两端的电压),而且还充分彰显了电流表、电压表和阻值已知的定值电阻的一些反常规使用。具体来说,可总结出以下几点:

(1)一只内阻已知的电压表可视为一只小量程的电流表用来测电流,如图 5-21 所示。

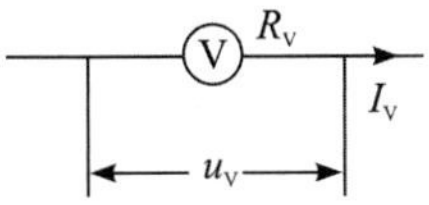

$$I_V = \frac{u_V}{R_V}$$

图 5-21　已知内阻的电压表视为电流表

一只内阻已知的电流表可视为一只小量程的电压表用来测电压,如图 5-22 所示。

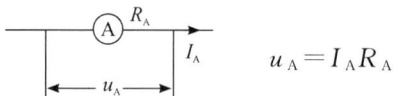

$$u_A = I_A R_A$$

图 5-22　已知内阻的电流表视为电压表

（2）一个阻值已知的定值电阻 R 可视为一只电流表用来测电流（$I_R = u_R/R$），可视为一只电压表用来测电压（$u_R = I_R R$）。

（3）特殊情况下，测电流表内阻可用一个内阻已知的另一只电流表或阻值已知的定值电阻与之并联，以便求出该待测电流表两端的电压。

（4）特殊情况下，测电压表内阻可用一个内阻已知的另一只电压表或阻值已知的定值电阻与之串联，以便求出通过该待测电压表的电流。

另外，上述方法中测电压表内阻时，由于一般有 $R_{滑\max}$ 远小于 R_V，故滑动变阻器常连接成分压器电路。

（二）逐层剖析递进，充分展示思维过程

【案例 5-4】

某同学为了测电流表 A_1 的内阻精确值，有如下器材：

器材（代号）	规格
电流表 A_1	量程 300 mA，内阻约为 5 Ω
电流表 A_2	量程 600 mA，内阻约为 1 Ω
电压表 V	量程 15 V，内阻约为 3 kΩ
滑动变阻器 R_1	0～10 Ω，额定电流为 1 A
滑动变阻器 R_2	0～250 Ω，额定电流为 0.01 A
电源 E	电动势 3 V，内阻较小
定值电阻 R_0	阻值为 5 Ω
电键 S	
导线若干	

（1）要求待测电流表 A_1 的示数从零开始变化，且多测几组数据，尽可能减少误差，以上给定的器材中滑动变阻器应选_____。在方框内画出测量用的电路原理图，并在图中标出所用仪器的代号。

（2）若选测量数据中的一组来计算电流表 A_1 的内阻 r_1，则 r_1 的表达式为 $r_1 = $ _____；式中各符号的意义是 _____
____。

该题的参考答案如下:

(1)R_1 电路原理图如图 5-23 所示。

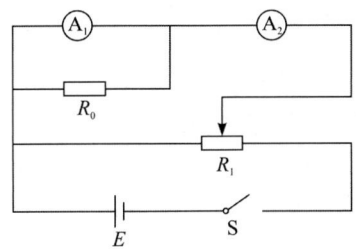

图 5-23　测电流表 A_1 的内阻

(2)$r_1 = \dfrac{I_2 - I_1}{I_1} R_0$,$I_1$、$I_2$ 分别表示电流表 A_1、A_2 示数。

这道实验题我们采用过两种不同的教学方法,却收到了两种完全不同的教学效果。

教学模式1:把预先设计好的测量用的电路原理图先画出来,然后引导学生分析得出待测电流表 A_1 的内阻表达式为 $r_1 = \dfrac{I_2 - I_1}{I_1} R_0$。

应该说这种教学方式能够很顺利地完成教学任务,但在课堂上并没有充分发挥学生自主探究作用,这个电路原理图是怎么设计出来的?为什么要这样设计?别的设计方案存在什么缺陷?等等问题学生一概不知,知其然而不知其所以然,结果是题目稍做变化又束手无策了。后来我们反思这种教学方式,认为学生对这类问题的实验与探究能力不能得到很好的提升,也无法达到探究式教学的目的。

教学模式2:笔者充分展示该电路原理图的设计思维过程,即引导学生注重体验设计方案是如何一步一步逐步完善起来的,并允许他们在探究中失败。设计流程如下:

(1)V 表量程太大,不能并联在 A_1 表两端测电压。

(2) $r_1 = \dfrac{I_2 r_2}{I_1}$,但由于 r_2 未知,故 r_1 无法测得。

(3) $r_1 = \dfrac{I_2(R_0 + r_2)}{I_1}$,但 r_2 未知,故 r_1 仍无法测得。

(4) ![电路图] $r_1 = \dfrac{(I_2 - I_1)R_0}{I_1}$,由于 R_0 已知,而 I_1、I_2 又

可从 A_1 表和 A_2 表测得,故该方案测 r_1 可行。

(5) R_2 的总阻值远大于待测 A_1 表的内阻 r_1,则 R_2 无论连接成分压电路还是限流电路均不便调节,为此滑动变阻器应选总阻值较小的 R_1。同时考虑到 A_1 表要求从零开始变化,故 R_1 应采用分压电路。

综上所述,通过上述 5 个步骤对方案的逐步完善,最终设计出的电路图如图 5-23 所示。

教学模式 2 作为理论探究,逐层剖析递进得出较科学的设计方案,实践表明其能有效激发起学生参与探究的积极性和热情,同时也能让学生从中充分体验到设计方案一步一步最终成型起来的乐趣。通过两次不同的教学方式的尝试,笔者对探究式教学有所感悟、有所发现。

(三)拓展挖掘提升,追寻探究思维真谛

在上面两个步骤的基础上,为了进一步提高学生的实验分析能力,我们可以通过例析的方式对"伏安法测量电表内阻"的实验原理进行适当拓展和提升。

(1)内阻已知的电流表视为电压表测电压时若量程太小,则可使之串联一个阻值已知的较大电阻或电阻箱以分压而扩大测电压的量程,如图 5-24 所示。

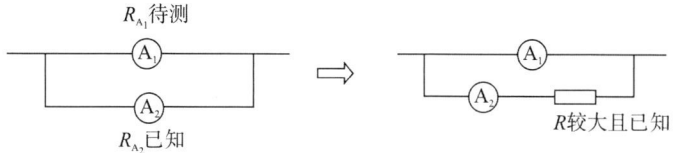

图 5-24 扩大测电压的量程

$$R_{A_1} = \dfrac{u_{A_1}}{I_{A_1}} = \dfrac{I_{A_2}(R_{A_2} + R)}{I_{A_1}}$$

若 $u_{A_2m} = I_{A_2m} \cdot R_{A_2}$ 比 $u_{A_1m} = I_{A_1m} \cdot R_{A_1}$ 小很多,则 A_2 表满偏了,而

A_1 表可能还不到半偏，甚至还不到 $\frac{1}{3}$ 满偏，A_1 表的读数误差较大，为此可让 A_2 表串联一个阻值已知的较大电阻 R。

(2)内阻已知的电压表视为电流表测电流时若量程太小，则可在其两端并联一个阻值已知的较小电阻或电阻箱以分流而扩大测电流的量程，如图 5-25 所示。

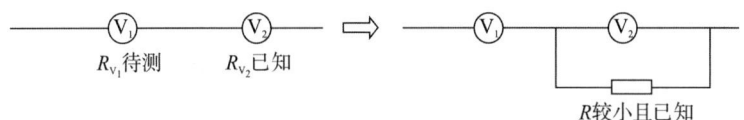

图 5-25　扩大测电流的量程

$$R_{V_1}=\frac{u_{V_1}}{I_{V_1}}=\frac{u_{V_1}}{\dfrac{u_{V_2}}{\left(\dfrac{R_{V_2}R}{R_{V_2}+R}\right)}}$$

若 $I_{V_2m}=\dfrac{u_{V_2m}}{R_{V_2}}$ 比 $I_{V_1m}=\dfrac{u_{V_1m}}{R_{V_1}}$ 小很多，则 V_2 表满偏了，而 V_1 表可能还不到半偏，甚至不到 1/3 满偏，那么 V_1 表的读数误差较大，为此可让 V_2 表并联一个阻值已知的较小电阻 R。

[案例 5-5]

某电流表 mA 的量程 $I_0=50$ mA，内阻 $I_0=50$ Ω，其表盘刻度线已模糊不清，要通过测量来重新标示出从零到满刻度的刻度值，现有下列器材：

A. 待测电流表 mA　　　　　B. 6 V 直流电源 E
C. 变阻器 R_1(0～10 Ω,1 A)　D. 变阻器 R_2(0～100 Ω,50 mA)
E. 电流表 A_1(0.6 A,0.5 Ω)　F. 电流表 A_2(3 A,0.01 Ω)
G. 5 Ω 定值电阻 R_3　　　　H. 20 Ω 定值电阻 R_4
I. 开关及导线若干

(1)应选用的器材有＿＿＿＿＿＿＿＿(填器材序号)。
(2)画出实验电路图。
(3)待测电流表刻度值的表达式 $I_{mA}=$ ＿＿＿＿＿＿，式中各物理量所表示的意义分别为＿＿＿＿＿＿＿＿＿＿。

该题的参考答案如下：
(1)A、B、C、E、G、I。

(2)电路图如图 5-26 或图 5-27 所示。

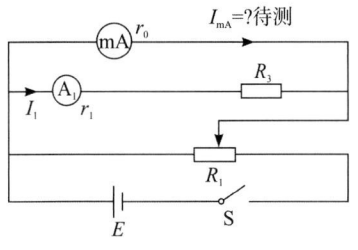
图 5-26　方案 1 原理图

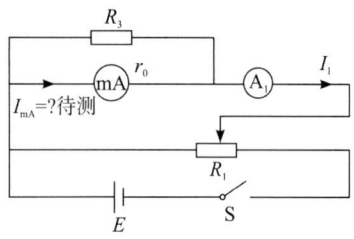
图 5-27　方案 2 原理图

(3)$I_{mA}=\dfrac{I_1(r_1+R_3)}{r_0}$ 或 $I_{mA}=\dfrac{R_3}{r_0+R_3}I_1$,式中各物理量所表示的意义见图中所标示。

在实际教学中,对该题的探究式教学设计流程做了如下尝试:

(1)欲测 I_{mA},而其内阻 $r_0=50\ \Omega$ 已知,则由伏安法知须测出待测 mA 表两端电压。

方案 1:

①将一架内阻已知的电流表并联在待测 mA 表两端测电压,视为一架小量程的电压表:

$I_{mA}=\dfrac{I_{A_1}\cdot r_1}{r_0}$ 或 $I_{mA}=\dfrac{I_{A_2}\cdot r_2}{r_0}$ 原理上可行。下面讨论精度问题:

$u_{mA\,max}=I_{mA\,max}\cdot r_0=I_0\cdot r_0=50\times10^{-3}\times50\ \text{V}=2.5\ \text{V}$,而

$\left.\begin{array}{l}u_{A_1\,max}=I_{A_1\,max}\cdot r_1=0.6\times0.5\ \text{V}=0.3\ \text{V}\\ u_{A_2\,max}=I_{A_2\,max}\cdot r_2=3\times0.01\ \text{V}=0.03\ \text{V}\end{array}\right\}$ 均$\ll u_{mA\,max}$

可见:

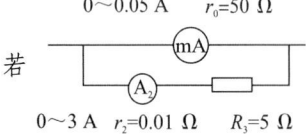

均不宜采用。(因为 A_1、A_2 表满偏了,而 mA 表偏转角度太小,导致其读数误差太大。)

②须将电流表 A_1 或 A_2 测电压量程扩大,则将一定值电阻与之串联:

若（0～0.05 A　$r_0=50\ \Omega$；0～3 A　$r_2=0.01\ \Omega$　$R_3=5\ \Omega$）

$I_{A_2\max}(r_2+R_3)=3\times(0.01+5)\text{ V}\approx 15\text{ V}\gg u_{mA\max}=2.5\text{ V}$。

可见,若将电流表 A_2 串联 R_3,电流表 A_2 测电压的量程又扩大得太多了。同理,若电流表 A_2 串联 $R_4=20$ Ω 就更不行了。

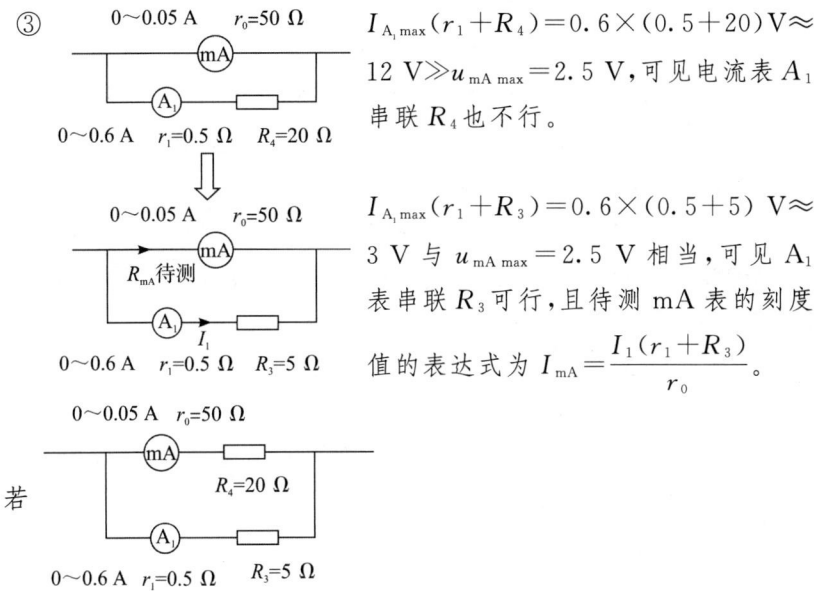

$I_{A_1\max}(r_1+R_4)=0.6\times(0.5+20)\text{ V}\approx 12\text{ V}\gg u_{mA\max}=2.5\text{ V}$,可见电流表 A_1 串联 R_4 也不行。

$I_{A_1\max}(r_1+R_3)=0.6\times(0.5+5)\text{ V}\approx 3\text{ V}$ 与 $u_{mA\max}=2.5\text{ V}$ 相当,可见 A_1 表串联 R_3 可行,且待测 mA 表的刻度值的表达式为 $I_{mA}=\dfrac{I_1(r_1+R_3)}{r_0}$。

mA 表满偏其支路两端需加电压:$I_{mA\max}(r_0+R_4)=0.05\times(50+20)\text{ V}\approx 3.5\text{ V}$,$A_1$ 表支路两端所能提供的最大电压为 $I_{A_1\max}(r_1+R_3)=0.6\times(0.50+5)\text{ V}\approx 3\text{ V}$,可见 mA 表无法满偏,这不符合题目要求,故在 mA 表的支路中不能再串联 R_4。

方案 2:

将一阻值已知的定值电阻并联在待测 mA 表两端测电压,视为一电压表

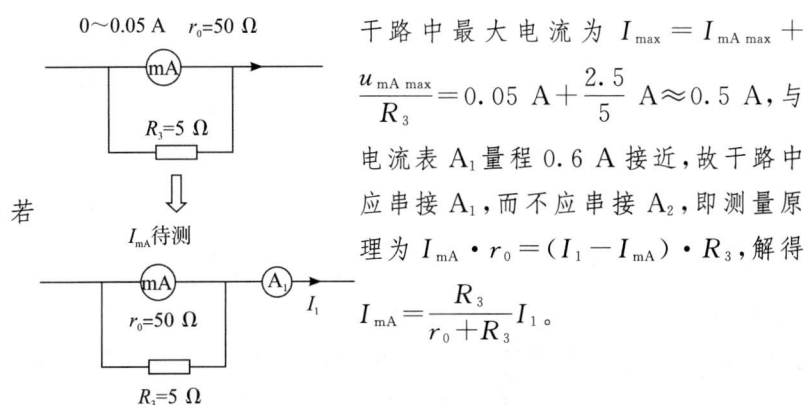

干路中最大电流为 $I_{\max}=I_{mA\max}+\dfrac{u_{mA\max}}{R_3}=0.05\text{ A}+\dfrac{2.5}{5}\text{ A}\approx 0.5\text{ A}$,与电流表 A_1 量程 0.6 A 接近,故干路中应串接 A_1,而不应串接 A_2,即测量原理为 $I_{mA}\cdot r_0=(I_1-I_{mA})\cdot R_3$,解得 $I_{mA}=\dfrac{R_3}{r_0+R_3}I_1$。

若 [电路图：0~0.05 A mA表 $r_0=50\ \Omega$，$R_4=20\ \Omega$]

干路中最大电流为 $I_{\max}=I_{\text{mA max}}+\dfrac{u_{\text{mA max}}}{R_4}=$ 0.05 A $+\dfrac{2.5}{20}$ A ≈ 0.175 A，比电流表 A_1 量程 0.6 A 小很多，更是远小于 A_2 量程 3 A，这将导致干路中串联 A_1 或 A_2 均不适宜，所以不能通过并联 R_4 用来测 mA 表两端电压。

（2）上述方案 1 或方案 2 中工作电路的总电阻均约 5 Ω，远小于滑动变阻器 $R_{2\max}=100$ Ω，则 R_2 滑动变阻器无论采用限流式还是分压式电路连接均不方便调节。而滑动变阻器 $R_{1\max}=10$ Ω 与 5 Ω 较接近，方便调节，故应选用 R_1 变阻器。

（3）题目又要求在 mA 表的表盘上标出从零到满刻度的刻度值，所以变阻器 R_1 须采用分压电路。

综上所述，通过上述 3 个步骤对实验方案的逐步完善，最终设计出的实验电路图如图 5-26 或图 5-27 所示。

三、达到的教学效果及启示

（一）关于"实验原理设计"

物理是一门实验科学，在实验教学中要充分培养学生探究物理规律的各项技能和方法。实验探究式教学就是针对这个要求提出的，其特点是以学生认知程序为教学主线，即教师根据学生认知特点，遵循科技人员应用设计的思维方法，模拟科学家进行实验探究情景，通过铺设知识和思维台阶[46]，展现实验探究过程，在教师导航下，通过师生双方互动式的教学活动来引导学生进行科技实验探索。

（二）关于"进阶体悟式教学模式"

实践证明，本设计的教学结构合理，教学过程注重启发式和探究式教学方式的运用，努力构建进阶式的物理课堂，课堂上师生互动、生生互动，充满生命活力，核心素养四维教学目标较有效达成。[63] 通过对"伏安法测量电表内阻"的探究式教学，我们项目组对体悟式学习有了一个全新的认识。

进阶体悟式教学模式作为一种新的教学模式，无章可循。践行探究体悟式的教学，努力挖掘物理教学中赋有启发性、探索性的内容，为学生探究和创新提供广阔的活动空间和思维空间，即让学生拓宽视野，插上思考的翅膀，体会到探究真理的方法，收获创新思维的乐趣，从而在物理学和谐美的殿堂中唤起学生的情感体验，逐步培养起求真、求实、求善的科学精神。这也许是这次探究式教学带给我们的最好收获！

第四节 "等效负载法"处理变压器问题
—— 专题探究与习题教学的融合研究课例

变压器相关问题的解决，能够有效促进学生正确理解和感悟科学·技术·社会·环境（STSE）之间的协同关系，对物理学知识的学以致用颇具现实意义。含变压器电路的有关疑难问题涉及的变量通常较多，同时，电路结构往往也较为复杂，所以有些物理量的变化用常规方法分析显得较为烦琐，甚至难以解决。教学实践表明，通过引入变压器电路的等效负载的方法讨论其电路中的电压、电流和功率等的变化情况，相对于常规分析方法，不但更加方便，可以使疑难问题迎刃而解，而且还可以让学生从中收获到探究的成功感，促进其逻辑推理与科学思维能力的提高。本教学课例试图通过 3 道变压器典型例题的深入剖析，对如何利用等效负载法处理变压器的有关疑难问题及所获教学启示做一粗浅探讨。

一、利用等效负载法处理变压器的两个核心问题

近年高考中关于理想变压器的考点，常涉及变压器的动态分析和远距离高压输电这两个核心问题的考查。针对其中的疑难问题，有时可以运用等效替代的物理思想，通过引入变压器电路等效负载的方法解决，称为理想变压器电路问题的"等效负载法"。

如图 5-28 所示，令 $\dfrac{n_1}{n_2}=k$，则有 $U_1=kU_2$，$I_1=\dfrac{I_2}{k}$，故 A、B 两点间的等

效负载电阻为 $R_{等效}=\dfrac{U_1}{I_1}=k^2\dfrac{U_2}{I_2}=k^2R$。

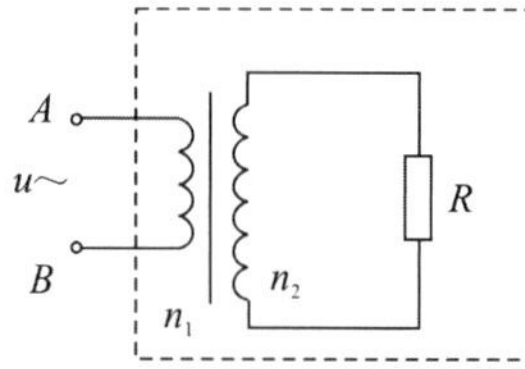

下面我们利用等效负载法对含变压器电路的有关疑难问题做一些探讨。

（一）理想变压器的动态分析问题

理想变压器的动态分析是指含有理想变压器的电路结构变化时，讨论变压器的输入和输出电压、输入和输出电流、输入和输出功率等的变化情况。如图 5-29 所示，常见的理想变压器的动态分析问题一般有两种类型：一是匝数比 n_1/n_2 不变，负载电阻 R 变化的情况；二是匝数比 n_1/n_2 变化，负载电阻 R 不变的情况。

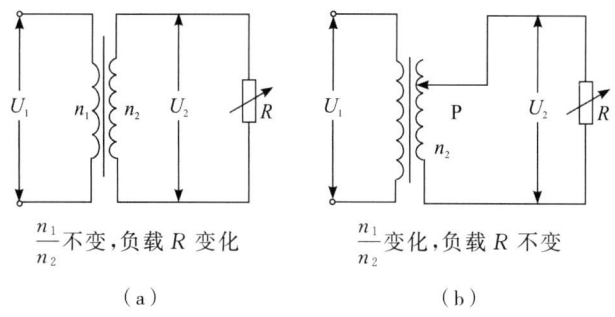

图 5-28　等效负载法

$\dfrac{n_1}{n_2}$ 不变，负载 R 变化
（a）

$\dfrac{n_1}{n_2}$ 变化，负载 R 不变
（b）

图 5-29　理想变压器动态分析

关于理想变压器的动态分析，通常遵循如下的分析思路流程：

$U_1 \xrightarrow[\text{决定}]{\frac{U_1}{U_2}=\frac{n_1}{n_2}} U_2 \xrightarrow[\text{决定}]{I_2=\frac{U_2}{R_{负载}}} I_2 \xrightarrow[\text{决定}]{\frac{I_1}{I_2}=\frac{n_2}{n_1} \text{或} P_1=P_2(U_1I_1=U_2I_2)}$

$I_1 \xrightarrow[\text{决定}]{P_1=U_1I_1} P_1$

【例 5-1】(2016 全国卷 16 题) 一含有理想变压器的电路如图 5-30(a) 所示，图中电阻 R_1、R_2 和 R_3 的阻值分别是 3 Ω、1 Ω 和 4 Ω，Ⓐ为理想交流电流表，U 为正弦交流电压源，输出电压的有效值恒定。当开关 S 断开时，电流表的示数为 I；当 S 闭合时，电流表的示数为 $4I$。该变压器原、副线圈匝数比为（　　）。

A. 2　　B. 3　　C. 4　　D. 5

答案：B

解法一：利用常规分析法求解，当 S 断开时，电路如图 5-30(b)所示，由闭合电路欧姆定律，原线圈两端电压 $U_1 = U - IR_1$，得

$$U_1 = U - 3I \quad (1)$$

根据变压器变压比公式，得

$$\frac{U_1}{U_2} = \frac{n_1}{n_2} \quad (2)$$

副线圈中的电流

$$I_2 = \frac{U_2}{R_2 + R_3} = \frac{U_2}{5} \quad (3)$$

联立(1)(2)(3)式解得

$$\left(\frac{n_1}{n_2}\right)^2 = \frac{U - 3I}{5I} \quad (4)$$

当 S 闭合时，电路如图 5-30(c)所示，这时电流表的示数为 $4I$，同理可得

$$\left(\frac{n_1}{n_2}\right)^2 = \frac{U - 12I}{4I} \quad (5)$$

联立(4)(5)式解得

$$\frac{n_1}{n_2} = 3$$

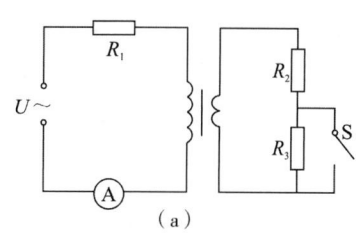

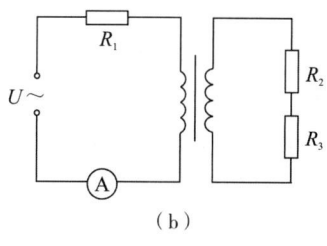

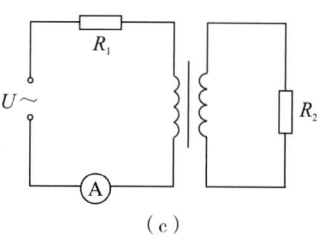

图 5-30　2016 全国卷 16 题

解法二：利用变压器电路等效负载法求解。

设原、副线圈匝数比为 k，则当开关 S 断开时，变压器的等效负载

$$R = k^2(R_2 + R_3)$$

当开关 S 闭合时，变压器的等效负载

$$R' = k^2 R_2$$

根据闭合电路欧姆定律有

$$U = I(R_1 + R) = 4I(R_1 + R')$$

代入数据可得 $k = 3$，所以 B 正确。

点评：本题由于原线圈回路有串联电阻 R_1，导致原线圈两端电压不等于电源电压，这是这道题的易错之处。这种原线圈串有电阻的试题尽管近年高考已有出现，但是由于副线圈回路中开关 S 有开、关两种状态，且题设

给定的是流过原线圈电路的电流,因而增大了这道题的难度。本题有多种解法,解法二由于采用了变压器电路等效负载法处理,解题思路上要比解法一更加直观和简洁,且运算量也相对更小。

(二)远距离高压输电问题

关于远距离高压输电,可按"发电机→升压变压器→远距离输电线→降压变压器→用电器"或从用电器倒推到发电机的顺序一步一步进行分析。联系各回路的纽带是原、副线圈电压、电流与匝数的关系及输入功率和输出功率的关系。教学中,首先要求学生能够正确认识和理解远距离高压输电的电路图,这其实就是一个物理建模的过程。在此基础上,再引导学生明确解题的关键是要能够正确分析出远距离输电线上的输电电流 $I_{线}$ 和损耗的电功率 $P_{损}$。如图 5-31 所示,输电线上的输电电流 $I_{线} = \dfrac{P_2}{U_2} = \dfrac{P_3}{U_3} = \dfrac{\Delta U}{R_{线}} = \sqrt{\dfrac{P_{损}}{R_{线}}}$,输电线上损耗的电功率 $P_{损} = P_2 - P_3 = I_{线}^2 R_{线} = \Delta U \cdot I_{线} = \dfrac{(\Delta U)^2}{R_{线}}$。

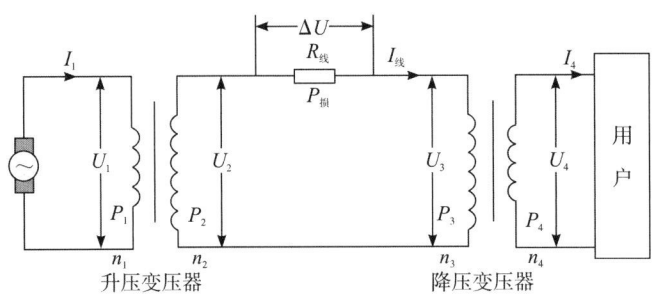

图 5-31 远距离高压输电

【例 5-2】如图 5-32(a)所示为某水电站的电能输送示意图,升压变压器原、副线圈匝数比为 1∶10,降压变压器的副线圈接有负载 R,升压、降压变压器之间的输电线路的电阻不能忽略,变压器均为理想变压器,升压变压器左侧输入如图 5-32(b)所示的交变电压,下列说法中正确的是( )。

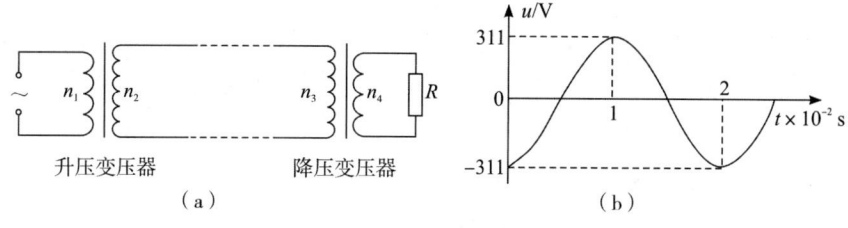

图 5-32　例 5-2 图

A. 交变电流的频率为 100 Hz
B. 升压变压器副线圈输出电压为 22 V
C. 只增加升压变压器副线圈匝数可减少输电损失
D. 当 R 减小时,发电机的输出功率减小

答案:C

解析:本题前 3 个选项的解析,相对比较常规,笔者此处不再累述。而关于本题第 4 个选项的分析,相对比较复杂,也是本题的亮点之处。下面利用变压器电路等效负载法来讨论。

如图 5-32(a)所示,令 $\dfrac{n_1}{n_2}=k$, $\dfrac{n_3}{n_4}=k'$,则有 $U_1=kU_2$, $I_1=\dfrac{I_{线}}{k}$, $U_3=k'U_4$, $I_{线}=\dfrac{I_4}{k'}$。

图中含升、降压变压器的等效负载:

$$R_{等效}=\dfrac{U_1}{I_1}=k^2\dfrac{U_2}{I_{线}}=k^2\left(R_{线}+\dfrac{U_3}{I_{线}}\right)=k^2\left(R_{线}+k'^2\dfrac{U_4}{I_4}\right)=k^2(R_{线}+k'^2R)$$

可见当负载 R 减小时,$R_{等效}$ 减小,再由 $P_1=\dfrac{U_1^2}{R_{等效}}$ 知,升压变压器的输入功率 P_1 增大,即发电机的输出功率增大,选项 D 错误。

点评:当用户负载变化时,发电机的输出功率是否改变?在实际教学中,发现不少学生将发电机的输出功率当成默认不变来处理,这是高压输电问题中常出现的一个思维误区,也是一个教学难点。

【例 5-3】(2014 福建卷 16 题)图 5-33 所示为模拟远距离输电实验电路图,两理想变压器的匝数 $n_1=n_4<n_2=n_3$,4 根模拟输电线的电阻 R_1、R_2、R_3、R_4 的阻值均为 R,A_1、A_2 为相同的理想交流电流表,L_1、L_2 为相同的小

灯泡,灯丝电阻 $R_L > 2R$,忽略灯丝电阻随温度的变化,当 A、B 端接入低压交流电源时(　　)。

A. A_1、A_2 两表的示数相同

B. L_1、L_2 两灯泡的亮度相同

C. R_1 消耗的功率大于 R_3 消耗的功率

D. R_2 两端的电压小于 R_4 两端的电压

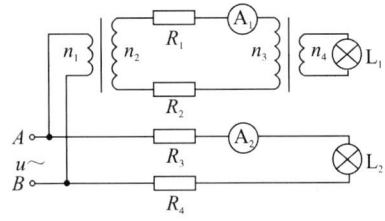

图 5-33　2014 福建卷 16 题图

答案:D

解析:尝试从以下 4 个方面做一深入的剖析和探讨。

(1)错误解析:

由于 $n_1 < n_2$,因此左边的理想变压器为升压变压器,低压交流电源经过升压变压器后,由于功率不变,因此电流变小,则 A_1 表的示数 I_{A_1} 小于 A_2 表示数 I_{A_2},选项 A 错误;由 $\dfrac{U_1}{U_2}=\dfrac{n_1}{n_2}$,$U_3=U_2-I_{A_1}\cdot 2R$ 及 $\dfrac{U_3}{U_4}=\dfrac{n_3}{n_4}$ 可知,L_1 两端的电压 $U_{L_1}=U_4=U_1-\dfrac{n_4}{n_3}I_{A_1}\cdot 2R$,又 L_2 两端电压 $U_{L_2}=U_1-I_{A_2}\cdot 2R$,因 $\dfrac{n_4}{n_3}I_{A_1}<I_{A_2}$,故 $U_{L_1}>U_{L_2}$,由 $P=\dfrac{U^2}{R}$ 可知,L_1 的功率大于 L_2 的功率,所以 L_1 的亮度大于 L_2,选项 B 错误;由于 A_1 表的示数小于 A_2 表的示数,由 $P=I^2R$ 可知,R_1 消耗的功率小于 R_3 消耗的功率,选项 C 错误;由于 $I_{A_1}<I_{A_2}$,由 $U=IR$ 可知,R_2 两端的电压小于 R_4 两端的电压,选项 D 正确。

(2)延伸思考:

本题由错误解析却可得出正确结果,导致错误解析的原因是什么呢? 考场上多数考生,甚至包括部分教师,不明白为什么题设中要给出"$R_L > 2R$"这个已知条件,好像这个条件与解题无关,是多余的。我们可以思考如下 3 个问题:①本题实验观察结果与实验器材选择有关吗? ②本题高压和低压线路输送的总功率相等吗? ③已知"$R_L > 2R$"有何具体深意?

(3)深入探究:

对于高压输电线路:令 $\dfrac{n_1}{n_2}=k$,$\dfrac{n_3}{n_4}=\dfrac{1}{k}$,则图中含升、降压变压器的等效负载为

$$R_{\text{等效}}=k^2\left(2R+\dfrac{U_3}{I_{A_1}}\right)=k^2\left[2R+\left(\dfrac{n_3}{n_4}\right)^2\dfrac{U_4}{I_{L_1}}\right]=k^2\left[2R+\left(\dfrac{1}{k}\right)^2R_L\right]$$

$$= 2Rk^2 + R_L$$

通过升压变压器原线圈的电流

$$I_{n_1} = \frac{U}{R_{等效}} = \frac{U}{2Rk^2 + R_L}$$

通过 L_1 的电流

$$I_{L_1} = \frac{n_3}{n_4} I_{A_1} = \frac{n_3}{n_4} \frac{n_1}{n_2} I_{n_1} = I_{n_1} = \frac{U}{2Rk^2 + R_L} \tag{6}$$

高压线路输送的总功率

$$P_{高压} = \frac{U^2}{R_{等效}} = \frac{U^2}{2Rk^2 + R_L} \tag{7}$$

对于低压输电线路:

通过 L_2 的电流

$$I_{L_2} = \frac{U}{2R + R_L} \tag{8}$$

低压线路输送的总功率

$$P_{低压} = \frac{U^2}{2R + R_L} \tag{9}$$

结论 1:由于本题 $k < 1$,则有 $2Rk^2 + R_L < 2R + R_L$,由(6)(8)式可知 $I_{L_2} < I_{L_1}$,因此小灯泡 L_2 一定比 L_1 暗。

结论 2:由于本题 $k < 1$,则有 $2Rk^2 + R_L < 2R + R_L$,由(7)(9)式可知 $P_{低压} < P_{高压}$,因此低压线路输送的总功率一定比高压线路的小。

又,在高压输电线路中,通过 A_1 表的电流

$$I_{A_1} = \frac{n_1}{n_2} I_{n_1} = k I_{n_1} = \frac{U}{2Rk + \frac{R_L}{k}} \tag{10}$$

在低压输电线路中,通过 A_2 表的电流

$$I_{A_2} = I_{L_2} = \frac{U}{2R + R_L} \tag{11}$$

由(10)(11)式可知,若有 $2Rk + \frac{R_L}{k} = 2R + R_L$,即当 $R_L = 2Rk$ 时,$I_{A_1} = I_{A_2}$。

结论 3:当 $R_L = 2Rk$ 时,$I_{A_1} = I_{A_2}$,即 A_1 表示数等于 A_2 表;当 $R_L > 2Rk$ 时,$I_{A_1} < I_{A_2}$,即 A_1 表示数小于 A_2 表;当 $R_L < 2Rk$ 时,$I_{A_1} > I_{A_2}$,即 A_1 表示数大于 A_2 表。

(4)正确解析：

由上述结论 1 可知小灯泡 L_2 一定比 L_1 暗,选项 B 错误;题设中已知 $R_L>2R$,又 $n_1<n_2$,即 $k<1$,故一定满足 $R_L>2Rk$,因此由上述结论 3 可知 $I_{A_1}<I_{A_2}$,即 A_1、A_2 两表的示数不同,选项 A 错误;由于 $I_{A_1}<I_{A_2}$,故 R_1 消耗的功率比 R_3 消耗的功率小,R_2 两端的电压比 R_4 两端的电压小,选项 C 错误,选项 D 正确。

点评：由上述结论 2 可知,造成(1)中错误解析的主要原因是由惯性思维引起的,误以为高压和低压线路输送的总功率一定相等[52]。本题题设中"$R_L>2R$"这个已知条件对解题有重要意义,虽然其隐藏较深,但仍可通过变压器电路的等效负载法进行分析。

二、所获教学启示

上面通过引入理想变压器电路的等效负载方法,对 3 道变压器的疑难问题做了一定的剖析和探讨,从中我们认真思考,收获了以下两点教学启示。

(一)要充分阐述输电线路上各物理量之间的联系和区别

电能的传输问题涉及的物理量通常较多,各物理量之间的相互制约关系往往也是解决这类问题的思维难点。比如,不少学生就搞不清楚输送电压、输送功率等的含义,常常误以为输送电压除以导线自身电阻就是输电导线上的电流。为此,教学中应着重从建立物理模型和明确研究对象这两个角度加以说明。输电过程的最基本模型是由输送端(发电机等)、输电线及用户组成,如图 5-34 所示。从图中可以看出,输送端电压 $U_{输送}$ ＝导线损失电压 ΔU ＋用户实际获得电压 $U_{用户}$,输送功率 $P_{输送}$ ＝导线损失功率 $P_{损}$ ＋用户实际获得功率 $P_{用户}$。换言之,$U_{输送}$ 与 $P_{输送}$ 是以由导线、用户组成的串联电路为研究对象;而 ΔU、$P_{损}$ 是以导线为研究对象,整个输电回路中只有 $I_{线}$ 是相同的。

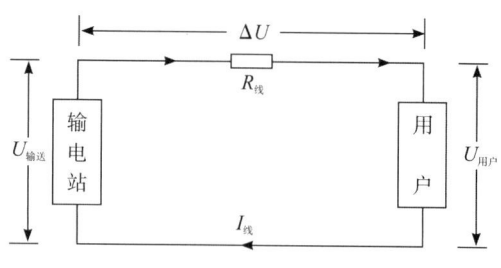

图 5-34 输电过程基本模型

引起思维误区的主要原因在于学生没有真正理解各物理量的含义,而是机械套用公式,实际上,代入的各量并非是同一研究对象上相应的物理量。[29]

(二)要充分重视教材中各种优质教学资源的开发和利用

如图5-33所示,不难发现前述例5-3(2014福建卷16题),其实是取材于普通高中课程标准实验教科书鲁科版物理选修3-2中第4章第3节的【迷你实验室】"模拟远距离输电"。教材以及教师用书中设置有"迷你实验室""讨论与交流""拓展一步"等诸多栏目,能为学生展示才能创设广阔空间,为师生良好互动搭建优质平台,这其实是重要且优质的教学资源,我们在平时教学中要特别注意挖掘其教育价值,而不是一带而过。

例如,为使学生深切体验到远距离高压输电的奇特魅力,教学中可以图5-35所示的迷你小实验为蓝本,引导学生设计出如下实验来模拟远距离输电及电能损耗。实验器材:低压交流电源,可拆变压器2台(B_1升压,B_2降压用),25 Ω的电阻丝2根,小灯泡2个,牛油,双刀双掷开关2个,导线若干。实验1:按照图5-36所示电路,利用以上器材组装好实验电路,当用6 V的低压交流电源直接输电时,可观察到输电线末端的小灯泡L_2发光很弱,甚至不发光,而改用B_1变压器升压后继续输电,可观察到小灯泡L_2灯光变亮。实验表明,改用高压输电后,在输电线上的功率和电压损失都较小,但低压输电时电能在哪里损失?以什么形式的能量损失的?[29]为此,设计实验2进一步探究。实验2:在实验1的基础上,用牛油来实验"显示"电能在输电线上以何种形式损耗,并且,在低压交流电源直接输电和高压输电的两种情况下,观察电能损耗有什么不同。

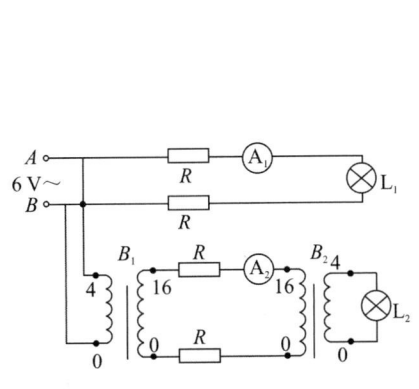

图5-35 模拟远距离输电示意

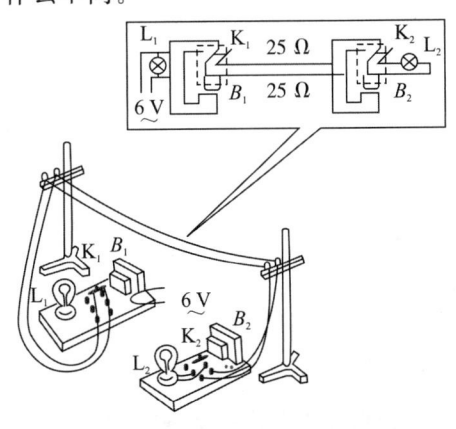

图5-36 模拟远距离输电及电能损耗

总之，我们在日常教育教学活动中应注意多让学生参与和体验其中，通过开展类似于上述变压器问题的理论和实验探究活动，引导学生深谙有关概念和规律，了解物理学的重要思想方法，从而进一步促进学生深入认识物理学的技术应用及其对经济、社会的影响。[64]

第五节　"探究·发展"专题研究性学习活动采撷
——专题探究与科技活动的融合研究课例

一、物质的透光性能的研究

本课例通过对复写纸的张数、不同墨水的浓度及墨水的不同颜色、水的浑浊程度、布料的不同，对物质的透光性能进行研究。对"水的浑浊程度不同其透光性不同"的研究，折射出水污染的一个方面，而对"不同布料的透光性"的研究或可作为选择合适窗帘布的方法雏形。

（一）实验目的

(1)研究物质的透光性能。
(2)掌握朗威 DISLab 光照度传感器、力传感器的使用方法。
(3)学习使用图表法对数据进行分析处理。
(4)减小误差方法的研究及误差来源的分析。

（二）实验原理

(1)光线可以透过某些物质传播，但其强度会减弱，通过测出的光照度的值的不同来比较物质透光性的强弱。

(2)光照度，即通常所说的勒克斯度，表示被摄主体的表面单位面积上受到的光通量。光照度的单位是勒克斯，是英文 lux 的音译，也可写为 lx。1 勒克斯相当于 1 流明/平方米，即被摄主体每平方米的面积上，受距离为 1 米、发光强度为 1 烛光的光源，垂直照射的光通量。光照度是衡量拍摄环境的一个重要指标。本实验即使用光照度传感器测量光照度。

注意：①本实验所有实验数据需要在暗环境中测得，实验测量选择在晚上 7 点左右。②本实验所用的传感器有朗威 DISLab 数据采集器、光照度传感器、力传感器。

(三) 实验一：复写纸的张数和距离对透光性能影响的研究与比较

1. 实验器材

朗威数字化信息实验系统、计算机、朗威 DISLab 光照度传感器、用于垫高的杂物、复写纸、LED 灯，如图 5-37 所示。

图 5-37 复写纸透光性能研究的实验器材

2. 实验步骤

(1) 取出光照度传感器，接入数据采集器后，将其固定在距离桌面 6.5 cm 处。

(2) 连接实验装置，用 LED 灯作为光源固定在铁架台上的 6.5 cm 处。

(3) 将光源与 DISLab 光照度传感器的距离保持 5 cm 不变，打开 LED 灯的开关，会有光线照射在光照度传感器上，读出 C_0。

(4) 为使实验现象更明显，紧贴光源依次竖直放一张、二张、三张……复写纸，得到测量值 C_1、C_2、C_3……并填入表 5-4 中的 T_1 处。

(5) 为减小误差，依次减小复写纸的张数，并将测量数据填入表 5-4 中的 T_2 处。

(6) 将光源与 DISLab 光照度传感器距离保持 2 cm 不变，重复 (3)(4)(5) 步骤，并将测量数据填入表 5-5 中。

3. 实验数据

实验中发现当放置的复写纸张数达到 3 张、4 张时，光照度传感器的示数即为零，故实验中只取了 4 张复写纸。表 5-4 和表 5-5 为数据记录。

表 5-4　数据记录——复写纸的张数和距离对透光性能影响
（光照度传感器与光源距离为 5 cm）

张数 n/张	光照度 T_1/lx	光照度 T_2/lx	平均光照度 T_3/lx
0	18253	18025	18139
1	832	880	856
2	40	44	42
3	0	0	0
4	0	0	0

表 5-5　数据记录——复写纸的张数和距离对透光性能影响
（光照度传感器与光源距离为 2 cm）

张数 n/张	光照度 T_1/lx	光照度 T_2/lx	平均光照度 T_3/lx
0	51604	51628	51616
1	4492	4726	4609
2	386	444	415
3	20	20	20
4	0	0	0

注：光照度值均取整数。

4. 数据分析

(1)未放复写纸时,测得光照度较大,由表 5-4 和表 5-5 可知,放上第一张复写纸后,光照度显著降低,随着张数的增加,光照度继续减小,但在加入第二张、第三张、第四张时,光照度值的降低幅度相比加入第一张时小。

(2)由表 5-4 和表 5-5 中的数据可知,在复习纸的张数相同时,光照度传感器与光源距离为 5 cm 比与光源距离为 2 cm 的光照度小,说明光照度值还与光源的远近有关。

(四)实验二：墨水的浓度和颜色对透光性能影响的研究与比较

1. 实验器材

朗威数字化信息实验系统,计算机,朗威 DISLab 光照度传感器,用于垫高的杂物,红、蓝、黑 3 种墨水各一瓶,胶头滴管 3 支,清水,一次性塑料杯 3 个,如图 5-38 所示。

图 5-38　墨水透光性能研究的实验器材

2. 实验步骤

(1) 取出光照度传感器,接入数据采集器后,将其固定在距桌面高度为 6.5 cm 处。

(2) 连接实验装置,用 LED 灯作为光源固定在距离桌面高度为 6.5 cm 处。

(3) 将光源与 DISLab 光照度传感器的距离保持 10 cm 不变,打开 LED 灯的开关,会有光线照射在光照度传感器上。

(4) 以塑料杯上的同一处条纹为标准,在 3 个塑料杯中盛上相同量的清水。

(5) 在光源的前方放置其中的一杯清水,读出示数 C_0;用胶头滴管吸取红墨水往清水中滴入一滴,用玻璃棒搅拌均匀后,读出测量值 C_1;再往水中滴入一滴红墨水,同样用玻璃棒搅拌均匀后读出测量值 C_2;如此反复直到 10 滴为止,并将数据填入表 5-6 的相应位置中。

(6) 再用胶头滴管分别吸取蓝、黑墨水,重复步骤(5)。

(7) 为更直观地看出透光性随墨水的浓度变化,并比较不同颜色的墨水的透光性能的不同,将 3 条折线绘制在同一折线图中。

3. 实验数据

表 5-6 为数据记录,并作出折线图 5-39。

表 5-6　数据记录——墨水的浓度和颜色对透光性能影响

蓝墨水滴数 n_1/滴	光照度 T_1/lx	红墨水滴数 n_2/滴	光照度 T_2/lx	黑墨水滴数 n_3/滴	光照度 T_3/lx
0	17259	0	19858	0	14777
1	11690	1	7826	1	2223
2	7052	2	7114	2	20

续表

蓝墨水滴数 n_1/滴	光照度 T_1/lx	红墨水滴数 n_2/滴	光照度 T_2/lx	黑墨水滴数 n_3/滴	光照度 T_3/lx
3	5759	3	5918	3	0
4	5323	4	5889	4	0
5	4680	5	5873	5	0
6	4158	6	5642	6	0
7	3745	7	5557	7	0
8	3394	8	5471	8	0
9	3637	9	5402	9	0
10	3369	10	5307	10	0

注：光照度的值均取整数。

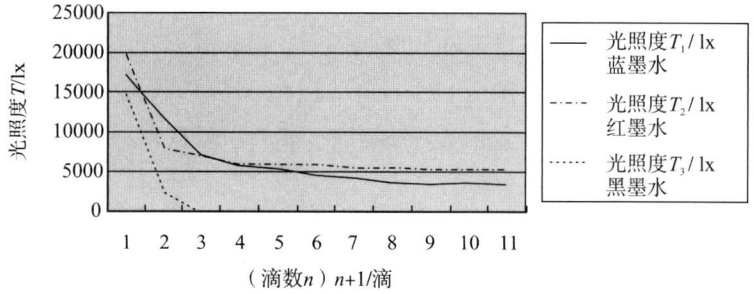

图 5-39　墨水的浓度和颜色对透光性能影响的折线图

4. 数据分析

(1)由图 5-39 可知，随着墨水浓度的增加，前几滴墨水的透光性显著降低，而后变化趋势逐渐降低。

(2)对于不同颜色的墨水，其透光性也不同。由图 5-39 可知，其中红、蓝墨水的变化趋势比较接近，而黑墨水的变化与红、蓝墨水差别较大，黑墨水在滴入第三滴时光照度值就直接变为零了。

(3)对于蓝墨水，随着滴数的增加，光照度传感器的示数趋于稳定，在 3000 多勒克斯；而对于红墨水，随着滴数的增加，光照度传感器的示数趋于稳定，在 5000 多勒克斯；对于黑墨水，由于其过早地使得光照度传感器的示数为零，故随着墨水滴数增加到一定程度后，其透光性是否也趋于稳定，我们是无法知晓的。

(4)对于红、蓝墨水随着滴数的增加，其透光性趋于稳定的原因猜测：

可能由于在前几滴时,墨水每滴入一滴,溶液的颜色变化较为明显,故透光性的变化较大。随着滴数的增加,颜色变化较小,光照度传感器的示数趋于稳定。比如红墨水在未滴入墨水时,光照度值为 19858 lx,当滴入第一滴墨水时,光照度值就减少了 12032 lx,变化最大,相应颜色的变化也最大。而滴入第二、第三滴墨水时,光照度值分别减少了 712 lx、1196 lx,比第一滴小些。第四、第五滴,分别减少了 29 lx、16 lx,变化量更小,此时颜色的变化也较小。

5. 误差分析

由于使用一次性塑料杯的同一条纹为标准盛等量的清水,难免有水的体积上的误差,再者滴入每一滴墨水的体积也难免有所不同,导致对同种墨水,其溶液的浓度难以随着滴数的增加呈线性增加;对于不同颜色的墨水对应相同的墨水滴数时,其溶液的浓度也不会完全相同。

6. 实验照片

截取反映实验过程的照片如图 5-40 所示。

图 5-40　墨水透光性能研究的实验照片

(五)实验三:水的浑浊程度对透光性能影响的研究与比较

1. 实验器材

朗威数字化信息实验系统、计算机、朗威 DISLab 光照度传感器、朗威 DISLab 力传感器、一杯沙子、一个 500 mL 的烧杯、小吊桶一个、一根玻璃棒,如图 5-41 所示。

2. 实验步骤

(1)取出光照度传感器,接入数据采集器后,将其固定在距离桌面

图 5-41　水透光性能研究的实验器材

6.5 cm 处。

（2）连接实验装置，用 LED 灯作为光源固定在距离桌面高度为 6.5 cm 高处。

（3）将光源与 DISLab 光照度传感器距离保持 8 cm 不变，打开 LED 灯开关，光线照射在光照度传感器上。

（4）以力传感器示数变化 0.01 N 为标准，每量取 1 g 的沙子时采用作图后对图像进行线性拟合，当斜率为零时，对应的函数表达式的截距值即为所量取的沙子的质量，这样量取的质量读数可精确到小数点后两位。

（5）在烧杯中装入 500 mL 的清水，放在光源的前方，读出示数 C_0。依次在前一次测量的基础上，将量取的 1 g 左右的沙子加入清水中，并在用玻璃棒搅拌均匀后分别读出示数 C_1，C_2，C_3，…，C_8，这样便得到了等量清水中含沙量为 1 g，2 g，…，8 g 所对应的光照度值，并填入表 5-7 的相应位置中。

（6）为了减小实验的误差，采用多次测量的方式，此处测量两组数据。

3. 实验数据

表 5-7 为数据记录，并作出折线图 5-42。

表 5-7　数据记录——水的浑浊程度对透光性能影响

加入沙子总质量 m_1/g	每次加入沙子质量 Δm_1/g	光照度 T_1/lx	加入沙子总质量 m_1/g	每次加入沙子质量 Δm_1/g	光照度 T_2/lx	平均加入沙子总质量 m_3/g	平均光照度 T_3/lx
0.00	0.00	2763	0.00	0.00	3298	0.00	3031
1.19	1.19	2366	0.84	0.84	2106	1.02	2236
2.19	1.00	1607	1.84	1.00	1298	2.02	1453
3.10	0.91	923	3.14	1.30	806	3.12	865

续表

加入沙子总质量 m_1/g	每次加入沙子质量 $\Delta m_1/g$	光照度 T_1/lx	加入沙子总质量 m_2/g	每次加入沙子质量 $\Delta m_2/g$	光照度 T_2/lx	平均加入沙子总质量 m_3/g	平均光照度 T_3/lx
4.34	1.24	463	4.30	1.16	453	4.32	458
5.34	1.00	396	5.54	1.24	324	5.44	360
6.34	1.00	208	6.64	1.10	243	6.49	226
7.45	1.11	158	7.77	1.13	175	7.61	167
8.65	1.20	73	8.69	0.92	91	8.67	82

注：沙子质量均取到小数点后两位，光照度值均取整数。

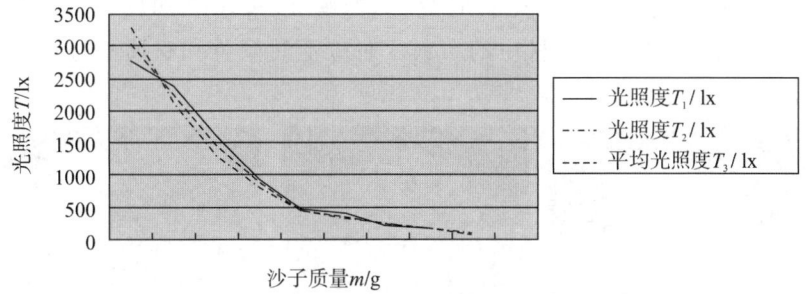

图 5-42　水的浑浊程度对透光性能影响的折线图

4. 数据分析

随着沙子加入量的增加，溶液的透光性逐渐减小，基本上在加入前几堆的沙子时，光照度传感器的示数变化较大，而后随着沙子的加入，光照度值的变化趋势逐渐减小，且趋近于零。

5. 误差分析[65-66]

（1）沙子的颗粒大小不同，不可能全部悬浮，颗粒密度足够大的将沉积，而每次沉积的质量与此次加入的总质量的比不同，造成实验误差。

（2）在实际测量时，由于沙子的微小颗粒仍在不断地沉积，且传感器的灵敏度较高，示数有时不断变化造成读数上的困难。

6. 实验照片

截取反映实验过程的照片如图 5-43 所示。

体悟物理：高中物理专题研究性学习

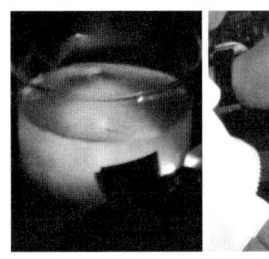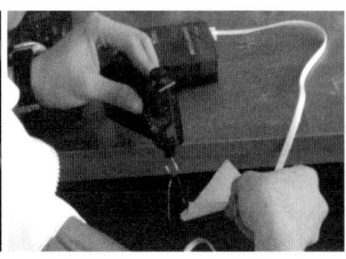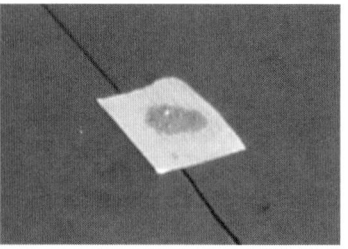

图 5-43　水透光性能研究的实验照片

（六）实验四：布料的颜色和材质对透光性能影响的研究与比较

1. 实验器材

朗威数字化信息实验系统、计算机、朗威 DISLab 光照度传感器、用于垫高的杂物、不同颜色和材质的布料。对应不同颜色和材质的布料，将其编号，如图 5-44 所示。

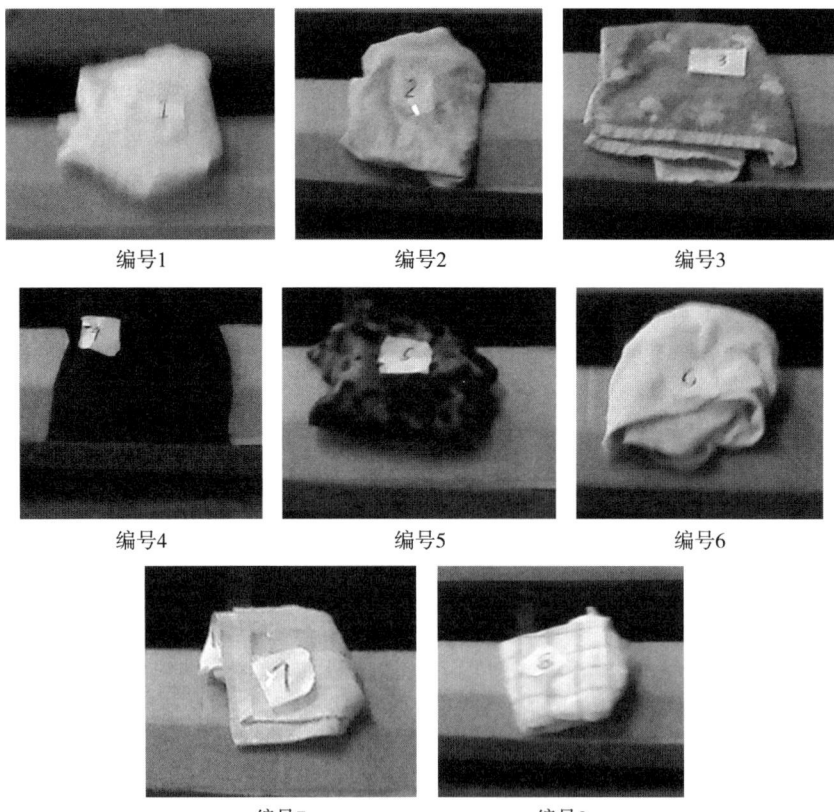

图 5-44　布料透光性能研究的实验器材

2. 实验步骤

(1)取出光照度传感器,接入数据采集器后,固定在距离桌面 6.5 cm 处。

(2)连接实验装置,用 LED 灯作为光源固定在距离桌面高度为 6.5 cm 处。

(3)将光源与 DISLab 光照度传感器的距离保持 2 cm 不变,打开 LED 灯的开关,会有光线照射在光照度传感器上。

(4)紧贴光源竖直放置布料 1,得到测量值 C_1。

(5)取下布料 1,放上布料 2,读出测量值 C_2。

(6)重复步骤(4)(5),依次放上布料 3、4、5……读出相应的测量值并填入表 5-8 相应位置中。

(7)绘制相应的柱形图以便更好地比较不同布料的透光性能。

3. 实验数据

表 5-8 为数据记录,并作出柱状图 5-45。

表 5-8 数据记录——布料的颜色和材质对透光性能影响

布料编号	1	2	3	4	5	6	7	8
光照度 T/lx	8926	5389	2349	1801	3667	6982	4485	5924

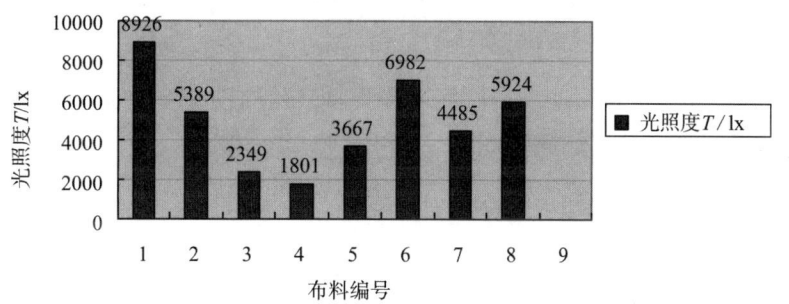

图 5-45 布料的颜色和材质对透光性能影响的柱状图

4. 数据分析

由图 5-45 容易知道不同布料的透光性不同,其中编号 1 的透光性最好,而编号 4 的透光性最差。其布料的特点大致为,布料 1 为白色且不是棉质的,布料 4 为全黑,也不是棉质的,而在 8 种布料中 2 号与 8 号的透光性能较为接近。

5. 实验不足

未能对布料进行控制变量处理,如控制布料的纹路、样式相同,探究其不同颜色的影响;或控制颜色相同,探究不同的布料样式、材质对透光性的影响。

(七)综合分析及结论

通过以上 4 个实验可知不同的物质其透光性能不同。

(1)由实验一可知,复写纸的张数的增加会使其透光性大大减弱。

(2)由实验二可知,不同墨水的浓度不同其透光性也不同;墨水的颜色不同对透光性也有影响,其中以黑颜色墨水的透光性能最差,红色和蓝色墨水的透光性较为接近;当滴入的墨水达到一定量时,其溶液的透光性基本趋于稳定。[67]

(3)由实验三可知,水的浑浊程度对水的透光性有影响,随着沙子质量的增加,光照度值的变化趋势为开始较大而后又逐渐减小至趋近于零,且光照度的值也逐渐趋于零。由此可以想到,利用物质的透光性可对水的纯净度进行粗检测,亦可用于家庭较为简便粗略的水质检测。

(4)在实验四中,对不同布料透光性的研究,可知不同布料的透光性不同。对不同布料的透光性能的比较,在实际生活中,对家庭窗帘布料的选择等可有适当的参考价值。

二、探究不同因素对自感系数的影响

在高中物理课本中,只是简单介绍了不同因素对线圈自感系数的影响,并没有进行实验验证。本课例通过实验采用控制变量法验证了不同因素对线圈自感系数的影响,有利于同学们对自感系数的理解。

(一)实验目的

(1)掌握朗威 DISLab 电压、电流传感器的使用方法。
(2)掌握测量自感系数的方法。
(3)分析不同因素对自感系数的影响。

(二)实验原理

由实验测出自感线圈两端的电压 U 与电流 I,计算其感抗值 $X=U/I$。又自感系数 $L=\dfrac{X}{2\pi f}$,f 恒定,则其自感系数值与感抗值成正比。[68]

(三)实验器材

朗威 DISLab(电流传感器,电压传感器各 1 个),学生电源 1 台,滑动变阻器(50 Ω,1.5 A)1个,绕线线圈若干,硅钢片若干片,硬币(5角)若干个,米尺1把,开关1个,导线若干,卡纸若干,如图5-46所示。

(四)实验步骤

(1)连接电路如图5-47所示。注:图中V表为电压传感器,A表为电流传感器。

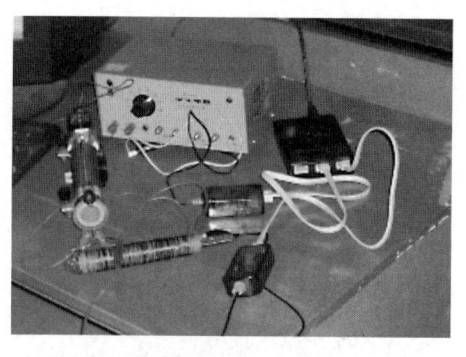

图5-46 探究线圈自感系数实验器材

(2)打开"组合图线",添加图线U-t,I-t。设置采集频率1000 Hz,将传感器调零。

(3)点击"开始",闭合开关,收集图线,如图5-48所示。注意:图中深色曲线为U-t图线,浅色曲线为I-t图线。

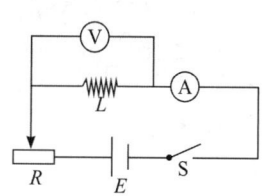

图5-47 探究线圈自感系数电路

(4)点击"停止",断开开关。

(5)取图线中的5个峰值,记录其平均值,如图5-48所示。[67]

(6)分析实验采集到的数据。

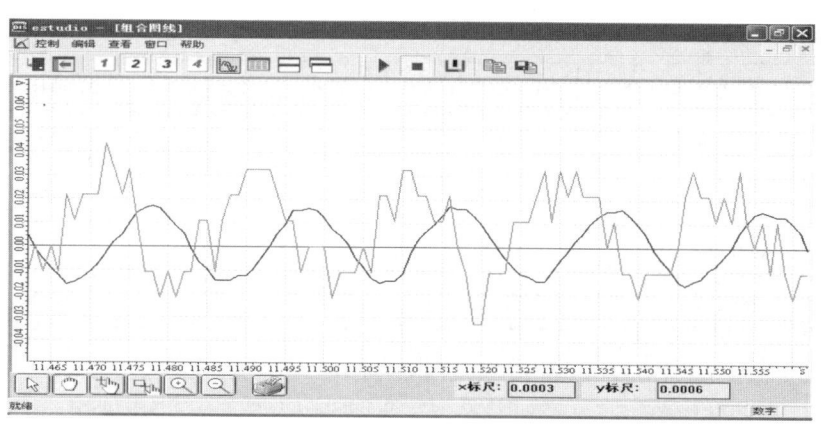

图5-48 自感线圈U-t、I-t图象

（五）实验内容及原始数据的分析

实验 1：

如图 5-49 所示，将线圈绕于纸制圆柱（无铁芯），改变线圈的匝数（长度）接入线路。记录数据，将其平均值记入表 5-9 中，拟合出图 5-50 所示图象。计算线圈长度对自感系数的影响。

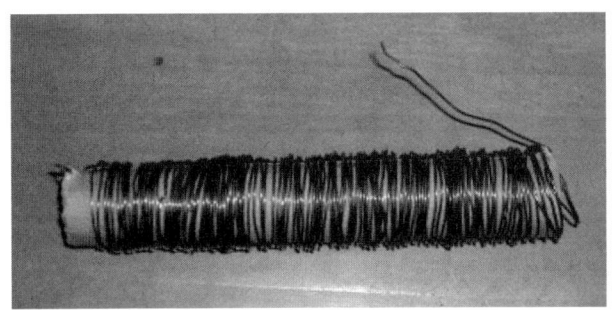 

图 5-49　线圈匝数（长度）改变

表 5-9　自感系数与匝数关系数据

$d = 2.89$ cm：

匝数 N/匝	30	40	50	60
电压值 U/V	0.03470	0.03580	0.03675	0.03856
电流值 I/A	0.02402	0.02387	0.02360	0.02403
感抗值 X	1.44462	1.49979	1.55720	1.60466
匝数 N/匝	70	80	90	100
电压值 U/V	0.04009	0.04156	0.04320	0.04310
电流值 I/A	0.02447	0.02475	0.02490	0.02403
感抗值 X	1.63833	1.67919	1.73493	1.79359
匝数 N/匝	110	120		
电压值 U/V	0.04280	0.04360		
电流值 I/A	0.02348	0.02347		
感抗值 X	1.82282	1.85769		

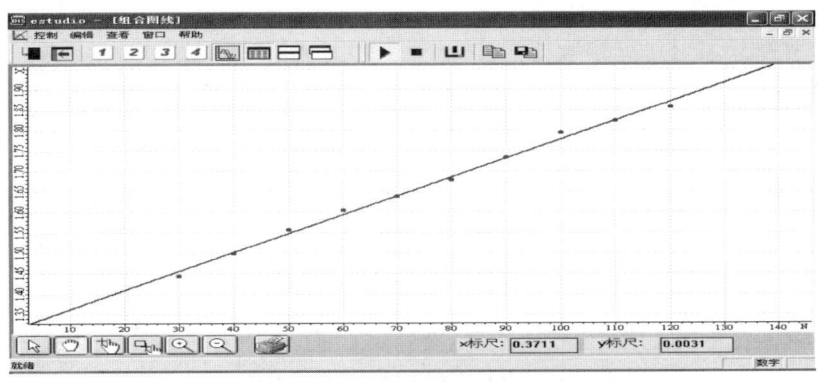

图 5-50　自感系数与匝数关系图象

数据分析:由图象可知,大多数离散点都分布于所拟合的直线的两侧,且相距不会太远,说明所拟合图线可行。从中可以知道,当其他条件不变时,感抗值随线圈匝数的增大而增大,且呈线性相关关系,这表明感抗值与匝数成正比,则可知自感系数与匝数成正比。

实验 2:

如图 5-51 所示,控制线圈长度($l=13.2$ cm)、匝数($N=30$ 匝)一定,通过改变线圈环绕介质的直径来改变线圈(无铁芯)横截面积(粗细)。记录数据,将其平均值记入表 5-10 中,拟合出图 5-52 图象,计算线圈直径对自感系数影响。

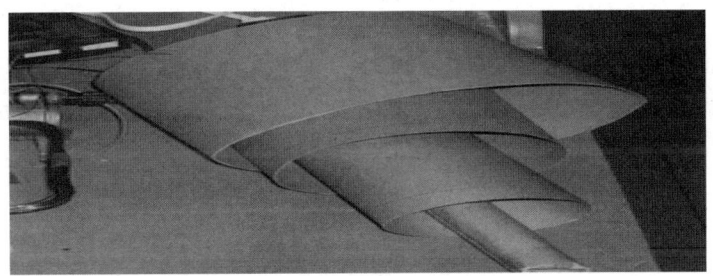

图 5-51　线圈横截面积(粗细)改变

表 5-10　自感系数与横截面积关系数据

$N=30$ 匝,$l=13.2$ cm:

直径 d/cm	2.78	5.89	8.59	11.02
电压值 U/V	0.03470	0.03025	0.02059	0.01534
电流值 I/A	0.02401	0.02425	0.02253	0.02315
感抗值 X	1.44526	1.24742	0.91397	0.66263

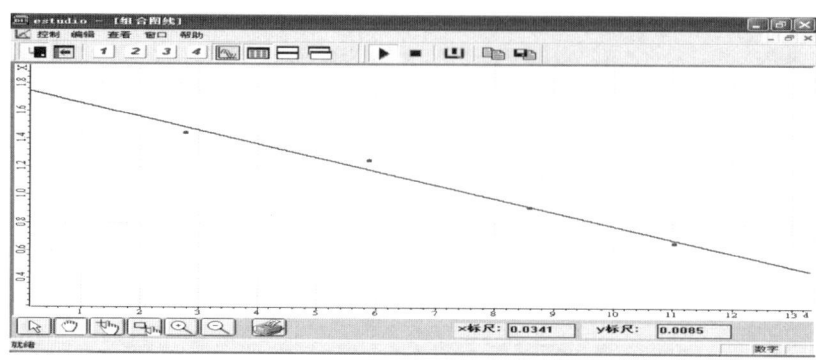

图 5-52　自感系数与横截面积关系图象

数据分析:由图象可知,大多数离散点都分布于所拟合的直线的两侧,且相距不会太远,左起第二点偏离稍大,但在误差允许范围之内,说明所拟合图线可行。从中可以推断,当其他条件不变时,感抗值随线圈直径增大而减小,说明感抗值与线圈直径成负相关关系,则可知自感系数与直径成反比。

实验 3:

如图 5-53 所示,控制线圈长度($l=13.1$ cm)、直径($d=2.80$ cm)一定,改变匝数密度。记录数据,将其平均值记入表 5-11 中,拟合出图 5-54 图象,计算匝数密度对自感系数的影响。

图 5-53　线圈匝数密度改变

表 5-11　自感系数与匝数密度关系数据

$l=13.1$ cm, $d=2.80$ cm:

匝数 N/匝	20	40	60	80	100
电压值 U/V	0.02656	0.02855	0.03485	0.03856	0.04289
电流值 I/A	0.02356	0.02245	0.02386	0.02390	0.02405
匝数密度 n	152.67	305.34	458.02	610.69	763.36
感抗值 X	1.12733	1.27171	1.46060	1.61338	1.78336

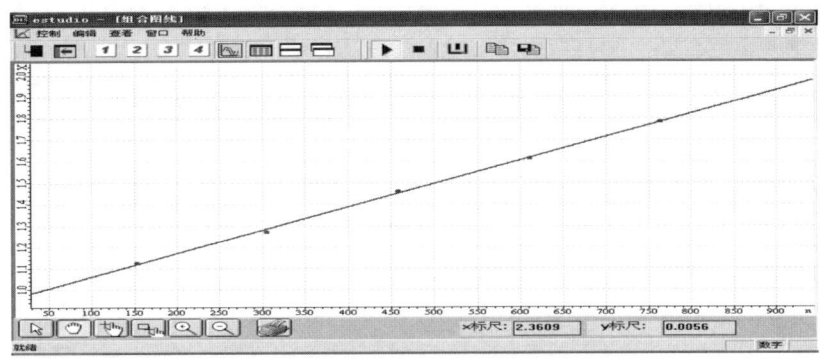

图 5-54　自感系数与匝数密度关系图象

数据分析：由图象可知，大多数离散点都分布于所拟合的直线的两侧，且相距不会太远，则说明所拟合图线可行。由此可以得到，当其他条件不变时，线圈感抗值会随线圈匝数密度增大而不断增大，且呈线性相关关系，说明感抗值与线圈匝数密度成正比，则可知自感系数与匝数密度成正比。

实验 4：

如图 5-55 所示，将不同层数的硅钢片插入同一线圈中。记录数据，将其平均值记入表 5-12 中，拟合出图 5-56 图象，计算铁芯厚度对自感系数的影响。

图 5-55　插入线圈的铁芯厚度改变

表 5-12　自感系数与插入线圈的铁芯厚度关系数据

$l = 10.6 \text{ cm}, d = 2.76 \text{ cm}$：

硅钢片层数 N/层	0	3	6	9	12	15
电压值 U/V	0.04356	0.04740	0.05420	0.05133	0.05270	0.05113
电流值 I/A	0.02277	0.02363	0.02363	0.02360	0.02353	0.02253
感抗值 X	1.91304	2.00590	2.29369	2.17500	2.23969	2.26941

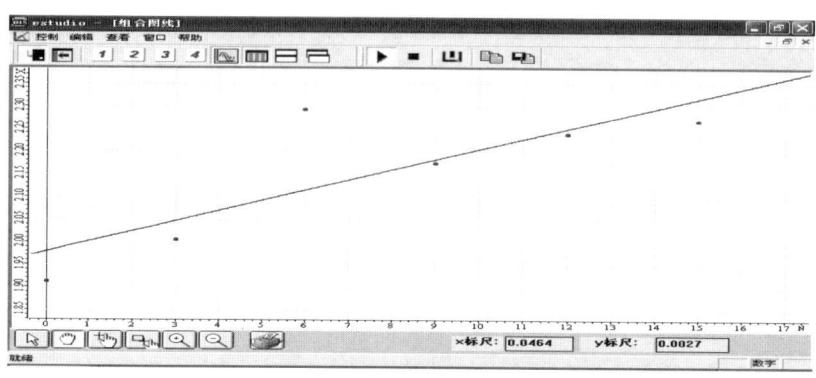

图 5-56　自感系数与插入线圈的铁芯厚度关系图象

数据分析：由图象可知，大多数离散点都分布于所拟合的直线的两侧，且相距不会太远（左起第三点偏离甚大，应属粗差，应舍去）。由此可以推断，当其他条件不变时，感抗值随线圈铁芯厚度增大而增大，且呈线性相关关系，说明感抗值与铁芯厚度成正比，则可知线圈自感系数与铁芯厚度成正比。

实验 5：

如图 5-57 所示，将不同长度铁芯（利用不同数量的 5 角硬币来改变铁芯长度）插入相同线圈中。记录数据，将其平均值记入表 5-13 中，拟合出图 5-58 图象，计算铁芯长度对自感系数的影响。

图 5-57　插入线圈的铁芯长度改变

表 5-13　自感系数与插入线圈的铁芯长度关系数据

$l=13.5\ \text{cm}, d=2.78\ \text{cm}$：

硬币数 N/个	20	35	50	60	70	80
电压值 U/V	0.04923	0.05097	0.05313	0.04977	0.05413	0.05413
电流值 I/A	0.03287	0.03283	0.03107	0.03043	0.03067	0.02633
感抗值 X	1.49772	1.55259	1.71192	1.64049	1.76499	2.05583

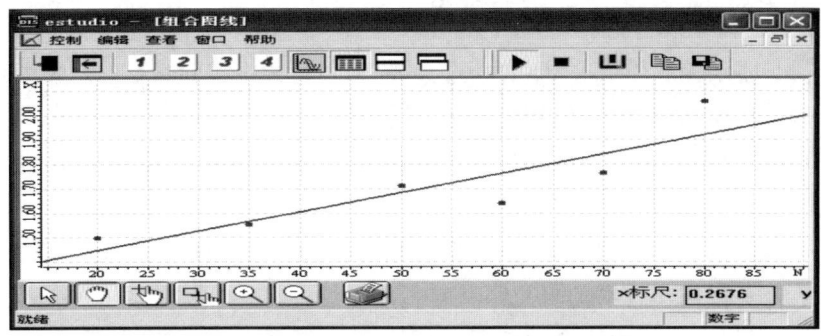

图 5-58　自感系数与插入线圈的铁芯长度关系图象

数据分析：由图象可知，大多数离散点都分布于所拟合的直线的两侧，虽然离散点偏离直线较远，但其仍然递增，则可以推断，当其他条件不变时，感抗值随线圈铁芯长度增大而增大，说明感抗值与铁芯长度成正相关关系。

（六）误差来源分析

（1）由于电压传感器的不稳定，导致 $U\text{-}t$ 图象稳定性较差，波动较大，这使得 $U\text{-}t$ 图象的峰值差异相对较大，则所取数据点的值会随所取峰值的不同而有所差异，导致测量结果的误差。而 $I\text{-}t$ 图象相对较稳定，误差相对较小。

（2）读取数据时，由于所取数据点并非完全是其峰值，会有所偏差，存在误差。

（3）由于绕制线圈时，绕制不均匀，导致线圈的线圈密度不均匀，而线圈密度会影响其自感系数，这会造成实验结果的误差。

（4）由于线圈所绕圆柱是用卡纸制作的，绕制时其横截面积大小会稍有不同，而线圈横截面积会影响其自感系数，存在误差。此误差对于实验 2 来说影响相对较大。

（5）对于实验 4 和实验 5，铁芯（硅钢片、硬币）之间并非完全紧密接触，导致铁芯不均匀，存在误差，使离散点偏离直线距离较大。

（6）对于实验 5，由于铁芯并非完全处于线圈中心，即其相对线圈位置不同，这也会使其自感系数发生改变，存在误差，导致离散点偏离程度相对较大。

（七）实验结果的分析和讨论

(1)本实验所得结果与预想基本一致,故可认为本实验基本上是成功的。

(2)实验结果表明,线圈的自感系数与其匝数、匝数密度成正比,与线圈直径呈负相关,而且在线圈中插入铁芯可使其自感系数增大,铁芯越长、面积越大,其自感系数也越大。

(3)影响线圈自感系数的因素如此之多,制作线圈时应综合考虑各种因素,避免所制作线圈的自感系数与预期设想不符。

(4)另外,影响线圈自感系数的因素还有很多,如铁芯的材质等[68],由于条件和水平有限,不便全面探究其影响。

三、用不同方法验证机械能守恒定律

机械能守恒定律是高中学过的一个重要的功能关系,除课本介绍的方法外,我们还可以尝试用别的方法来验证它。本课例通过采用斜轨法(普通导轨和气垫导轨)、摆球法和自由落体法等实验方法来进行验证。

（一）实验目的

用不同的方法验证机械能守恒定律。

（二）实验原理

在只有重力做功的情况下,物体动能和重力势能相互转化,机械能总量不改变。

（三）实验内容

方法一:斜轨法(普通导轨)

1. 实验器材

力学导轨、小车、重物、打点计时器、细线、纸带等,如图5-59所示。

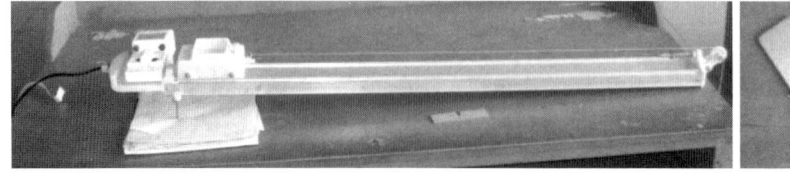

图5-59　斜轨法(普通导轨)实验器材

2. 实验步骤

(1)用弹簧测力计测得小车、重物所受重力 Mg、mg，算出小车质量 M。

(2)将小车一端绑上纸带，放在力学导轨上，纸带穿过打点计时器；用一叠纸垫高导轨的一端，选择恰当的纸的张数，用小车所受重力沿导轨的分量平衡小车和导轨、纸带和打点计时器间的摩擦力。

(3)按下打点计时器的开关，释放小车，当打出的纸带上的点迹间距离基本相等时，表明小车运动为匀速运动，说明已平衡了摩擦力。

(4)将小车另一端用细线与重物相连，跨过导轨上的滑轮，将重物悬空。

(5)按下打点计时器的开关，释放小车，获得纸带。重复若干次，选取点迹整齐、清晰的纸带做数据处理。

(6)确定纸带上第一点为 O 点，量出各点到 O 点的距离 s_n；计算出各点的间距 X_n，并由此计算出各点速度 $v_n=(X_n+X_{n+1})/2T$，其中 T 为电源周期，即打点时间间隔 $T=0.02$ s。

(7)计算从小车开始运动到纸带上打出第 n 点时重物重力做的功 $W=mgS_n$，小车和重物组成的系统的动能 $E_k=\frac{1}{2}(M+m)v_n^2$，并比较两者的大小。

(8)改变重物的质量 m，重复步骤(5)(6)(7)。

3. 实验数据

(1)$Mg=1.80$ N，$M=1.80/9.79$ kg≈ 0.183861 kg，g 约为 9.79 m/s^2，$mg=0.40$ N，数据见表5-14。

表 5-14　斜轨法(普通导轨)实验数据——重物重力 $mg=0.40$ N 时

各点 n	17	18	19	20	21	22	23
s_n	0.1616	0.1766	0.1925	0.2093	0.2261	0.2441	0.2631
v_n	0.75	0.7725	0.8175	0.84	0.87	0.925	0.9325
W	0.06464	0.07064	0.077	0.08372	0.09044	0.09764	0.10524
E_k	0.0632	0.06705	0.07509	0.07928	0.08504	0.09614	0.0977
$\dfrac{W-E_k}{\dfrac{(W+E_k)}{2}}$	0.0225	0.0521	0.0251	0.0545	0.0615	0.0155	0.0743

(2)$Mg=1.80$ N，$M=1.80/9.79$ kg≈ 0.183861 kg，g 约为 9.79 m/s^2，$mg=0.80$ N，数据见表5-15。

表 5-15　斜轨法（普通导轨）实验数据——重物重力 $mg=0.80$ N 时

各点 n	9	10	11	13	14	16	18	21	22	24	25
s_n	0.0865	0.1016	0.1175	0.1538	0.1727	0.2173	0.263	0.3462	0.375	0.4388	0.47
v_n	0.705	0.775	0.8325	0.945	1.0075	1.15	1.235	1.4375	1.52	1.575	1.6475
W	0.0692	0.08128	0.094	0.12304	0.13816	0.17384	0.2104	0.27696	0.3	0.35104	0.376
E_k	0.066	0.07976	0.09203	0.11858	0.13479	0.17561	0.20253	0.2744	0.30679	0.3294	0.36042
$\dfrac{W-E_k}{(W+E_k)/2}$	0.0473	0.0189	0.0212	0.0369	0.0247	−0.0101	0.0389	0.0093	0.0224	0.0636	0.0423

4. 实验分析

可能是由于小车刚启动时静摩擦力比滑动摩擦力大了一些，点迹的开头部分不够理想，因此只选取了中间的一段分析，如图 5-60 所示。

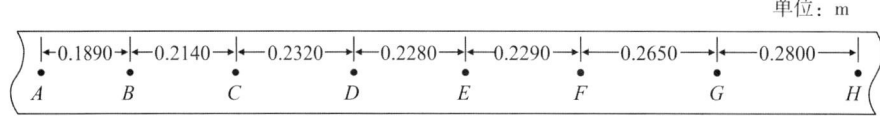

图 5-60　纸带数据

由于导轨不够理想，各段摩擦不同，导致有的地方摩擦力平衡不够，有的地方平衡过度，只能从整体上平衡摩擦力，因而将各段单独取出分析时，发现机械能不守恒。以上几次实验数据显示的 W 与 E_k 差值较大，$(W-E_k)/2(W+E_k)$ 最大达到 7.43%，甚至有出现负值。但从总体分析，摩擦力的影响可以抵消，偏差不大，依然可看作符合机械能守恒。[11]

方法二：斜轨法（气垫导轨）

1. 实验器材

气垫导轨、气泵、滑块、光电门、数字计时器等，如图 5-61 所示。

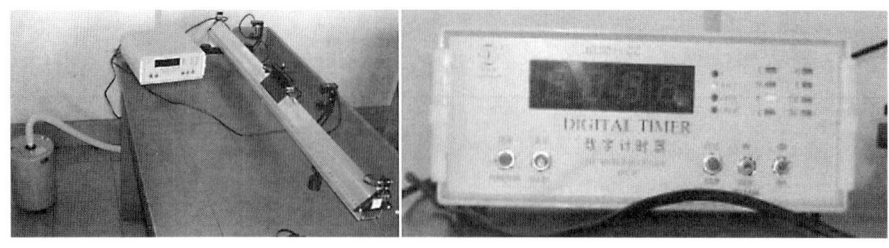

图 5-61　斜轨法（气垫导轨）实验器材

2. 实验步骤

（1）测量挡光片挡光宽度 d、导轨两支脚间距 L_1、两光电门间距 L_2（因公式 $\frac{1}{2}mv_2^2-\frac{1}{2}mv_1^2=mgh$，可将质量 m 约去，故不需称量滑块的质量）。

（2）调节支脚螺丝，将导轨调节至水平。再将一支脚用高 H 的垫块垫高，即两支脚的高度差为 H。计算两光电门的高度差：$h=\frac{L_2}{L_1}H$。

（3）让滑块自由滑下若干次，记录每次的挡光时间 t_1、t_2，由 $v=d/t$ 计算出挡光的平均速度 v_1、v_2。

（4）比较各组 gh 与 $\frac{1}{2}mv_2^2-\frac{1}{2}mv_1^2$（$g\approx 9.79$ m/s²），计算 $n=\frac{4gh-2(v_2^2-v_1^2)}{2gh+(v_2^2-v_1^2)}$。

3. 实验数据

$d=0.0031$ m、$L_1=0.7$ m，重复实验时令 L_2 为 0.3 m、0.4 m、0.5 m 等，令 H 为 0.0055 m、0.0155 m、0.0255 m 等，得到 h 取多个值的情况下的实验数据，见表 5-16。

表 5-16　斜轨法（气垫导轨）实验数据

编号	t_1	t_2	v_1	v_2	$\frac{1}{2}v_1^2$	$\frac{1}{2}v_2^2$	$\frac{1}{2}v_2^2-\frac{1}{2}v_1^2$	h	gh	n
1	0.02145	0.0109	0.14452	0.2844	0.01044	0.04044	0.03	0.0031429	0.03077	0.0046
2	0.02376	0.01014	0.13047	0.30572	0.00851	0.04673	0.03822	0.0039286	0.03846	0.0063
3	0.0252	0.01023	0.12302	0.30303	0.00757	0.04591	0.03834	0.0039286	0.03846	0.0031
4	0.0097	0.00648	0.31959	0.4784	0.05107	0.11443	0.06336	0.0066429	0.06503	0.0262
5	0.0192	0.00698	0.16146	0.44413	0.01303	0.09862	0.08559	0.0088571	0.08671	0.013
6	0.03779	0.00659	0.08203	0.47041	0.00336	0.11064	0.10728	0.0110714	0.10839	0.0103
7	0.01884	0.0063	0.16454	0.49206	0.01354	0.12106	0.10752	0.0110714	0.10839	0.0081
8	0.00985	0.00505	0.31472	0.61386	0.04952	0.18841	0.13889	0.0145714	0.14265	0.0267
9	0.01093	0.00518	0.28362	0.59846	0.04022	0.17907	0.13885	0.0145714	0.14265	0.027
10	0.00899	0.0046	0.34483	0.67391	0.05945	0.22708	0.16765	0.0174286	0.17063	0.0176
11	0.01037	0.00476	0.29894	0.65146	0.04468	0.21207	0.16739	0.0174286	0.17063	0.0192
12	0.01586	0.00494	0.19546	0.62753	0.0191	0.1969	0.1778	0.0182143	0.17832	0.0024
13	0.01626	0.005	0.19065	0.62	0.01817	0.1922	0.17403	0.0182143	0.17832	0.0244

注：$n=\frac{4gh-2(v_2^2-v_1^2)}{2gh+(v_2^2-v_1^2)}$。

4. 实验分析

气垫导轨使得滑块不与导轨面直接接触,减小了摩擦力;气垫导轨形成的气垫导致了一定的摩擦,但可以忽略;再忽略空气阻力,可认为滑块下滑时只有重力做了功。另外,由于仪器的原因,挡光宽度的测量可能存在微小误差。所以实验结果还比较理想,以上几次实验数据显示的 gh 与 $\frac{1}{2}v_2^2 - \frac{1}{2}v_1^2$ 差值不大,n 的值不超过 2.7%,在误差允许范围之内。

方法三:摆球法

1. 实验器材

铁架台、摆球、光电门传感器、直尺等。

2. 实验步骤[18]

(1)测量摆球的直径即挡光宽度 d。

(2)将摆球绑在铁架台上,固定好光电门,使摆球静止时球心部位对着光电门的遮光孔。

(3)将直尺竖直固定,与摆球摆动时轨迹在同一竖直平面内,确定摆球静止时所对刻度。

(4)将摆球提高到与摆动最低位置(静止位置)高度差为 h 处由静止释放(h 由刻度尺确定),摆球通过光电门后阻止其回摆,记录挡光时间 t,由 $v = d/t$ 算出速度 v。重复若干次。

(5)比较 mgh 和动能 $\frac{1}{2}mv^2$,即比较 gh 和 $\frac{1}{2}v^2$,计算 $n = \frac{4gh - 2v^2}{2gh + v^2}$。

(6)改变 h,重复步骤(3)(4)(5)。

3. 实验数据

$d = 0.011128$ m,改变 h,得到 h 取多个值的情况下的实验数据,见表 5-17。

表 5-17　摆球法实验数据

编号	t	v	$\frac{1}{2}v^2$	h	gh	n
1	0.00776	1.434	1.0282	0.108	1.0573	0.0279
2	0.00736	1.512	1.143	0.118	1.1552	0.0106
3	0.00703	1.5829	1.2528	0.128	1.2531	0.0001
4	0.00636	1.7497	1.5307	0.158	1.5468	0.0105

续表

编号	t	v	$\frac{1}{2}v^2$	h	gh	n
5	0.00604	1.8424	1.6972	0.178	1.7426	0.0264
6	0.00552	2.0159	2.032	0.208	2.0363	0.0021
7	0.00542	2.0531	2.1077	0.218	2.1342	0.0125
8	0.00517	2.1524	2.3165	0.238	2.33	0.0058
9	0.00507	2.1949	2.4087	0.248	2.4279	0.0079
10	0.00496	2.2435	2.5168	0.258	2.5258	0.0036
11	0.00487	2.285	2.6106	0.268	2.6237	0.005
12	0.00477	2.3329	2.7212	0.278	2.7216	0.0001
13	0.00471	2.3626	2.791	0.288	2.8195	0.0102
14	0.00461	2.4139	2.9134	0.298	2.9174	0.0014
15	0.0044	2.5291	3.1982	0.328	3.2111	0.004
16	0.00433	2.57	3.3024	0.338	3.309	0.002

注:$n=\dfrac{4gh-2v^2}{2gh+v^2}$。

4. 实验分析

忽略空气阻力,可认为摆球摆下时只有重力做了功。原本实验误差应当非常小,但由于笔者操作不当:实际挡光宽度测量不够准确,释放位置和摆动最低处的高度差读取有误差,摆球摆动轨迹所在平面没有准确地和光电门成直角,释放摆球时手干扰了摆球,以及其他原因,还是造成了一定误差,出现过很不合理的数据,只能省去。

以上几次实验数据显示 gh 和 $v^2/2$ 差值不大,n 值不超过 2.79%,在误差允许范围之内。

方法四:自由落体法

1. 实验器材

铁架台、打点计时器、重锤、纸带等。

2. 实验步骤[65]

(1)将打点计时器固定在铁架台上,垂直地面。

(2)将重锤系上纸带,穿过打点计时器,使其悬空。将重锤提起,以减小摩擦。

(3)按下开关,释放纸带。重复若干次,选取点迹整齐、清晰的纸带。

(4)确定纸带上第一点为 O 点,量出各点到 O 点的距离 h;计算出各点的间距 X_n,并由此计算出各点速度 $v_n=(X_n+X_{n+1})/2T$,其中 T 为电源周期,即打点时间间隔 $T=0.02$ s。

(5)计算到第 n 点重力做功 mgh、$E_k=\frac{1}{2}mv_n^2$,比较 gh 和 $\frac{1}{2}v^2$,计算 $n=\frac{4gh-2v^2}{2gh+v^2}$。

3. 实验数据

让重锤自由下落,从打点计时器打出的纸带上测得各点到 O 点的距离 h,得到多组 h 的值,见表 5-18。

表 5-18　自由落体法实验数据

点	h	v	gh	$\frac{1}{2}v^2$	n
13	0.3425	2.5425	3.3531	3.2322	0.0367
14	0.3951	2.7375	3.868	3.747	0.0236
15	0.452	2.94	4.4251	4.3218	0.0236
16	0.5127	3.1225	5.0193	4.875	0.0292
17	0.5769	3.315	5.6479	5.4946	0.0275
18	0.6453	3.52	6.3175	6.1952	0.0195
19	0.7177	3.72	7.0263	6.9192	0.0154
20	0.7941	3.8975	7.7742	7.5953	0.0233
21	0.8736	4.085	8.5525	8.3436	0.0247
22	0.9575	4.2825	9.3739	9.1699	0.022
23	1.0449	4.485	10.23	10.058	0.017

注:$n=\frac{4gh-2v^2}{2gh+v^2}$。

4. 实验分析

本方法与斜轨法原理相似,只是摩擦主要来自纸带和打点计时器之间,没有小车和导轨间的摩擦那么大,但无法平衡,而且纸带在空中会自然弯曲,增大了误差。

实验数据显示:gh 和 $v^2/2$ 差值不大,n 大多不超过 3%,在误差允许范围之内。

(四)实验结论

重力做功只会导致重力势能和动能间的相互转化,故若只有重力对物体做功,则物体的动能和重力势能的总和不会改变。以上几个实验结论可说明:在只有重力做功时,物体系统的机械能守恒。

第六节　高中物理竞赛解题能力的培养
——专题探究与能力提升的融合研究课例

全国中学生物理竞赛是在中国科协的领导下,由中国物理学会主办,各省、自治区、直辖市自愿参加的群众性的课外学科竞赛活动,各项活动得到教育部的同意和支持。竞赛的目的是促进中学生提高学习物理的主动性和兴趣,改进学习方法,增强学习能力;促进学校开展多样化的物理课外活动,活跃学习风气;发现具有突出才能的青少年,以便更好地对他们进行培养。[66]按照中国物理学会全国中学生物理竞赛委员会第九次全体会议的建议,由中国物理学会全国中学生物理竞赛委员会常务委员会根据《全国中学生物理竞赛章程》中关于命题原则的规定,结合我国中学生的实际情况,制定了《全国中学生物理竞赛内容提要》,作为今后物理竞赛预赛和决赛命题的依据,包括理论基础、实验基础、其他方面等部分。

在高中的物理竞赛培训中,除了教授学生物理竞赛的知识与方法,更为重要的是提升学生物理竞赛解题的能力和让学生体悟物理的思想方法。找到提升学生物理竞赛解题能力的方法,对提升学校物理竞赛辅导的质量起到了至关重要的作用。本节内容从提升学生利用数学方法描述物理模型的能力,培养学生掌握常用解题方法解决物理问题的能力和建立"教师引导、独立探究、小组讨论"激发学生思维潜能3方面,刍议在物理竞赛培训中如何提升学生物理竞赛解题能力。只有多管齐下地培养学生物理竞赛的解题能力,培养其"打破砂锅问到底"的学习精神,才能让学生取得实质性的进步。

一、提升学生利用数学方法描述物理模型的能力

在物理学习中运用数学思维模式是衡量物理问题解决能力的一大要素。物理竞赛解题常会用到求导、微积分、线性算符、自由度、几何极值、圆锥曲线、对称性守恒量、复数等数学知识,物理竞赛解题中运用的图像法、微元法、比例法、递推法、函数法、极值法等也是通过数学工具描述物理情境得到的。以下是几种常见数学方法在物理竞赛中的具体运用。

(一)微积分

微积分是解决物理难题中较为常见的思维方法,在物理竞赛中经常使用。微积分分为微分和积分两部分,微分是把复杂的问题进行细化分解,积分是将细化的问题进行叠加求和,利用这一数学方法,可以简化物理竞赛解题过程。[67]

【例 5-4】在流体中作直线运动的质点,受到的阻力与运动速度成正比,满足 $f=kv$(k 为常数)的关系,质点以速度 v_0 开始运动,试证明[66]:

(1)t 时刻的速度为 $v=v_0 e^{-kt/m}$;

(2)由 0 到 t 的时间内经过的距离为 $x=\dfrac{mv_0}{k}[1-e^{-kt/m}]$;

(3)停止运动前经过的距离为 $v_0 m/k$;

(4)当 $t=m/k$ 时速度减至 v_0 的 $1/e$,式中 m 为质点的质量。

解析:(1)$a=\dfrac{-kv}{m}=\dfrac{dv}{dt}$ 分离变量,得 $\dfrac{dv}{v}=\dfrac{-k\,dt}{m}$,

即 $\displaystyle\int_{v_0}^{v}\dfrac{dv}{v}=\int_{0}^{t}\dfrac{-k\,dt}{m}$,得 $\ln\dfrac{v}{v_0}=\ln e^{-kt/m}$,最终解得 $v=v_0 e^{-kt/m}$。

(2)$x=\displaystyle\int v\,dt=\int_{0}^{t}v_0 e^{-kt/m}\,dt=\dfrac{mv_0}{k}(1-e^{-kt/m})$。

(3)质点停止运动时速度为零,即 $t\to\infty$,故有 $x'=\displaystyle\int_{0}^{\infty}v_0 e^{-kt/m}\,dt=\dfrac{mv_0}{k}$。

(4)当 $t=\dfrac{m}{k}$ 时,其速度为 $v=v_0 e^{-\frac{k}{m}\cdot\frac{m}{k}}=v_0 e^{-1}=\dfrac{v_0}{e}$,即速度减至 v_0 的 $\dfrac{1}{e}$。

这道题用了微积分解答,极大地简化了计算过程。微积分是高等数学

的初步,适用范围广,但是在运用的过程中需要学生拥有较高的建模能力和转化能力,要熟练运用还需要反复训练。

(二)几何知识

几何有平面几何和立体几何,它同时包含运用空间知识和平面知识来相互转换,在物理竞赛解题的过程中可以把物理问题转化为几何问题,用几何问题来解决物理问题。

【例 5-5】如图 5-62 所示,一根密度均匀的圆柱形玻璃棒,左边是垂直于轴线的平面,右边是圆心在轴线上的球面。有一根平行于轴线方向很细的光束沿着靠近轴线位置入射,若光线从左边平面射入后从右边球面射出,射出的光线与轴线交点到球面的距离为 a;若光线从右边球面射入后射出的光线与轴线的交点在棒内,且到球面距离为 b,试求玻璃的折射率 n。

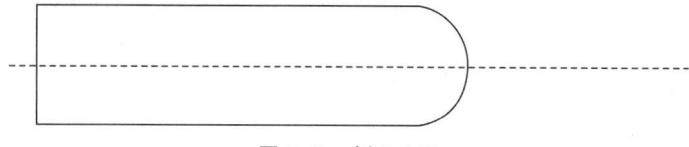

图 5-62 例 5-5 图

解析:入射的两条光线如图 5-63 所示:

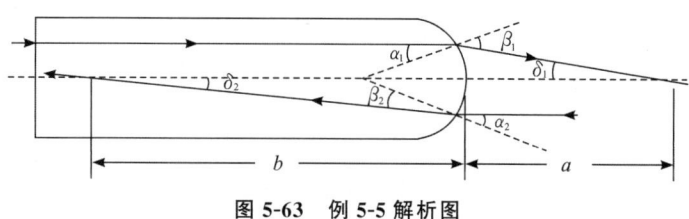

图 5-63 例 5-5 解析图

α_1、β_1 是从平端面入射的光线通过球形端面时的入射角和折射角;α_2、β_2 是从球形端面入射的光线通过球面时的入射角和折射角。根据折射定律有:

$n\sin\alpha_1 = \sin\beta_1$　（12）　　　$\sin\alpha_2 = n\sin\beta_2$　（13）

由几何关系有:

$\beta_1 = \alpha_1 + \delta_1$　（14）　　　$\beta_2 = \alpha_2 + \delta_2$　（15）

设球面的半径为 R,α_1、α_2、δ_1、δ_2 都是小角度,

故有:$R\alpha_1 = a\delta_1$　（16）　　　$R\alpha_2 = a\delta_2$　（17）

根据题给的条件,(12)(13)式可近似表示成:

$n\alpha_1 = \beta_1$ (18)

$\alpha_2 = n\beta_2$ (19)

由(14)式～(19)式得 $n = \dfrac{b}{a}$。

(三)应用数学方法的注意事项

物理公式的物理意义是运用数学方法解决物理问题时需要特别注意的,对物理公式进行简单的数学变化将得到一个物理意义截然不同的新公式。明确特定情境下物理公式的适用条件和应用范围是运用数学方式表达物理规律的前提条件,运用数学方法得到数学的解后,还需把得到的结论放到实际的物理情境中去分析讨论,把不符合实际情况的解舍去。[55]

二、培养学生掌握常用解题方法解决物理问题的能力

物理竞赛主要考查学生的思维能力、实践能力、创新能力等,相较于高中阶段的学习,竞赛试题对高中学生提出了更高的能力要求。竞赛解题中有许多常用的解题方法,充分了解这些方法,结合相关习题进行针对性训练,可以极大地提升解题能力。常用的解题方法有极限思想、对称性思想、独立性原理、叠加原理、递推法、等效替换法、补偿法、电像法、近似运算、图象法[68]等,以下是几个常见方法在物理竞赛解题中的运用。

(一)对称法

英国诗人布莱克曾说对称是一种美,自然界也十分偏爱对称,人们也在生活中感受着对称给我们带来的和谐、平衡之美。在物理竞赛中运用的各种物理现象和物理规律中也存在各种对称性。对称法就是发现并且运用物理规律中的对称性,同时通过对称的思维模式找到物理竞赛题中的规律,用这些规律解决问题。[68]通过使用对称法可以将复杂的数学运算简化,问题的解决更加便捷。

【例 5-6】如图 5-64 所示,一个质量为 m 的圆形槽,槽的宽度可以忽略不计,槽的半径为 R。两个质量均为 m 的小球,分别放在圆形槽的 A、B 两点。现将圆形槽与两个小球组成的系统静止地放在光滑的水平面上,通过外力作用,两小球瞬间拥有速度 v,并垂直于 AB 方向,求当两小球相距为 R 时,圆形槽的速度 v_0。[55]

解析： 建立直角坐标系。根据对称性思维，可以判断圆形槽的运动方向始终沿着 x 轴方向。设槽中心速度为 v_0，如图 5-65 所示，两小球以 ω 的角速度绕槽心做圆周运动。

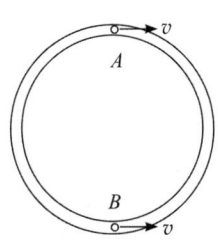

图 5-64　例 5-6 图

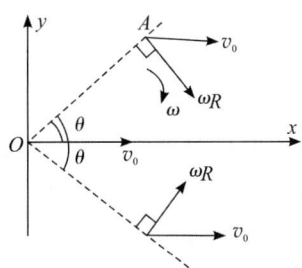

图 5-65　例 5-6 解析图

由对称性可得两个小球的运动对称，对两个小球的速度进行分解，得

$$v_x = \omega R \sin\theta + v_0 \quad (20)$$

$$v_y = -\omega R \cos\theta \quad (21)$$

因系统在 x 轴方向上动量守恒，机械能也守恒，因此：

$$mv_0 + 2mv_x = 2mv \quad (22)$$

$$2 \times \frac{1}{2} m(v_x^2 + v_y^2) + \frac{1}{2} mv_0^2 = 2 \times \frac{1}{2} mv^2 \quad (23)$$

将(20)(21)式代入(22)(23)式，得

$$3v_0 = 2v - 2\omega R \sin\theta，\omega^2 R^2 + 2\omega R v_0 \sin\theta + v_0^2 + \frac{1}{2} v_0^2 = v^2$$

由此解得 $v_0 = \dfrac{2}{3} \left(1 - \dfrac{\sin\theta}{\sqrt{3 - 2\sin^2\theta}} \right) v$。

当两球间距离为 R 时，$\theta = 30°$，代入可解得槽中心运动的速度为 $v_0 = \dfrac{2}{3} \left(1 - \dfrac{1}{\sqrt{10}} \right) v$。

（二）电像法

电像法是高中物理竞赛中常用到的一种方法，它适于有一个或多个自由点电荷分布，且边界是导体或介质界面的问题。由于导体面上感应电荷的分布比较复杂，如果用微积分直接求解这类问题将十分困难。电像法可以将复杂问题简单化，在运用电像法的过程中应保证原问题的边界条件不变，导体上的感应电荷用求解区域外的假想电荷替代，将电荷与导体的电

场分布问题转化为几个电荷的电场分布问题[55]，化繁为简，大幅缩短解题的时间。

【例5-7】有个点电荷，放在无限大导体平面板附近，并将导体板接地，求空间的电势。

解析：从物理问题的对称性和边界条件考虑，如图5-66所示，设想在导体板左与电荷 Q 对称的位置上放一个假想电荷 Q'，然后把板抽去。这样，没有改变所考虑空间的电荷分布（即没有改变电势服从的泊松方程）。[66][68] 设电量为 Q'，位置为 $(0, 0, a')$：

$$\varphi = \frac{1}{4\pi\varepsilon_0}\left[\frac{Q}{\sqrt{x^2+y^2+(z-a)^2}} + \frac{Q'}{\sqrt{x^2+y^2+(z-a')^2}}\right]$$

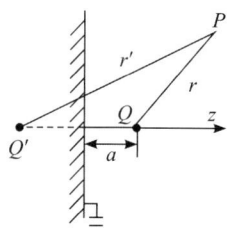

图5-66 例5-7解析图

由边界条件确定 (Q', a', φ)：

$$\varphi|_{z=0} = 0 \Rightarrow \frac{Q}{\sqrt{x^2+y^2+a^2}} = -\frac{Q'}{\sqrt{x^2+y^2+a'^2}}。$$

（三）递推法

递推法是解决涉及相互联系的物体较多并且有规律的问题。在解题的过程中，先求解出物体与物体间发生第1次、第2次、第3次的关系式，然后运用数学归纳的思想将得到的表达式进行归纳，最后得出通式。[68] 这种根据多次作用的重复性和它们的共同点，把结论推广，最终结合数学知识求解的方法在许多题目的求解过程中是不可或缺的。

【例5-8】由静止开始以加速度 a 做匀加速直线运动的质点，在 t 时刻，加速度突变为 $2a$；在 $2t$ 时刻，加速度突变为 $3a$……在 nt 时刻，加速度变为 $(n+1)a$，求：

(1) nt 时刻质点的速度；

(2) nt 时间内通过的总路程。

解析：(1) 质点在 t 时刻的速度为 $v_t = at$；在 $2t$ 时刻的速度为 $v_{2t} = v_t + 2at$，所以 $v_{2t} = at + 2at$。

在 $3t$ 时刻的速度为 $v_{3t} = v_{2t} + 3at = at + 2at + 3at$。

……

同理在 nt 时刻的速度为

$$v_{nt} = v_{(n-1)t} + nat = at + 2at + 3at + \cdots + (n-1)at + nat$$
$$= at(1 + 2 + 3 + \cdots + n)$$

$$=at \cdot \frac{1}{2}(n+1)n$$

$$=\frac{1}{2}n(n+1)at。$$

（2）同理，可推得 nt 内通过的总路程为

$$s=\frac{1}{12}n(n+1)(2n+1)at^2。$$

三、建立"教师引导、独立探究、小组讨论"激发学生思维潜能

三明一中物理组教师在长期的物理竞赛教学过程中，建立了"教师引导、独立探究、小组讨论"的教学方法。教师先将物理竞赛的知识点教授学生，使学生掌握解决问题的工具，然后引导学生独立思考，为学生建立物理思维方法，最后组织学生分小组讨论，通常还会选派一个或数个学生代表上讲台讲授。

爱因斯坦正是因为会独立思考，才创造了伟大的成就。面对物理竞赛难题时，学生先独立思考，通过积极主动地思考，让学生在解题的过程中注意力高度集中，不断挑战新的思维高度，激发学生探求新知识的欲望，培育学生独立解决问题的习惯。独立思考对学生解题能力的提升起到至关重要的作用。当学生通过一定时间的独立思考无法解决问题的时候，教师应适当引导，开发学生的思维，带领他们去探寻问题思考的方法与途径，最终教会他们思考问题的方法。通过以上两个阶段的学习，学生已经找到解决问题的方法，最后分小组讨论，把问题彻底弄清楚，让学生当"小老师"上台讲解。学生自己做题、听别人讲题和给别人讲题对学生能力的要求截然不同。通过上台讲解，学生不仅提高了自信心，而且也能加深对题目的理解，提升解题能力。[2-3]

中学物理竞赛难度大，在物理竞赛的教学中，如果仅仅关注学生知识点的掌握情况，忽略了学生解题能力的培养，学生将在物理竞赛的学习中迷失方向，考场上将无法很好应对。只有多管齐下培养学生物理竞赛的解题能力，培养"打破砂锅问到底"的学习精神，才能让学生在学科竞赛中不断体悟物理规律本质，取得实质性的进步。

第六章

课程实施效果及反思

高中物理专题研究性学习课程的实施效果需要实践的检验。本章第一节客观评价了课程的实施效果,分别从教师、学生层面进行展示。教师方面,形成了逐渐成熟的教师团队,项目组成员的教育科研能力得到提升,并发挥成果示范引领作用;学生方面,不但促进个性化自主探究学习,培养创新精神和实践能力,而且物理学科思维能力得到进阶培养,发展了物理学科核心素养。为展示学生"关注科学、热爱科学、传播科学"的精神,突出展现校园专题探究活动、专题研究性学习课程建设与实施所取得的成果,本章第二节内容还精选了两篇课题研究优秀成果小论文。当然,高中物理专题研究性学习课程的建设和实施过程中也还存在不少的困惑和问题,为此,本章第三节内容在课程建设展望未来的同时,笔者也对其中的困惑、问题以及后续研究过程中期望获得有关方面的支持进行说明,旨在进一步促进高中物理专题研究性学习课程建设能获得更大、更深入的发展。

自2009年开课以来,在三明一中刘若嘉、陈立志、翁东真等几任校长的大力支持下,经过项目组团队的努力钻研,物理专题研究性学习课程已经越来越成熟,与高中课堂教学的有机融合越来越深厚,越来越受到学生的关注和欢迎。尤其是在2013年12月全国教育科学"十二五"规划2013年度教育部重点课题"促进自主探究——高中物理专题研究性学习实施策略研究"立项研究以来,使得课程目标更加明确,课程资源更加丰富,教学环节更加清晰,实施效果更加显著,从而为本课程的进一步深化研究和实践检验提供重要支撑。

本课题在内容上涉及研究性学习课程的开设、物理课堂教学方式的改革以及高中物理学科奥赛的研究等较多领域,具有基础性、探究性和时代性等诸多特征。本章内容的各方面对课程效果的评价、课题研究优秀成果小论文的展示以及近10年来的实践检验都表明:在基础教育阶段以"学做科普"的方式提升学生的科学素养是可行的;以课程的方式推进,让每一个高中生都经历这一过程是非常有必要的;以任务为驱动实施课程的方案是具体可行的;物理专题研究性学习对高中物理教学质量的提高以及拔尖学生的培养具有重要作用,并且成果具有可复制性,在省域乃至全国推广专题探究活动在学科教学中的应用具有一定启示意义。

第一节 课程实施的效果

经过近10年的探索与钻研,高中物理专题研究性学习课程与课堂教学渐近融合,在课程研发、教师团队成长及学生收获等几个方面都收到了良好的效果。2018年12月,三明一中被确定为福建省首批示范性普通高中建设学校;2020年8月,又开始创建普通高中新课程新教材实施国家级示范校,本研究也逐步助力于学校这些重要工作,做出有益的探索。

一、本研究所解决的理论与实践问题

本研究具体来说解决了以下理论和实践问题,达到了预期的研究目的:

第一,通过系统、客观、深入地概括10多年来我国物理研究性学习在选题内容、教学策略和评价模式等几方面的研究,从而全面、具体地呈现当前国内学科专题研究性学习活动现状和有关研究现状,为该领域的进一步深入研究和政府相关决策提供了重要借鉴和启发。

第二,通过前期调查和反复论证,设计了一套适应不同年级和不同能力层次学生的思维发展目标的物理专题研究性学习的参考课题,从而为高中学生物理思维能力水平的有效提高提供了一条具体的实施路径。

第三,采用实验组、对照组前后测实验设计,通过若干个典型案例的深入剖析,系统考察专题探究学习的实施过程,概括出高中物理专题研究性学习的实施模式与流程,构建起专题探究活动与规律教学、实验教学、习题教学以及科技活动有机融合的教学策略,同时,开发出若干可操作性、可复制性的专题探究教学案例以及较成功的研究性学习案例,为开展有针对性的教育干预研究奠定了一定的实证研究基础。

第四,在实践访谈和多次论证的基础上,通过自编评价量表和选取成熟量表相结合的方式形成了一套专门针对研究性学习课题开题、中期、结题以及小组活动自评和个人反思的测评工具,从而为该领域的定性与量化评价研究奠定了一定的基础。

第五,以课题研究为载体,搭建了一个学习、研究、交流的平台,促进物理教与学方式的转变,最终提升教育质量效果。一方面本研究能使学生的创新精神和实践能力得到培育和发展,另一方面本研究还能有效提高教师的物理教学水平和教科研能力,促进专业化成长。

二、成果出版与发表情况

研究开展以来,项目组先后发表 CN 论文 32 篇,其中北大中文核心期刊论文 10 篇、人大复印报刊资料全文转载 3 篇;主编普通高中课程标准实验教科书 2 册,参编出版发行本专业教育教学用书 3 部;论文获全国及省级奖 21 篇,教学业务成果获省市级奖 27 项。自 2013 年 12 月全国教育科学"十二五"规划 2013 年度教育部重点课题"促进自主探究——高中物理专题研究性学习实施策略研究"立项研究以来,项目组成员发表 CN 成果论文 18 篇,其中在北大中文核心期刊上发表论文 4 篇[分别是《中学物理教学参考》(北大 2014 版全国中文核心)论文 1 篇、《物理教师》(北大 2014 版全国中文核心)论文 2 篇、《中学物理教与学》(人大复印报刊资料全文转载/中文核心)1 篇],《福建教育研究》发表课题成果系列论文 3 篇,在《物理教学探讨》《福建基础教育研究》《中学理科园地》《中学生数理化》发表论文 11 篇;主编普通高中课程标准实验教科书《物理实验册·必修 1、必修 2》(13.5 万字)共 2 册,参编《名校学案·物理·选修 3-1》(75 千字)1 册。具体如下:

(1)罗翀.高中物理专题探究的实施策略与案例分析[J].中学物理教学参考(北大 2014 版全国中文核心),2017 年第 10 期.

(2)罗翀."螺旋型"教学结构在 A 层次物理概念教学中的使用[J].中学物理教与学(人大复印报刊资料全文转载/中文核心),2015 年第 9 期.

(3)罗翀,廖柳清.感知·内化·延伸——"磁场对电流的作用"教学设计[J].物理教师(北大 2014 版全国中文核心),2015 年第 6 期.

(4)罗翀,廖柳清.探物究理 深谙规律——"等效负载法"处理变压器问题的探讨与思考[J].物理教师(北大 2014 版全国中文核心),2017 年第 11 期.

(5)胡皓云,罗翀.基于专题式学习的高中物理研究性学习内容开发策略分析[J].福建教育研究,2017 年第 7 期.

(6)林成.从"斜抛运动"谈探究式教学在新课程实施中的运用[J].福建教育研究,2017 年第 7 期.

(7)姜明姬,罗翀.高中物理专题研究性学习评价策略探讨[J].福建教育研究,2017 年第 10 期.

(8)罗翀."螺旋型"教学结构在 A 层次物理概念教学中的使用[J].物理教学探讨,2015 年第 6 期.

(9)姜明姬.浅议课堂上如何激发高三学生学习物理的兴趣[J].物理教学探讨,2015 年第 9 期.

(10)胡皓云."互联网+"背景下高效物理试卷讲评课堂模式构建[J].物理教学探讨,2016 年第 9 期.

(11)胡皓云.例谈基于学科核心素养的物理概念教学[J].物理教学探讨,2017 年第 10 期.

(12)罗翀.中学物理教育中课题探究教学的实践与思考[J].福建基础教育研究,2015 年第 5 期.

(13)胡皓云.高中物理实验教学"微课题"模式构建[J].中学理科园地,2015 年第 10 期.

(14)罗翀.在情境体验探究中获取真知——谈"形变与弹力"的探究式教学设计[J].福建基础教育研究,2016 年第 2 期.

(15)姜明姬.将物理美渗透于高中物理教学的策略[J].中学理科园地,2016 年第 6 期.

(16)马国华.新课程理念下构建高中物理高效课堂[J].中学生数理化,2018 年第 1 期.

(17)张绳强.高中物理建模教学的实践与思考[J].中学理科园地,2018 年第 3 期.

(18)罗翀.培养学生物理学科能力的实践探索[M]//福建省中小学名师培养工程专家工作委员会.福建省中小学学科教学带头人百篇优秀论文集(2011—2013 年)中学卷(44 篇).福州:福建教育出版社,2014 年 4 月.

(19)罗翀,吴金泉.普通高中课程标准实验教科书《物理实验册·必修

1》(80千字)［M］.福州:福建教育出版社,2014年7月.

(20)罗翀,吴金泉.普通高中课程标准实验教科书《物理实验册·必修2》(55千字)［M］.福州:福建教育出版社,2014年7月.

(21)罗翀等.名校学案·物理3-1(75千字)［M］.福州:福建教育出版社,2014年8月.

三、成果影响和发挥示范引领作用

(一)教师发展

1. 教育科研能力得到提升

2018年,本项目成果荣获2018年基础教育国家级教学成果奖二等奖和福建省2018年基础教育教学成果奖省级特等奖,使高中物理教学中的实际问题在专题研究性学习和专题探究实践中获得有效破解,产生了广泛而积极的影响。

项目研究以来,主持全国教育科学"十二五"规划2013年度教育部重点课题1项,主持完成省级课题3项和市级课题2项。2009年、2005年被全国教育规划办评为教育部重点课题成果全国一等奖1项、国家级二等奖2项,2007年、2013年被三明市教育局、市教科所评为优秀课题成果一等奖2项。先后发表CN论文32篇,其中北大中文核心期刊论文10篇、人大复印报刊资料全文转载3篇。

2. 发挥成果示范引领作用

通过全国教育科学"十二五"规划教育部重点课题成果汇报会、"福建基础教育科研论坛"、福建省普通高中高级职称教师专项培训、三明一中省级教学开放周、市级立项课题负责人研训等活动,项目组发挥成果示范引领作用15场次。开设省市公开课讲座42节,送教下乡16次。课题主持人罗翀参加2016年、2017年福建省高中毕业班质量检查命题工作,被福建师范大学物理与能源学院聘为福建省"十三五"第一批中小学学科教学带头人培养人选(中学物理)导师,被三明市教育局聘为三明市学科带头人培养对象教学实践导师,指导培养了17位省市学科教学带头人和9位省市骨干教师。

(二)学生发展

1. 促进个性化自主探究学习

第 25—34 届全国中学生物理竞赛,获全国二等奖 3 人、全国三等奖 2 人、省个人冠军 5 人、省一等奖 22 人、省级奖 174 人(约占全省 7.8%)、市级奖 400 余人次,决赛获奖等级和人数 3 次居同期全省之冠,竞赛学生 15 人被清华、北大录取,指导教师连续 10 年 174 次获中国物理学会、省教育厅、省科协表彰。第三至七届全国中学生数理化学科能力展示活动全国总决赛铜奖 2 人(全国第 4、5 名,福建省只有三明一中获此殊荣)、全国奖 30 人次、省级奖 157 人次,指导教师被授予全国中学生数理化能力展示活动总决赛"金牌教练员"、福建省"优秀指导教师"。2009 年来项目组任教学生 20 人被评为省优秀学生、省三好生或庄采芳·庄重文奖,19 人高考投档分上清华、北大,指导教师连续 10 年 174 人次获中国物理学会、省教育厅、省科协表彰。

2. 培养创新精神和实践能力

项目组学生先后开展物理专题研究性学习课题 48 项,其中《古代诗歌中的物理学》等 37 篇结题报告荣获三明市青少年科技创新大赛及校研究性学习论文评选一、二、三等奖,小论文有《楞次定律漫谈》《水钟》等 58 篇,小制作作品有《旋转的火箭》《喷气船》《水下眼睛——潜望镜》《竞技赛车》等 28 件。

四、三明一中项目组教学成果统计(部分)

(一)荣获国家级和省级教学成果奖

荣获国家级和省级教学成果奖见表 6-1。

表 6-1 国家级和省级教学成果奖

成果形式	序号	获奖项目	授奖部门	级别	时间/完成人
教学成果奖	1	2018 年基础教育国家级教学成果奖二等奖	中华人民共和国教育部	国家级	2018 年 9 月 罗翀等 6 人
	2	福建省 2018 年基础教育教学成果奖省级特等奖	福建省教育厅	省级	2018 年 5 月 罗翀等 6 人

(二)全国中学生数理化学科能力展示活动获奖成果

全国中学生数理化学科能力展示活动获奖成果见表 6-2。

表 6-2 全国中学生数理化学科能力展示活动获奖成果

第三届、第四届、第五届、第六届全国中学生数理化学科能力展示活动（2011 年、2012 年、2013 年、2014 年）	全国总决赛（北京）（30 人次）	郑新钻（铜奖、全国第 5 名、全国一等奖、全国三等奖） 林雨昕（铜奖、全国第 4 名、全国一等奖、全国三等奖） 柯梅静（全国二等奖、全国三等奖） 许白露（全国二等奖） 邱志敏（全国三等奖） 陈 力（全国一等奖、全国三等奖） 邓长昊（全国一等奖、全国三等奖） 叶聿桢（全国一等奖、全国三等奖） 黄隆峥（全国一等奖、全国三等奖） 李铮儒（全国一等奖、全国三等奖） 何 立（全国二等奖、全国三等奖） 吴惠琳（全国二等奖、全国三等奖） 池昱霖（全国二等奖、全国三等奖） 范耀炜（全国二等奖、全国三等奖） 陈昌晖（全国三等奖、全国三等奖）
	第三届省赛学科能力·解题技能展示活动（2011 年 17 人次）	省一等奖：郑新钻、郑欣、孙建辉、陈庆英、许宝怀、陈青钰、许纯泰、洪艽力 省二等奖：颜 哲、邓享海、李联炜 省三等奖：吴华珍、肖家木、柯梅静、苏荣鹏、张智鹏、许白露
	第四届省赛学科能力·解题技能展示活动（2012 年 45 人次）	省一等奖：张昌琳、李建川、潘宇豪、郑 晖、罗 畅、邓启寰、吴俊生、蒋明峰、谢伟鸿 省二等奖：王火策、张靖雯、张文婷、罗庆丹、陈赜涵、朱传庆、陈 勇、苏芸菲、涂华垚、肖 宁、朱美程 省三等奖：潘欣宁、黄义祯、高泽欣、李坤威、张佳琦、薛 卉、周宇晨、郑玉莲、陈 卓、王晓瑜、肖 锦、郑登智、刘淑玥、肖宣煜、蔡政威、赖光书、王瑞辉、王 婕、汤建鹏、邓玉灵、孙统闽、蓝绍宇、林清婷、郑登尧、林欧阳

		续表
第三届、第四届、第五届、第六届全国中学生数理化学科能力展示活动（2011年、2012年、2013年、2014年）	第五届省赛学科能力·解题技能展示活动（2013年61人次）	省一等奖：范耀炜、李世鹏、王均正、邓长昊、范国杰、陈　力、邱俊杰、林雨昕、熊东文、范国杰、董　浩、池昱霖、范耀炜、林雨昕、陈少宇、李世鹏、朱敏莘 省二等奖：董　浩、陈昌晖、陈少宇、何　立、叶聿桢、池昱霖、潘靖宇、黄隆峥、黄小梅、陈严逸飞、魏婧雯、朱敏莘、黄珮薇、王均正、陈基连、魏婧雯、卢霆威、陈　力 省三等奖：叶栩昊、庄伟林、肖钰玲、卢霆威、黄孔铧、黄郁雯、严慧琳、黄祥晖、陈　默、毛瑞丰、朱元昊、李铮儒、何　立、李铮儒、黄孔铧、夏圣垣、郑晨曦、叶聿桢、黄隆峥、张英彬、吴惠琳、陈昌晖、谢　松、程　恺、许赵媛
	第六届省赛学科能力·解题技能展示活动（2014年34人次）	省一等奖：邓倩玉、庄玉辉、杨　洋、季迪威、张自顺、林毅桐、张梦熹、丁皓亮、范冬晨 省二等奖：张文斌、赖雨淇、陈文恺、郑开凡、赖永晨、余健彬、余联课、吴玉萍、庄玉辉、陈宇翔、洪佳文、华郁瑶、项少柯、许馨瑶、林嘉伟、池建辉 省三等奖：官海珠、郑钰漾、卢晨蕾、朱光瑞、王　懿、林晓瑛、姜润研、郑　婕、苏小强

（三）第25—34届全国中学生物理竞赛获奖成果（2008—2018年）

第25—34届全国中学生物理竞赛获奖成果（2008—2018年）见表6-3。

表 6-3　第 25—34 届全国中学生物理竞赛获奖成果(2008—2018 年)

获奖时间	获奖级别	获奖者	授奖部门
2008—2009 (25 届)	全国二等奖(1 人)	徐　屹(决赛全省第 1 名,差 2 名入选物理国家集训队)	中科协青少部 中国物理学会
	全国三等奖(1 人)	李世琛	
	省一等奖(2 人)	徐　屹(全省第 4 名)　李世琛(全省第 6 名),均入选省队	福建省教育厅 福建省科协
	省二等奖(6 人)	林子杰　饶木明　石红梅 洪瑞琦　余春荣　邓　欣	
	省三等奖(4 人)	蔡润夏　卢忠祥　吴瑨强 杨继生	
2009—2010 (26 届)	省一等奖(3 人)	蒋联赐　朱传义　邓锦汉	福建省教育厅 福建省科协
	省二等奖(3 人)	蔡润夏　刘　晨　蔡文锋	
	省三等奖(4 人)	邓玉斌　吴　炜　郑炎亭 上官诚江	
2010—2011 (27 届)	省二等奖(4 人)	孙建辉　陈青钰　陈庆英 洪芃力	福建省教育厅 福建省科协
	省三等奖(2 人)	郑新钻　许纯泰	
2011—2012 (28 届)	全国二等奖(2 人)	陈庆英　陈青钰(决赛福建省成绩最好的 2 名学生,我校占 2 名)	中科协青少部 中国物理学会
	省一等奖(4 人)	陈青钰(全省第 1 名,理论成绩全省第 1 名,入选省队) 陈庆英(全省第 5 名,理论成绩全省第 2 名,入选省队) 孙建辉　洪芃力	福建省教育厅 福建省科协
	省二等奖(5 人)	许宝杯　易振彧　肖家木 许纯泰　许白露	
	省三等奖(7 人)	张远良　柯梅静　郑　欣 蒋明峰　涂华垚　颜　哲 张智飞	

续表

获奖时间	获奖级别	获奖者	授奖部门
2012—2013 (29届)	省一等奖(1人)	蒋明峰	福建省教育厅 福建省科协
	省二等奖(5人)	涂华垚　朱传庆　蔡政威 肖　宁　李建川	
	省三等奖(6人)	赖光书　罗锦龙　苏芸菲 陈　勇　陈永清　孙统闽	
2013—2014 (30届)	全国三等奖(1人)	池昱霖(全省仅有的2名获全国奖的高二学生之一)	中科协青少部 中国物理学会
	省一等奖(2人)	池昱霖(全省第6名,入选省队) 李建川	福建省教育厅 福建省科协
	省二等奖(4人)	邓启寰　吴俊生　潘宇豪 周宇晨	
	省三等奖(3人)	张昌琳　李铮儒　郑景辉	
2014—2015 (31届)	省一等奖(3人)	范国杰　池昱霖(实验成绩全省第1名)　李铮儒	福建省教育厅 福建省科协
	省二等奖(4人)	黄沛尧　董　浩　范耀炜 陈少宇	
	省三等奖(3人)	张梦熹　陈昌晖　何　立	
2015—2016 (32届)	省一等奖(1人)	庄玉辉	福建省教育厅 福建省科协
	省二等奖(6人)	朱光瑞　苏小强　黎　舜 季迪威　兰佳奇　吴为昆	
	省三等奖(6人)	揭庆暄　余联课　骆宇帆 陈开辉　魏　杰　田时楷	
2016—2017 (33届)	省一等奖(4人)	吴为昆　林博恒　邓俊源 黎　舜	福建省教育厅 福建省科协
	省二等奖(7人)	杨世成　冯　晟　杨逍宇　魏　杰 田时楷　曾国超　揭庆暄	
	省三等奖(9人)	杨俊炜　林一帆　陈　煜　李浩宇 黄泊舰　谢宇山　李长业　潘　燊 江家梁	

续表

获奖时间	获奖级别	获奖者	授奖部门
2017—2018（34届）	省一等奖(2人)	冯　晟　黄泊舰	福建省教育厅 福建省科协
	省二等奖(4人)	杨俊炜　谢宇山　张家炜 李浩宇	
	省三等奖(11人)	刘凌鑫　黄霆涛　陈冬可　刘　泽 张书航　黄国晋　林恺越　陈　侗 陈　煜　欧文烨　郑子奇	

第二节　物理专题研究性学习成效举偶

一、课题成果一：从古至今的美妙
——"古代诗歌中的物理学"调查报告

古代诗歌中蕴藏着丰富的物理学知识，为探究其中的奥妙，本研究性学习小组做了不懈的努力。课题小组通过网上调查和书刊查阅、与语文老师探讨交流、部分成员实地参观列东江滨文化长廊——"中国古代成语典故"，同时通过问卷调查并对其数据进行了较深入地分析，从而深深感受到古代诗歌中所蕴含的物理学魅力。

（一）课题研究背景

自然界是丰富多彩的，古代的诗人在体验生活、欣赏大自然美景时，留下了许多脍炙人口的诗句。又因为物理现象是普遍存在于大自然中的，所以古代诗词中不免出现一些物理现象。具体地说，这些看似杂乱无章的现象属于物理学的不同分支，其中包括最常见的光现象、声现象、热现象等。当然，还有的现象与经典力学、运动学有着密不可分的联系。诗人对生活细致入微的刻画，使这些科学现象隐藏在诗句的字里行间，引发了我们今天的思考。

(二)课题调查程序

1. 课题实施时间流程

本研究性学习课题实施时间流程见表 6-4。

表 6-4　课题实施时间流程

阶　段	时　间	任　务
学习阶段	第 1—2 周	学习两本书,了解什么是研究性学习,老师进行课题介绍
计划阶段	第 3 周	对研究活动进行计划安排
调查阶段	第 4—8 周	通过网上调查、书刊查阅、实践调查、问卷调查等了解古代诗歌中所蕴藏的物理学知识,并收集资料
分析阶段	第 9—10 周	分析整理资料,课题成员撰写研究小论文
撰写报告	第 11 周	总结归纳,课题组完成课题研究的调查报告
撰写体会	第 12 周	反思提高,撰写心得

2. 课题实施具体程序

本研究性学习课题实施具体程序如图 6-1 所示。

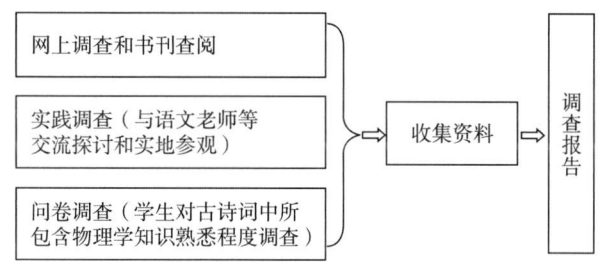

图 6-1　课题实施程序

(三)课题调查方法

1. 网上调查和书刊查阅

(1)网上调查和书刊查阅过程。

如图 6-2 和图 6-3 所示,课题组通过网络、图书馆等多种渠道进行资料的详细查询。

图 6-2　网上调查

图 6-3　书刊查阅

(2)网上调查和书刊查阅结果。

课题组查阅了网络上近 500 首古诗词,到学校图书馆进行数十本的有关书刊查阅,收集到有涉及物理学现象、规律的古诗词百余首,古代成语数 10 个,同时还发现有多篇文章对古诗词中的物理学现象做了深入的剖析和阐述,给课题组以很大启示。

2. 实践调查

(1)调查过程。

为了将已学知识联系实际综合运用,增强多学科综合分析能力,笔者利用周末时间带领课题组部分成员实地参观了列东江滨文化长廊——"中国古代成语典故",如图 6-4 和图 6-5 所示。古代诗歌中蕴含着大量的光现象、声现象等美景,课题组还就这些自然现象从文学渲染角度与语文郑老师、李老师等进行了深入交流探讨,如图 6-6 和图 6-7 所示。

图 6-4 "童叟无欺"与"杠杆原理"

图 6-5 "程门立雪"与物态变化

图 6-6 同学探讨

图 6-7 师生交流

案例 6-1

"刻舟求剑""凿壁偷光"

【词语解释】"刻舟求剑"比喻不懂事物已发展变化而仍静止地看问题。

【典故出处】战国·吕不韦《吕氏春秋·察今》:"楚人有涉江者,其剑自舟中坠于水,遽契其舟曰:'是吾剑之所从坠。'舟止,从其所契者入水求之。舟已行矣,而剑不行,求剑若此,不亦惑乎?"如图 6-8 所示。同理分析"凿壁偷光",如图 6-9 所示。

(2)实践感想。

今天,我们研究性学习小组来到江滨文化长廊,感受到了古代诗歌中物理现象的存在。

在这里,我们阅读到了许多的古代诗歌(成语),分析了其中反映出的物理现象。例如,"凿壁偷光"一词,以往我们只领略到其中刻苦求学的精

图 6-8 "刻舟求剑"与参照物　　图 6-9 "凿壁偷光"与光的直线传播

神。殊不知,它还向我们揭示了一个重要的物理现象:光是沿直线传播的。

漫步于文化长廊,老师生动的讲解令我在心中深深感受到物理学的博大精深与切合实际。通过这次实践,我暗下决心:一定要学好物理这门学科。

——曾肖明

蒙蒙细雨中,我们随同罗老师来到了江滨文化长廊。那是一个绿草如茵的地方,空气中散发着文化的气息。

在长廊上,有许多成语故事,那些故事涉及了许多物理知识。罗老师讲解了"刻舟求剑""童叟无欺""对牛弹琴"等典故。其中"刻舟求剑"蕴含的物理知识是参考系的不同导致物体位置也随着变化;"童叟无欺"则涉及了杠杆原理,动力与动力臂的乘积等于阻力与阻力臂的乘积;"对牛弹琴"包含了声音是由物体振动产生等物理知识。

通过今天的实践调查,使我对物理知识有了进一步了解。其实,物理知识就在我们身边,它使我们的生活变得更加丰富多彩。只要我们留心生活,就能走进一个生活中的物理"天堂"。

——罗琼华

诗歌,是古代先贤圣人凝聚心力而创造的宝贵财富。物理,是当今科学技术发展突破而必需的理论基石。将两者有机地融合在一起,我们可以领略到不一样的天地。

今天,我们研究性学习小组随同罗老师一起来到江滨文化长廊进行了实地调查。在这里,我们不仅感受到了大禹"过门不入"的尽忠职守和无私奉献,体会到了匡衡"凿壁偷光"的勤奋刻苦和不懈努力,领略到了杨时"程门立雪"的尊师重道和孜孜不倦。同时,罗老师生动的讲解,更使得这些成语所表达的精神、思想以及所蕴含的物理知识,更加深刻地刻在我的脑海里,印在我的心田上。

留心生活,品味生活,感受中国古代诗歌的博大精深,学习其中所包含的物理知识,这必将使我们的学习更加丰富有趣,使我们的生活更加多姿多彩。

——许白露

今天,罗老师与我们一起实地参观江滨文化长廊。看着这配着栩栩如生的雕画的文化长廊,犹如一张书卷铺排在眼前,散发着墨汁的香味,吸引着我们走进它们。虽然没有导游的生动讲解,但有罗老师对其缜密的物理分析;虽然长廊只有三四百米的长度,但有从古诗跨越到物理的宽度;虽然成语没有美文那样华丽的辞藻堆砌,但有蕴含精炼、准确的物理知识。

物理,作为科学教育的重要组成部分;诗歌,在文化领域中扮演着不可或缺的角色,现在,把两者结合起来,是从古至今的美妙。

——林丽娟

3. 问卷调查

(1)问卷调查对象、方法及回收情况。

课题组设计了《古代诗歌中的物理学》调查问卷的12道题目,见本小节附录。为了较好地完成该调查,本着有效、便利的原则,我们坚持了无记名随机抽样。本调查抽取了60名同学填写该份问卷,回收了50份问卷,回收率为83.3%,如图6-10所示。对此次问卷调查的结果,我们利用Excel图表对数据进行了较深入分析。

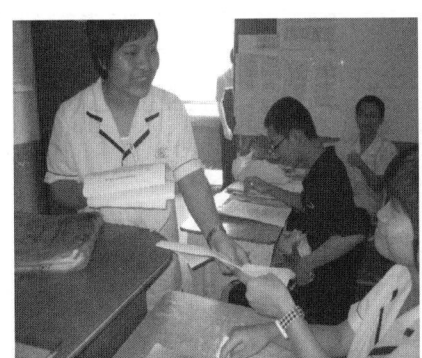 

图6-10 问卷调查

(2)调查结果与分析。

通过对调查问卷进行分析,现将此次调查问卷反映的内容、分析的结果等报告如下:

①对生活中的物理现象的关心程度。

由表6-5可知,大部分同学对生活中的物理现象有着强烈的好奇心,比例占了60%,但有极少数同学对身边的物理现象较为陌生,且他们主动了解物理知识的渴望性并不是很高。

表6-5 对生活中的物理现象的关心程度

关心程度	很关心	一般	不关心
人数	30	16	4
百分比	60%	32%	8%

②综合分析古代诗歌与物理学联系的能力。

问卷调查第12题:"孤帆远影碧空尽,唯见长江天际流。"一句中蕴含的物理学知识是_____。由表6-6和图6-11、表6-7和图6-12可知,该题大部分同学能够比较准确地分析出诗句中的物理知识,占了58%,这是一个不错的数据。但仍有18%的同学未准确把握住其中所包含的物理知识,应加强学科间的知识迁移,毕竟还有24%的同学不能够对此句诗中的物理知识做出分析。

表6-6 诗歌与物理有无联系

诗歌与物理有无联系	有联系	有,联系不大	没有联系
人数	29	21	0
百分比	58%	42%	0%

图6-11 诗歌与物理有无联系

表 6-7　分析诗句中的物理知识正确与否

分析第 12 题诗句中蕴含的物理知识正确与否	正　确	分析错误	没有分析
人数	29	9	12
百分比	58%	18%	24%

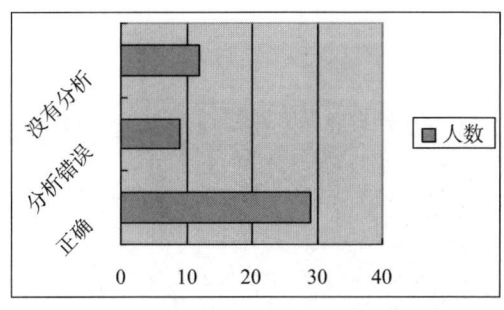

图 6-12　分析诗句中的物理知识正确与否

③认为研究该课题的意义。

由表 6-8 和图 6-13 可以得出,有一半的同学认为研究"古代诗歌中的物理学"很有意义,将近一半的同学认为研究意义不大,极少数同学认为没有研究意义。

表 6-8　课题研究意义统计

课题是否具有研究意义	很有意义	意义不大	没有意义
人数	25	24	1
百分比	50%	48%	2%

其实,本小组认为研究该课题很有意义,因为它不仅有助于我们掌握诗歌与物理有关方面的学科知识,而且还能提高我们对试验信息的采集、加工和分析能力,使我们对科学家的科学研究的一般过程和方法有一个很初步的

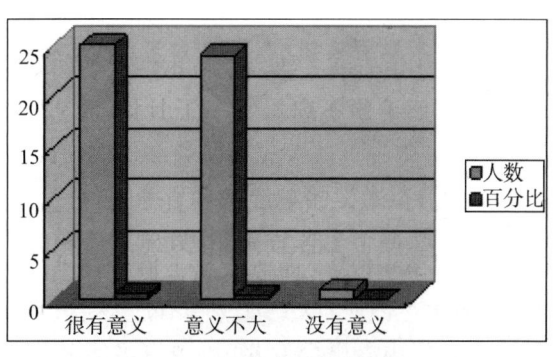

图 6-13　课题研究意义统计

认识,从而有效提升自己的科学素养。[68]课题组决定在课题结束后在同学们当中多做这方面的宣传工作,同时也建议各学科老师在实际教学中能多进行学科间知识的有机渗透和融合。

(四)古代诗歌中蕴藏的丰富物理学知识

1. 光　学

自然界各种奇妙的光学现象,如图 6-14 所示,历来是古今中外文人墨客笔下创作的重要素材。根据课题组的调查情况下面列举几例。

　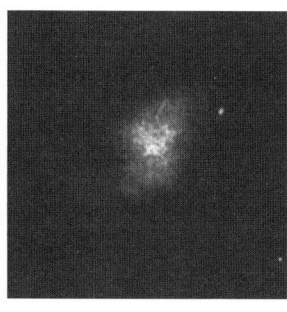　

(a)光的直线传播　　(b)蟹状星云远紫外波段图象　　(c)光的色散

图 6-14　各种奇妙的光学现象

(1)"举杯邀明月,对影成三人。"——李白《月下独酌》。

光的直线传播的性质,点光源(这里我们粗略地将"明月"当成点光源)发出的光照到不透明的物体(人),物体向光的表面被照明,在背光面的后方形成了一个光线照不到的黑暗区域,这就是物体的影。如图 6-15 所示,由于"明月"的发光面比较大,发光面上的每个发光点,都可以看成一个点

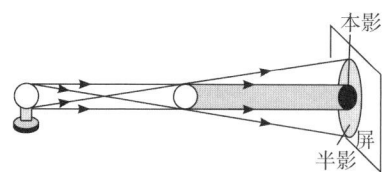

图 6-15　本影、半影成因

光源,它们都在物体背后造成影区,这些影共有的范围完全不会受到光的照射,叫本影;本影周围还有一个能受到光源发出的一个部分光照射的区域,叫半影。因而,以上的"对影成三人"的现象便是由本影和半影产出的。

(2)"庐山秀出南斗傍,屏风九叠云锦张,影落明湖青黛光。"——李白

《庐山谣寄卢侍御虚舟》。

"屏风九叠"和"云锦张"的美景,嶙峋的山座和天空中的云彩映入明镜般的水中,湖光山色,倒映成趣。而山色与云彩之所以会映在水中,是光的反射的结果。平面受到平行光的照射时,反射光也是平行的,这种反射就是镜面反射。这里,我们可以把诗中的"明湖"看成一个镜面,从点 S 发出的光,经过平面镜反射后,都好像是从点 S′发出的,S′称为 S 的像,如图 6-16 所示。诗人从水中看到的"影"和"看黛光"就是山、云这些景物光线经湖面反射后所成的像。

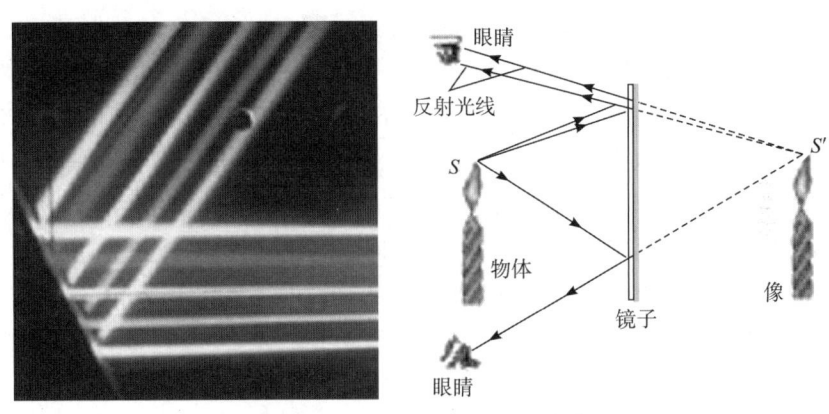

图 6-16 光的反射和平面镜成像

(3)"孤帆远影碧空尽,唯见长江天际流。"——李白《送孟浩然之广陵》。

"碧空尽"在大气则是光折射的结果。当光从一种介质进入到另一种介质时,在两种介质的交界处,一部分光进入到后一种介质中去,并且改变了原来的传播方向,这就是光的折射,如图 6-17 所示。覆盖在地球表面的大气,越是接近地面越稠密,

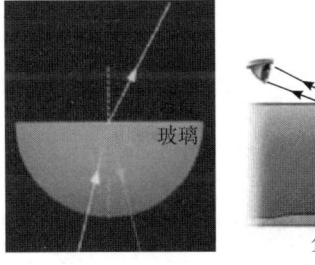
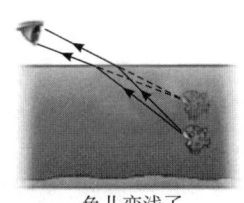

图 6-17 光的折射

折射率也越大。这种密度分布不均匀的介质中,光并不是沿直线传播的。我们可以粗略地认为地球表面上的空气是由许许多多水平的气层组成的,每一层的密度都不相同。当然越接近地平线时,光线在大气中偏折就越明显,如图 6-18 所示。因此,李白说它是"碧空尽"。

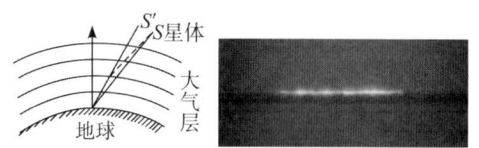

图 6-18　海平面升起瞬间,出现剧烈的光线折射

(4)"月下飞天镜,云生结海楼。"——李白《荆门送别》。

月亮在水中的倒影好像天上飞下来的一面天镜,云彩升起,变幻无穷,结成了海市蜃楼。"飞天镜"是光反射的现象,"结海楼"是光折射的现象。光从一种介质射向另一种介质的交界面时,使光的传播方向发生了改变,这种现象称为光的折射。海市蜃楼是光在密度分布不均匀的空气中传播时发生折射而产生的。夏天,海面上的下层空气温度往往比上层低,密度比上层大,折射率也会比上层大。我们能把海面上的空气都看成是因为折射率不同的大量水汽层组成的。远处的山峰、船舶以及楼房、人等发出的光线射向空中时,因为不断被折射,越来越偏离法线方向,进入上层空气的入射角会不断增大,导致全反射,光线反射回地面,人们逆着光线看去,就可以看到远方的景物悬在空中,如图 6-19 所示。于是,就出现了"飞天镜""结海楼"的奇妙美景。同样的原理,海市蜃楼这种光学现象还会出现在沙漠和夏天炎热的路面上。

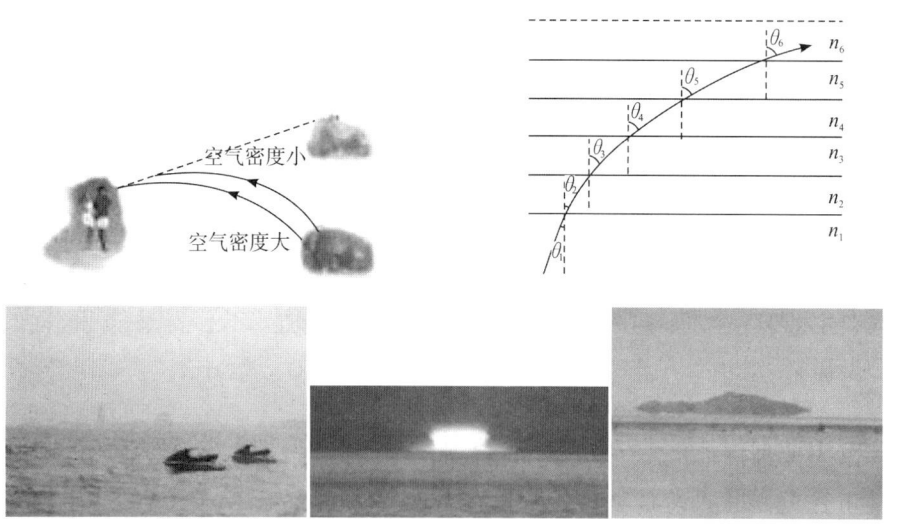

山东省蓬莱市海面拍摄到的海市蜃楼　　犹他州大盐湖的海市蜃楼　　太阳升起时,海平面出现海市蜃楼现象

图 6-19　海平面上出现海市蜃楼原理图及拍摄到的实景

2. 声　学

在首都北京市区的东南部,坐落着一个驰名中外的天坛公园。那里本来是明清两代帝王祭天和祈祷丰年的祭坛,最初建设于明代永乐十八年(1420 年)。天坛是我国最壮观、最有特色的古建筑之一。不过,从声学上看,我们最感兴趣的是回音壁、三音石和圜丘。

(1)"姑苏城外寒山寺,夜半钟声到客船。"——张继《枫桥夜泊》。

"夜半钟声"之所以会被人听到,就是声波衍射的结果。如图 6-20 和图 6-21 所示,由于声波、水波具有波的性质,就会发生波的干涉和衍射现象,还有波的反射现象。声波的波长在 1.7 cm 至 17 m 之间,是可以跟一般障碍物的尺寸相比的,所以能绕过一般障碍物,使我们听到障碍物另一侧的声音。

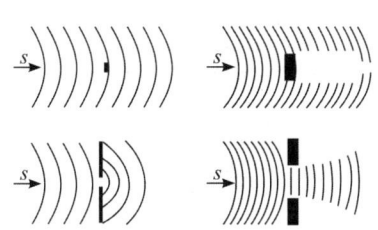

图 6-20　声波遇到障碍物或小孔时的衍射

图 6-21　水波通过狭缝时的衍射

(2)"居高声自远,非是藉秋风。"——虞世南《蝉》。

首先,"居高"能"声自远"。根据声波的物理性质,当它在传播过程中遇到尺度比它的波长大得多的障碍物时很容易被反射,如图 6-22 所示;当遇到线度小于其波长的障碍物时,就会朝各个方向散射;当遇到一些松软多孔的物质时,声能就很容易被这些物质表面的气孔所吸收。由于近地的障碍物(建筑物、灌木丛、草皮、土壤等)较多,因此声波近地传播就很容易被反射、散射和吸收。而蝉是"居高"而鸣,高处空旷,障碍物少,

图 6-22　声波的反射

蝉声在传播过程中被反射、散射和吸收得很少,自然也就能传得很远了。

其次,声音的传播与"秋风"的作用。声波在介质中传播的速度大小和介质所处的状态(温度、密度等)有关,与风同向的声速等于风速加上静止

空气中的声速。由于高处风的速度大,近地的风因受地面许多障碍物的阻碍,风速要小,因此声波在高处传播的速度比在低处传播的速度也要大些,不同时刻声波的波面在高处的间距要比在低处的间距大些。结果,声音的传播方向便向下弯曲发生声音的折射现象。因此,风的存在在蝉声传播的过程中只是起了改变声音传播方向的作用。但由于声速(一般为 340 m/s)比风速(一般小于 10 m/s)要大得多,因此风在改变传播速度方面的作用是很小的,对声音传播的远近并没有多大的影响。

3. 动力学

(1)"春潮带雨晚来急,野渡无人舟自横。"——韦应物《滁州西涧》。

后一句的意思是郊野渡口拴着的一条无人驾驶的小船,在晚潮加之春雨形成的小河湍急的流动中,横在河里,随波荡漾。这里形象又真实地描绘了在河中荡漾的小船,因要处于一个稳定的平衡位置,它总要横泊在河中。故唐代诗人韦应物对船体稳定性现象的观察,比起西方精确描述的出现要早 1100 多年。

(2)"野水无人渡,孤舟尽日横。"——寇准《春日登楼怀归》。

为什么在河中荡漾的船总是要横泊在河里呢?这里有一个流体力学问题、一般物体在静力作用下的平衡问题。直到 19 世纪末 20 世纪初利用复变函数才知船底椭圆长轴与来流垂直时为稳定的平衡位置。[67]

4. 热力学

(1)"墙角数枝梅,凌寒独自开。遥知不是雪,为有暗香来。"——王安石《梅花》。

"暗香"是因为分子都在不停地做无规则运动的结果,这是分子在空气中的扩散现象。

(2)"花气袭人知骤暖,鹊声穿树喜新晴。"——陆游《村居书喜》。

这句诗中我们也许会迷惑为何花气袭人知骤暖呢?秘密是因为分子的热运动随温度的升高而增快,如图 6-23 所示,所以当花朵分泌芳香,分子运动加快时,便预示着温度升高,天气变暖。

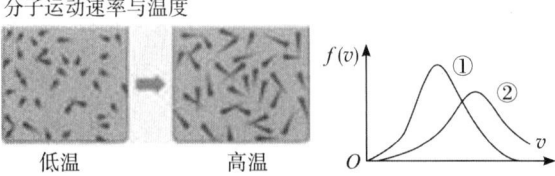

图 6-23　O_2 分子平均速率随温度升高增大

(3)"人间四月芳菲尽,山寺桃花始盛开。"——白居易《大林寺桃花》。

桃花在阳春三月(指农历,下同)开放,四月桃花早已谢尽。为什么庐山香炉峰峰顶的大林寺的桃花在四月才刚刚盛开呢?今天我们不难从科学的角度予以解释。

由热力学第一定律知,高空的气温要比地面低。这是因为地面附近的空气受到太阳的热辐射,受热膨胀成为暖空气而要上升,越往上,气压越低,就越膨胀,对外做功,自身内能变小,温度便会下降,如图6-24所示。这样,由于空气不断变冷,山上就变成了"寒宫"。干燥空气每上升100 m温度会下降1 ℃。而如果空气潮湿,由于温度下降液化时会散发热量,使空气变暖,这时每上升100 m,温度只会下降0.60~0.71 ℃。庐山相关气象资料见表6-9。

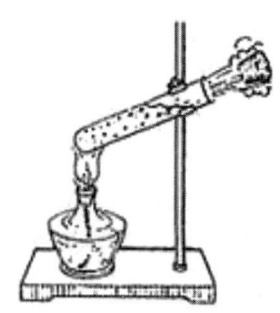

图6-24　气体对外做功

表6-9　庐山相关气象资料

观测点	春季(公历4月)	夏季(公历7月)
庐山气象台	11.5 ℃	23.1 ℃
九江气象台	16.5 ℃	29.7 ℃

由表6-9可看出,春季(公历4月,农历三月)庐山上要比山下的九江气温平均低5 ℃,夏季山上要比山下气温平均低6.6 ℃。5—7 ℃的温差在气候上要相差1个多月,即庐山山顶农历四月的气候相当于山下九江市的农历三月初的气候。难怪山下桃花"四月芳菲尽",而庐山顶上大林寺"桃花始盛开"了。

除古诗中描述的山下"四月芳菲尽",山上"桃花始盛开"的情景外,现代飞机的拉烟现象也可说明高空异常寒冷。人们常在晴朗的天空中看到喷气式飞机在高空飞行时,机身后边会出现一条或数条长长的"白烟",人们习惯地称它为"飞机拉烟"。其实,这不是喷气式飞机喷出来的烟,而是飞机排出来的废气与周围环境空气混合后,水汽凝结而成的特殊云系,航空飞行界和航空气象学上称之为飞机尾迹,即俗称的"飞机拉烟"。

经过进一步的研究,获知飞机飞行时消耗大量的燃料,所产生的水汽和部分热量随废气排出飞机体外,进入大气层,并与周围环境空气迅速混合而形成凝结尾迹。环境空气温度高时是不利于凝结尾迹的形成的,只有当环境温度相当低(据有关资料表明通常在零下 40 ℃以下)时,才有可能出现飞机凝结尾迹。所以,此混合气体中究竟会不会出现凝结现象,将取决于环境空气自身的温度、湿度和大气压力。

5. 其他综合的物理现象

(1)"日照澄洲江雾开,淘金女伴满江隈。美人首饰侯王印,尽是沙中浪底来。"——刘禹锡《浪淘沙·其六》。

诗人仔细观察了淘金女工作的时间、地点和淘金的方法,写成此诗。

诗人观察得细致,对自然现象的描述非常准确,江上江边空气含水量大,晚上气温下降,空气中的水分就会过饱和,结为雾珠。太阳出来后气温升高,雾珠蒸发,空中的小液滴便汽化成了水蒸气,雾气就消失了,一个多么神奇的物理现象……如图 6-25 所示。这就是诗中"日照澄洲江雾开"包含的自然景观。

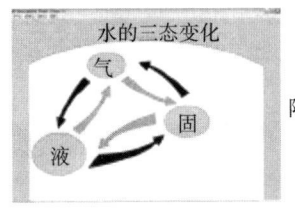
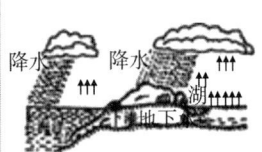

图 6-25　物态变化

"淘金女伴满江隈","隈"就是山、水弯曲的地方。淘金妇女聚集在江边弯曲处是因为江水弯曲部位的外侧,水流的速度比较大,能够更好地把沙金与沙子分开,这种现象所蕴藏的物理原理是:如图 6-26 所示,水流的速度大时,水中其他杂质做圆周运动的速度也将较大,其所受到的合外力可能不足以提供向心力($F<m\omega^2 r$),杂质就比较容易做离心运动。离心运动还有很多应用,如洗衣机脱水桶、游乐场转盘等。

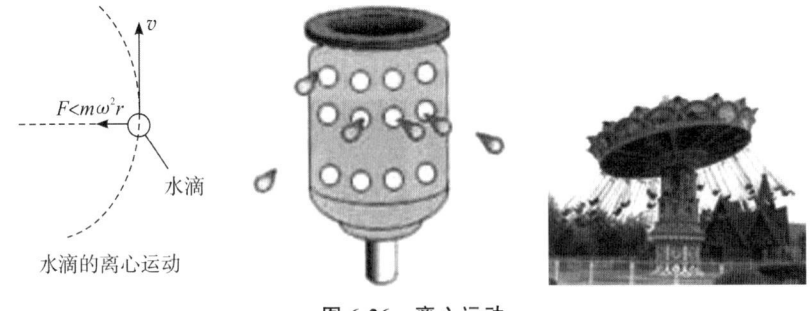

图 6-26　离心运动

淘金的过程是利用物体在水中受到的浮力等于它排开的水受到的重力这一著名的阿基米德定律。相传是阿基米德为鉴定一顶纯金的王冠的真伪问题陷入沉思,洗澡时发现了这条重要定律。沙子和沙金的密度都比水大,它们在水中都不会浮在水面上。搅动含有沙金的江底泥沙,使它们浮动起来,同样体积的沙子与沙金在水中受到的合力($F_合 = G - F_浮$)不同,沙金受到的合力大些(因为沙金的密度大),下降的速度也快些,其原理可用图 6-27 所示。在流动的水中,沙子和沙金就会沉降到不同的地方,这样沙子与沙金就分开了。美人首饰和王侯印,都是由浪搅动沙子得到的。

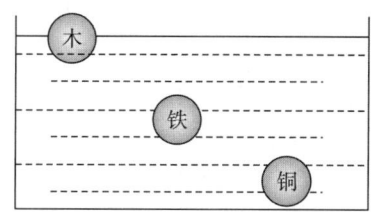

图 6-27　不同密度的物体在水中的浮力不同

(2)"黄河远上白云间,一片孤城万仞山。羌笛何须怨杨柳,春风不度玉门关。"——王之涣《凉州词》。

此诗写出了玉门关外一片凄凉景色:黄河在地上,白云在天上,为什么在诗人眼里它们会相会在一起。是诗人的错觉吗?不是。人向四周望去,会感到自己置身在一个你目力所及的圆面的中心,这个圆面的边缘就是地平线。因为地球是一个球体,在广袤无垠的平坦大地上,即使没有障碍物,人的视野也会被限定在一定范围内。人们在海边看远处开来的帆船,首先看到的是船的桅杆,然后才能看到船体就是这个道理,如图 6-28 所示。

地平线其实是无法接近的,当你向它走去,它就向后退去;当你向后退时,它又向你走来。我们极目望去地平线就与天相接了,于是远处的黄河就像与天边的白云相接了,如图 6-29 所示。[66]

图 6-28　海天尽头的帆船

地平线到底有多远?这与一个人站的高度和气候条件有关。地平线就是我们看到的地面最远点的连线,因为地球是一个球体,按照几何学原理,地平线的距离依赖观察者的高度。人站得越高,视线与地球的切点就

图 6-29　地平线原理图

越远,看得也就越远,如图 6-30 所示。这才会有王之焕在《登鹳雀楼》中的千古名句:"欲穷千里目,更上一层楼。"根据计算,在晴天,一个身高 1.8 米的人站在地面上,地平线离他有 5 千米远。如果站在海拔 8848 米的珠穆朗玛峰上,地平线就有 370 千米远。考虑到光线在大气层中的折射现象,地平线的距离还要远一些。寒冷的气候增加光线的折射,所以在特别寒冷的地方,比如在南极,人们可以看到数百英里远。天气有时能够拓宽我们的视野,有时也会妨碍视野,比如雾天和散光就会限制可见度,让地平线离我们更近。

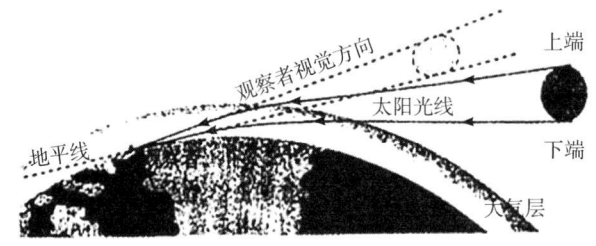

图 6-30　地平线原理

地平线离我们有多远还与我们所处的星球半径有关。月球的直径是 3476 千米,大约是地球直径 12756 千米的 1/4 稍大一些。在月球上,观测者与地平线的距离只有 2.3 千米。木星的直径是地球的 11 倍左右,在木星上,观测者与地平线的距离是 15 千米。

总结:以上是我们结合古诗看到了诗中包含的各种物理现象,并简要说明了其中的原理。诗人将生活中的所见以美妙的景物和真挚的感情,把自然的奥妙完整地展现在我们眼前。

(五)研究性学习的感受与收获

在本次研究性学习活动中,学生不仅学会了分享与合作,而且还培养了发现问题和解决问题的能力,培养了收集和跨学科分析利用信息的能力,有助于更新观念,吸收新思想与知识,同时还丰富了课外生活,拓展了视野,让学生不再觉得学习物理、语文枯燥乏味。[69]

（六）结　论

古代诗歌中的物理学,是古人对自然科学不懈探究的重要体现,古人将这些不胜枚举的发现用艺术的形式转换成了优美的诗词,等着你我去揭开她神秘的面纱、发现惊喜！

附录

《古代诗歌中的物理学》调查问卷

各位同学：

你们好！因开展"古代诗歌中的物理学"的研究性学习,为了更加了解您对古代诗歌中的物理学的认识,特做了此份调查。您的真诚回答就是对我们最大的帮助,就是我们最大的收获！谢谢！

1. 你认为学习物理,对你是否有影响？（　　）
　　A. 有　　　　B. 没有　　　C. 没感觉
2. 身边有许多奇妙的物理现象,你会对它们发起疑问吗？（　　）
　　A. 会　　　　B. 不会　　　C. 不太在意
3. 留心生活,身边有许多奇妙的物理现象,你会思考个中原因吗？（　　）
　　A. 会　　　　B. 不会　　　C. 不太在意
4. 你了解古代诗歌吗？（　　）
　　A. 了解　　　B. 了解,并不全面　　C. 不了解
5. 你认为古代诗歌与物理学之间是否有联系？（　　）
　　A. 有　　　　B. 有,联系不大　　　C. 没有
6. 诗歌中涉及许多物理知识,在品读时,你有分析它们吗？（　　）
　　A. 经常会　　B. 偶尔会　　C. 不太在意
7. "遥知不是雪,为有暗香来。"一句中是否蕴含物理学知识？（　　）
　　A. 是　　　　B. 不是　　　C. 可能有　　D. 不知道
8. "俯视清水波,仰看明月光。"一句中是否蕴含物理学知识？（　　）
　　A. 是　　　　B. 不是　　　C. 可能有　　D. 不知道
9. "举杯邀明月,对影成三人。"一句中蕴含哪些物理知识？（　　）
　　A. 光学　　　B. 声学　　　C. 热力学　　D. 动力学

10. 你认为学习物理对你的影响是（　　）。（第一题选"A"的同学回答）
    A. 能够运用物理知识解释生活
    B. 能够提高学习成绩
    C. 能够不断地从学习、生活中发现问题
11. 你认为研究"古代诗歌中的物理学"的意义如何？（　　）
    A. 很有意义　　B. 有,意义不大　　C. 没有意义
12. "孤帆远影碧空尽,唯见长江天际流。"一句中蕴含的物理学知识是_____。

再次感谢您为我们填写此份问卷！

三明一中高一"古代诗歌中的物理学"研究性学习课题组
2014-05-27

二、课题成果二：在生活中应用物理
——"电磁感应现象在生活中应用"研究报告

历史上,多少科学家为"磁生电"倾尽一生。电磁感应对当今人们的生产与生活带来了极大便利,为探究其中的奥妙,本研究性学习小组做了不懈的努力。课题小组通过网上调查和书刊资料查阅,部分成员在物理实验室选择好器材,亲自动手实践制作了小电动机,深切感受到电磁感应现象中所蕴含的物理学魅力。

（一）课题研究背景

自从法拉第发现电磁感应现象后,电磁便广泛地应用于生活之中。录音机、话筒、变压器和发电机等,无不与生活息息相关。这一发明在推动了科技进步的同时,也便利了我们的生活。为进一步探索发现电磁感应的魅力,本课题研究小组开始了研究性学习。

（二）课题研究方法

1. 网上调查和书刊查询

为更深入地对电磁感应现象进行定性定量分析,我们小组成员在图书馆查找资料,并上网查找相关实验和制作,探究电磁感应现象的本质原因。

(1)磁感应强度(B)。

为了更好地描述磁场的强弱,物理学中引入磁感应强度这个物理量,用来描述某点磁场大小和方向,跟电场强度一样,该物理量为矢量,单位:特斯拉(T)。

(2)磁通量(Φ)。

设在磁感应强度为 B 的匀强磁场中,有一个与磁场方向垂直的平面,磁感应强度 B 与该平面面积 S 的乘积,叫穿过这个平面的磁通量,简称磁通。磁通量是标量,但有正负之分,其正负表示磁感应强度 B 穿过该线圈平面的方向。[28]

(3)感应电动势大小的计算——法拉第电磁感应定律。

电磁感应现象:指穿过导体回路的磁通量变化时,导体中产生电动势的现象。[28]

法拉第电磁感应定律[28]:

内容:感应电动势大小与穿过导体回路的磁通量的变化率成正比。

公式:$E_{感}=n\dfrac{\Delta\phi}{\Delta t}$,其中,$n$ 为线圈匝数,$\dfrac{\Delta\phi}{\Delta t}$ 为磁通量的变化率。

感应电流的产生条件:①$\Delta\phi\neq 0$;②电路必须闭合。

(4)感应电流方向的判断——楞次定律。

1834年德国物理学家楞次通过实验总结出:感应电流的方向总是要使感应电流的磁场阻碍引起感应电流的磁通量的变化。

楞次定律的内容及理解:感应电流的磁场总是阻碍引起感应电流的磁通量变化。对"阻碍"一词的理解:当原磁通增加时,感应电流的磁场(或磁通)与原磁通方向相反,阻碍它的增加;当原磁通减少时,感应电流的磁场与原磁通方向相同,阻碍它的减少。[29]

楞次定律的推广含义:①阻碍原磁通的变化;②阻碍相对运动,可理解为"来拒去留";③使线圈面积有扩大或缩小的趋势,可理解为"增缩减扩";④阻碍原电流的变化。

运用楞次定律的具体步骤:①查明原磁场的方向及原磁通量的变化情况;②根据楞次定律中的"阻碍"确定感应电流产生的磁场方向;③由感应电流产生的磁场方向,用右手螺旋定则判断出感应电流的方向,简记为"一原二感三螺旋"。

2. 问卷调查分析

(1)问卷调查对象、方法及回收情况。

课题组设计了《电磁感应现象了解程度》调查问卷的10道题目,见本小节附录。本着有效、便利的原则,我们坚持了无记名随机抽样。本调查的对象选自福建省三明第一中学高一学生,抽取了70名同学填写该份问卷,回收了60份问卷,回收率为85.7%。

对此次问卷调查的结果,我们利用Excel图表对数据进行了较深入的分析。

(2)调查结果与分析。

通过对调查问卷进行分析,现将此次调查问卷反映的内容、分析的结果等报告如下:

①在物理实验中你会对物理仪器的原理产生兴趣并探究其工作原理吗?见表6-10。

表6-10 对物理仪器产生兴趣并探究原理

对物理仪器使用产生兴趣并探究原理	有很大兴趣	有一定兴趣	没有兴趣
人数	35	19	6
百分比	58%	32%	10%

②对电磁感应现象的认识,如图6-31所示。

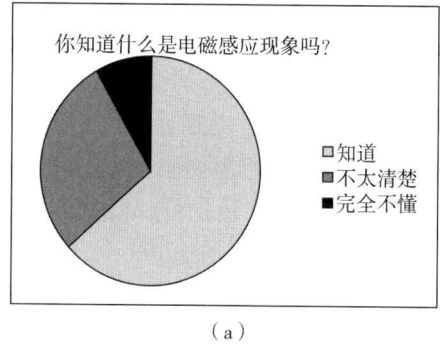

(a)

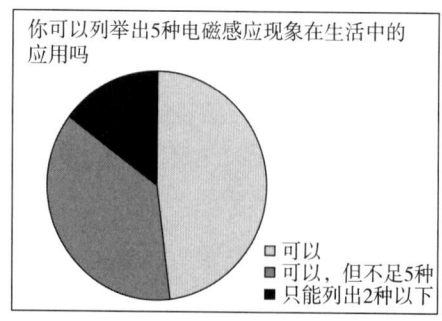

(b)

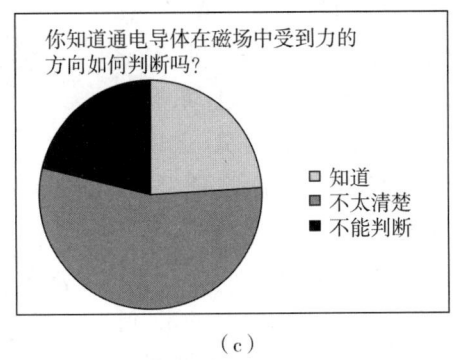

(c)

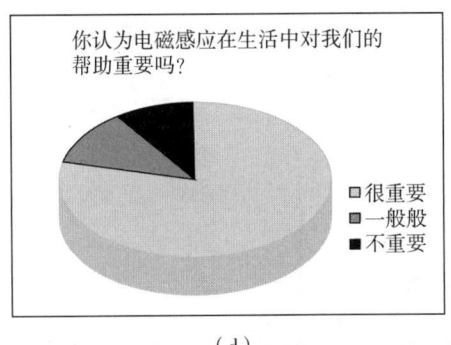

(d)

图 6-31　对电磁感应现象的认识调查问卷统计

综合表 6-10 和图 6-31 的调查问卷分析来看，大多数同学对物理研究是有兴趣的，并认为要将实验探究和理论学习结合起来，并且许多同学也已经知道了电磁感应在我们生活中有广泛应用，能举出几个生活中的实例，但是大多数同学还不能准确地阐明电磁感应的原理。对此，课题组决定就以生活中应用比较广泛的电动机（小马达）为主要研究对象，对其展开理论分析和实验制作。

（三）实验设计与原理分析

1. 直流电动机设计原理

（1）安培力的作用。

安培力的方向：前面研究中我们了解到，磁场对通电导线会有力的作用，这个力叫安培力。如图 6-32 所示，安培力方向的判断遵循左手定则，即左手手掌张开，大拇指和 4 根手指垂直，让磁感线垂直穿入手心，大拇指所指的方向就是导线所受到的安培力的方向。

安培力的大小:查阅资料,询问老师之后,我们得到了安培力的公式 $F_安=BIL$,其中 B 指磁感应强度,I 指通过导线的电流,L 指导线处于磁场中的有效长度。这也就说明,磁场强度越大,电流越大,导线的有效长度越长,导线所受到的安培力就越大。

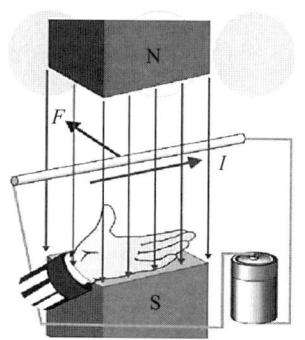

图 6-32　左手定则

(2)直流电动机的工作原理。

①直流电动机的结构组成:如图 6-33 所示,直流发电机主要由电源、定子、转子等部件组成。简单地说,定子是电动机中固定不动的部分,转子是电动机中旋转的部分。定子的主要作用是产生磁场,转子可以实现能量转化。[37]

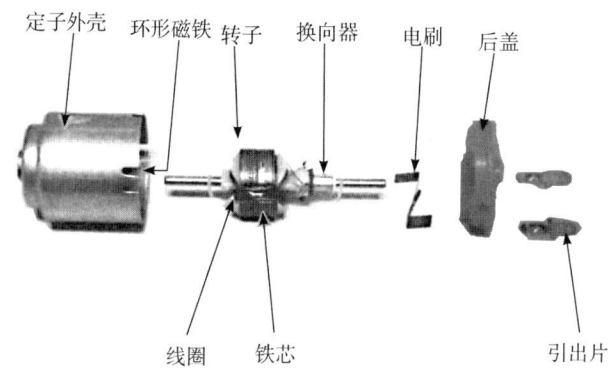

图 6-33　直流电动机的结构

②直流电动机的工作原理:如图 6-34(a)所示,给线圈通电,电流流向为 $a{\rightarrow}b{\rightarrow}c{\rightarrow}d$,磁场方向是由右向左,根据左手定则,$ab$ 段导线所受到的安培力方向为竖直向上,同理可判断 cd 段导线受到向下的安培力,两个力的力矩使得线圈顺时针转动起来。如图 6-34(b)所示,线圈转过 1/4 个周期之后,来到竖直位置上,此时换向器与电刷脱离,线圈依靠惯性继续旋转。如图 6-34(c)所示,线圈转过竖直位置后,换向器与电刷再次接触,线圈中电流方向与最开始的方向相反,电流方向变为 $d{\rightarrow}c{\rightarrow}b{\rightarrow}a$,由左手定则,$cd$ 段所受安培力方向向上,ab 段则反之,这样线圈又可以继续做顺时针转动。如图 6-34(d)所示,经过 3/4 个周期之后,线圈再次来到竖直位置,线圈中的电流即将再次反向,重复进行,持续转动,提供稳定而持续的

输出。

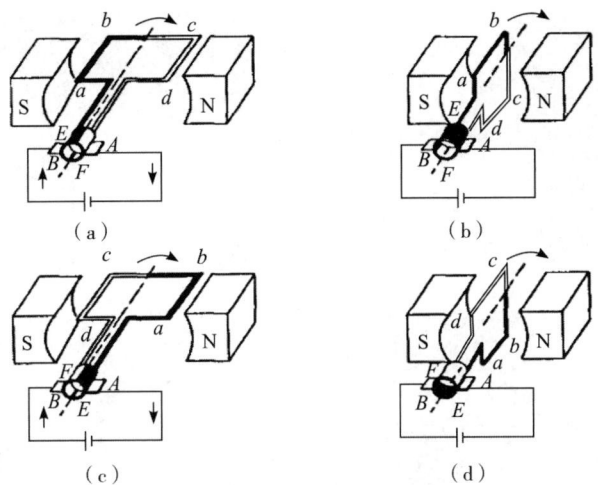

图 6-34 直流电动机的工作原理

2. 直流电动机制作过程

(1)制作常规直流电动机。

在查阅了相关资料以及向老师咨询过后,几位同学开始了直流电动机的制作。

首先,要准备的材料有:一个 1.5 V 的电池、1 米左右长度的漆包线、两个回形针、胶带以及一块磁性较强的磁铁。接着,利用电磁感应知识开始制作常规直流电动机,制作步骤如图 6-35 所示。[70]

①将漆包线绕着电池绕 10~15 圈,从电池上取下绕好的漆包线圈,如图 6-35(a)所示。

②沿着线圈的直径给线圈打结固定,如图 6-35(b)所示。

③接着是刮掉线圈的绝缘皮,开始由于疏忽,将两侧绝缘漆均刮去,导致最后线圈转不起来。后来经过讨论,发现我们自制的电动机没有换向器,因此不能全部刮去,第二次我们将一侧的绝缘漆全部刮去,另一侧只刮一半,如图 6-35(c)所示。

④按照图 6-35(d)所示方式组装各个器件,将两个回形针用胶带分别粘在电池两侧,将磁铁也粘在电池上。

⑤将漆包线圈重新装入回形针中,可以看到线圈很快转动起来,如图 6-35(e)所示。

⑥再改变磁场的方向,可以观察到线圈的转动方向发生了变化,如图

6-35(f)所示。

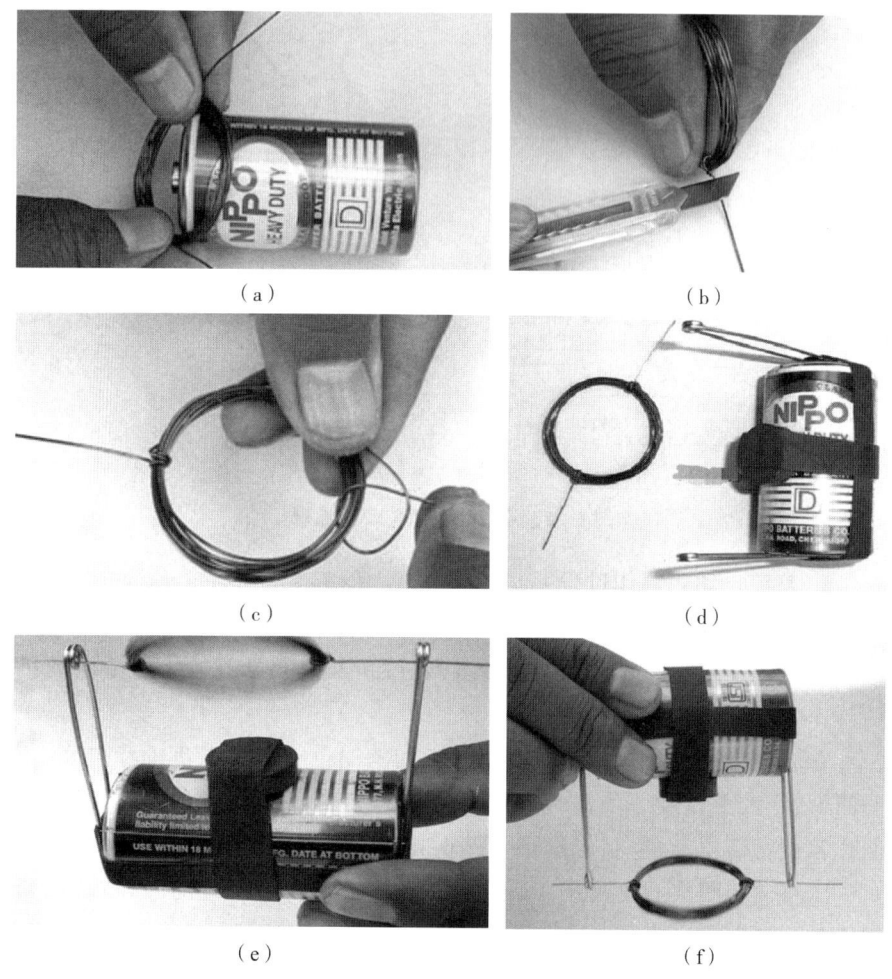

图 6-35　制作常规直流电动机

(2)制作无需磁铁的直流电动机。

直流电动机是利用通电导体在磁场中受到安培力而制作的,在实验过程中,有同学提出不用磁铁能不能做出直流电动机。经过讨论之后,我们一致认为可以用线圈来代替磁铁,即使用电磁铁来代替磁铁。图 6-36 所示是其工作原理图[70],制作步骤如图 6-37 所示。

①找了一大一小两个药瓶,来绕制线圈,如图 6-37(a)所示。

②小线圈绕了 20 圈,大线圈绕了 50 圈。因为这里电磁铁的磁性比它要替代的磁铁弱,所以线圈要多绕几圈,以便增大成功概率,完成的小线圈

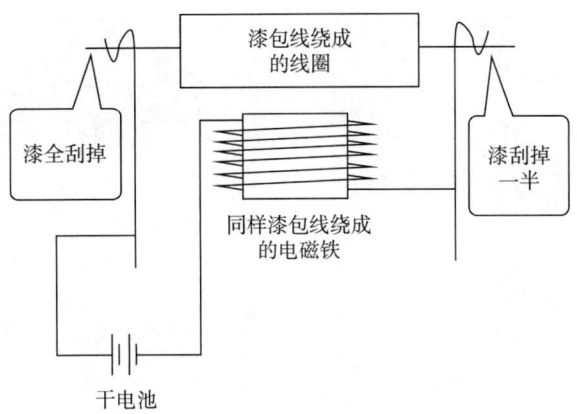

图 6-36　无需磁铁的直流电动机原理图

要能够放进大线圈里,如图 6-37(b)所示。

③大线圈两端线头上的漆全部用壁纸刀刮掉,有了上次的经验,我们把小线圈一端全刮掉,另一端只刮掉一半,如图 6-37(c)所示。

④用铜丝制作支架,支架用图钉固定在木板上,之间的宽度刚好能放下大线圈,如图 6-37(d)所示。

⑤支架完成了,小线圈放在支架上面,大线圈下面垫点泡沫,刚好放在小线圈下面,如图 6-37(e)所示。

⑥下面开始连接电路,大线圈一头与同侧金属支架接通,另一头伸出来留着接电源,如图 6-37(f)所示。

⑦把小线圈放到支架上,调节支架的高度和角度,使得小线圈能够非常灵活地转动,且尽量接近大线圈,如图 6-37(g)所示。因为下面的大线圈起电磁铁的作用,越接近其圆心,磁场越强,所以小线圈要求能够在大线圈里面转动最好。

⑧将大线圈引出线接电源的一极,同侧的金属支架接电源的另一极。轻轻转动小线圈,给它一个初始的动能,就能看到小线圈越转越快,这样不用磁铁的直流电动机模型制作成功了,如图 6-37(h)所示。

(四) 结　语

经过实验,我们弄清楚了直流电动机的原理,了产生感应电流的条件。实验结果表明:通电流的导体在磁场中会受到磁场力的作用,会在磁场中转动,不断切割磁感线,产生感应电动势,体验到了物理的魅力。在此过程中,我们提高了动手能力与实验技能,感受到

体悟物理：高中物理专题研究性学习

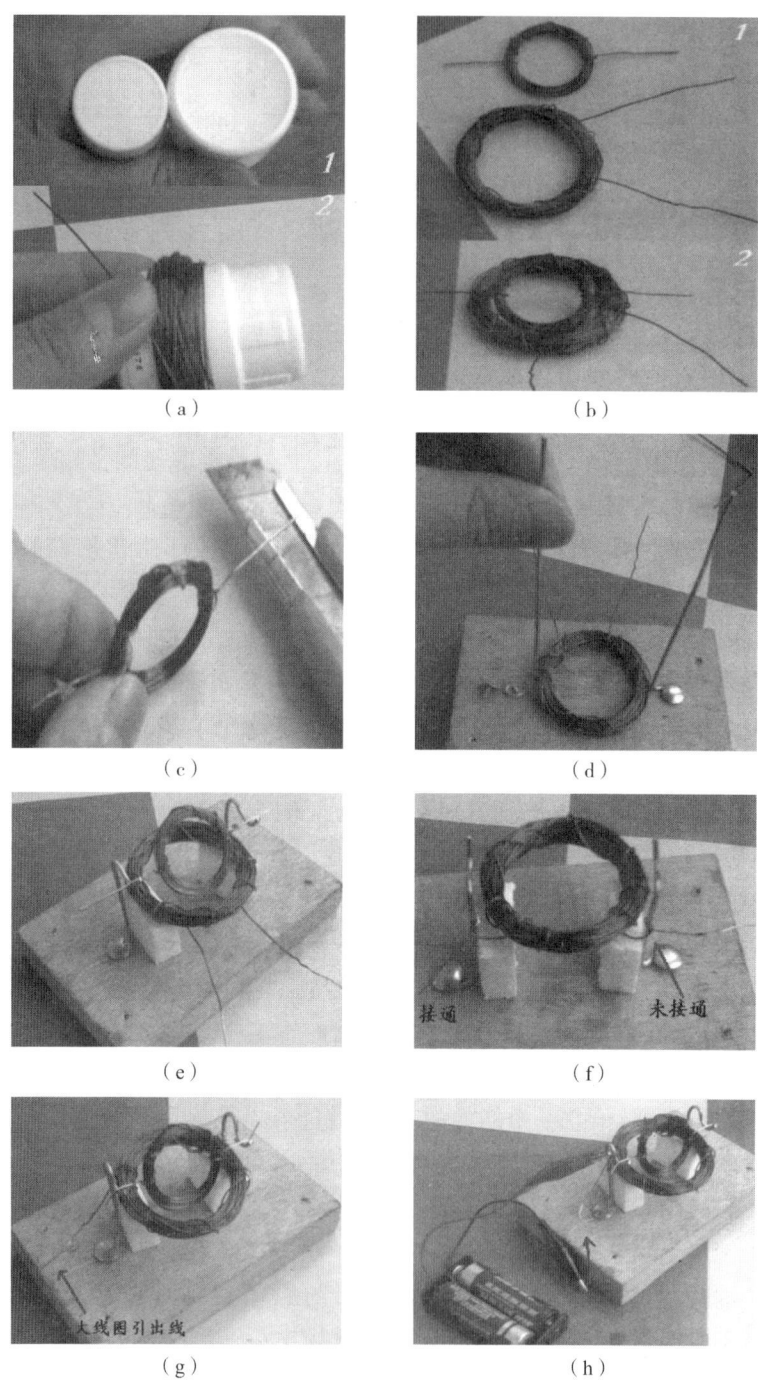

图 6-37　制作无需磁铁的直流电动机

刻领会所学的知识与实验的难度是成正比的,只有把课本上的知识理解透彻,才有做实验的基础。

附录

《电磁感应现象了解程度》调查问卷

各位同学:

你们好!电磁感应现象看似陌生,实则广泛运用于生活中,像摩托车马达、汽车电动机中都有它们的身影。为了更加了解您对生活中电磁感应现象的认识,特做了此份问卷。您的真诚回答就是对我们最大的支持与帮助,就是我们最大的收获!谢谢!

1. 你认为物理是以实验为主的学科还是以理论为主的科学?( )
    A. 实验　　　　　B. 理论　　　　　C. 两者并重
2. 你对物理实验是否有兴趣?( )
    A. 是　　　　　　B. 否　　　　　　C. 没有明显感觉
3. 你会对生活中物理现象产生兴趣并探究原理吗?( )
    A. 会　　　　　　B. 不会　　　　　C. 不太在意
4. 你知道什么是电磁感应现象吗?( )
    A. 知道　　　　　B. 不太了解　　　C. 完全不懂
5. 你知道是谁发现了电磁感应现象吗?( )
    A. 知道　　　　　B. 听说过　　　　C. 不知道
6. 你可以列举出5种电磁感应现象在生活中的应用吗?( )
    A. 可以　　　　　B. 可以,但不足5种
    C. 只能列出2种及以下
7. 你知道通电导体在磁场中受到力的方向如何判断吗?( )
    A. 知道　　　　　B. 不太清楚　　　C. 不知道
8. 你知道电磁感应有哪两种情况吗?( )
    A. 知道　　　　　B. 只知道一种　　C. 两种都不知道
9. 你认为电磁感应在生活中对我们的帮助重要吗?( )
    A. 很重要　　　　B. 一般般　　　　C. 不重要
10. 你对利用电磁感应现象制作小作品是否有兴趣?
    A. 充满热情　　　B. 比较有兴趣　　C. 没兴趣

再次感谢您为我们填写此份问卷!

三明一中"电磁感应现象在生活中的应用"研究性学习课题组
2019-2-10

问卷调查结果:

	1	2	3	4	5	6	7	8	9	10
A	5	42	35	38	29	22	15	19	45	36
B	7	10	19	17	22	29	32	17	7	20
C	48	8	6	5	9	9	13	24	8	4

第三节 讨论及展望

在高中物理专题研究性学习的探究活动中,学生经历了新颖的上课形式和以往不同的评价方式,而任课教师经历了学习、探索的过程,体验了和学生一起做一件事的辛苦和快乐。经过近10年的探索与实践,"高中物理专题研究性学习"这门课程已经逐渐成熟,但是也有一些问题需要得到进一步讨论,为今后课程的推广实施提供参考。

一、本课程研究的内容与方法

本项目研究在高中各年级分别选取两位物理教师任教的两个班级学生作为被试,其任教的另外两个班级作为对照。拟解决以下问题:①开发高中物理教学中开展专题研究性学习的内容;②研究如何指导高中学生开展物理专题研究性学习的实践;③构建高中物理专题研究性学习活动的初步评价模式。本研究需要突破的重点:高中物理专题研究性学习教学实施策略的研究。本研究需要突破的难点:①高中物理研究性学习与物理课堂教学如何整合;②高中物理研究性学习教学实施过程如何设计;③高中物理研究性学习评价模式如何建构。本研究的内容具体由以下四大部分组成：

第一部分：学科研究性学习专题探究问题研究述评。系统梳理和总结研究性学习的产生背景、核心概念界定与辨析、理论基础、我国专题研究性学习开展现状及研究文献述评等，并且归纳出已有研究存在的问题及未来的研究方向，从而为下一步的研究提供理论上的铺垫与指导。

第二部分：高中物理专题研究性学习选题内容开发的研究。以每个年级选取的两个班级学生作为被试，以"高中物理研究性学习的实施策略研究"等3套调查问卷为工具，考查学生对物理研究性学习课题的疑惑点和兴趣点，为选题内容开发的进一步研究提供基础性数据。在此基础上，通过高中物理课程标准的研读明确选题内容开发原则，通过高中各年级学生的思维发展目标定位及身心发展特点的研究，设计出若干种主要类型的专题研究性学习课题，同时，对学生如何选择有价值的专题研究性学习课题做出指导。

第三部分：高中物理专题研究性学习教学策略设计的研究。仍然以每个年级选取的两个班级学生作为被试，通过研究和反思专题研究性学习的实施过程，概括出高中物理专题研究性学习的实施模式与流程。采用实验组、对照组前后测实验设计，运用行动研究法、实验研究法和对比研究法等方法通过若干个典型案例的深入剖析，对专题探究活动与高中物理概念教学、规律教学、实验教学、习题教学以及科技活动有机融合的教学策略进行为期两年的整合性教育干预实验研究，同时以教学实验样本（以高二学生为例，实验组112人，对照组108人）的学习水平与考试成绩前后测比较实验作为干预效果的评估工具，以考察专题研究性学习教学策略对提升物理课堂教学效果的有效性。同时，开发出若干个专题探究与课堂教学深度融合的可操作性、可复制性的典型教学案例以及较成功的研究性学习案例。

第四部分：高中物理专题研究性学习评价模式构建的研究。教师的评价是学生赖以感受成长的喜悦、烦恼或挫折的主要参照物。本部分的研究通过研究性学习研究文献的研读和专题研究性活动的指导实践，对高中物理专题研究性学习的评价原则、评价内容以及评价方式进行探索，特别要关注评价应贯穿于研究性学习的内容选题、方案设计、实施过程、成果表达的全过程，研究如何通过评价量表的科学设计实现对研究性学习开题、中期和结题3个环节进行比较客观公正的评价。

研究方法：本项目的研究采取了行动研究法、调查研究法、实验研究法、对比研究法和文献研究法等。设计策略突出体现"前测—实施—后测—总结—完善"5 环节,遵循实践性、整合性等原则。

数据分析:主要运用 Excel 工作表、智学网等考试数据统计软件,以及作图法、表格法、计算法、对比法等数据分析方法,对社会调查、问卷调查以及教育干预前后测实验中得到的数据进行系统分析,从而具体研究考察专题研究性学习实施策略对提升高中物理课堂教学效果的有效性。

二、本课程研究的教育启示与建议

本研究对促进学生自主探究能力发展和提高物理专题研究性学习实施策略的实效性具有重要的启示意义。本研究实施策略的有效运用,有利于将"接受—理解—巩固—解题"的教学模式转变为"参与—体验—内化—外延"的新型教学模式。本研究能够获得的教育启示有以下"五要":

一要科学定位研究性学习。不仅将其作为重要的学习方式,更重要的是为研究性学习充分开展而设立的相对独立的、有计划的课程,由国家统一规定、学校自主开发、全体学生都要修习的课程。我国目前只在高中明确为一门课程,将来应延伸到整个基础教育阶段甚至大学及其他阶段。另外,要把"研究性学习"作为学习方式、课程、教学方式的有机整体进行研究[72]。课程是载体,需要生成;教学方式的转变是根本;学习方式借助课程和教学方式培养形成,同时突出个别化。所以,研究性学习只有纳入教学活动的全过程,才会发挥其作用,才更有意义。

二要有政策保障。作为学校主体性课程开发,在实施中难免会遇到各种困难和阻碍,各国都应予以积极的政策导向和制度保障。例如,日本将"综合学习时间"写进 2002 年起实施的课程计划,把研究性课程法制化;法国拨款 5000 万法郎优先用于高中教师培训,并与总督学局、国家教育资料中心等联合建立网站,国家在开辟校外和网上资源方面都提供了政策和制度上的支持。

三要明确目标价值取向。研究性学习的共同目标在于通过学生自主、探究、合作的"有指导的实践""多样化途径""综合学习时间"等来提升学生的学习态度、学习兴趣、创造力、实践力、认识力以及生存能力,促进学生的主体发展。明确目标,并自然会确立为正确的支撑理念,但需要我们谨防错位,不能以目标的最终实现来衡量研究性学习的学习效果,否则就容易导致急功近利,变成课外搞研究性学习,课堂内进行升学率的学科教学,使研究性学习课程流于形式。[70]

四要注重开发课程资源。从校园、社区、社会等方面进行课程开发,学校要有较大自主权,尤其要重视信息网络技术对研究性学习的支持。例如,美国微软公司的网络研究性课程,圣地亚哥州立大学创建的在线课程计划,法国的专门发布 TPE 信息和有关经验的网站等,既丰富了课程资源,又提供了快捷便利的多向交互的信息通道,拓展了研究性课程的开发与实施的时间和空间。

五要"适时、适量、适当"开展研究性学习。高中物理课程并非所有内容都适合采用"专题探究"的方式去教学和学习,不能搞"一刀切",专题研究性学习活动的实施必须根据实际情况适时、适量、适当开展,必须注意与其他教学方式、教学方法的综合运用。

三、本课程研究的局限性与未来研究展望

"高中物理专题研究性学习"课程资源建设项目及相关课题的研究实施以来,我们清醒认识到研究中尚存在许多不足及有待改进之处,这也是项目组后续所面临的值得继续探索与实践的重点问题之所在:

一是项目研究结果可能会存在一定的地域学情的差异性和局限性。由于条件的限制,本研究的被试对象主要局限于本校和本地区。后续研究还可在全国多个地区大样本广泛施测,甚至对被试对象的大学学习能力做追踪检验,从而进一步验证和推广本项目的结果。

二是学生实验探究活动与教学预期任务之间的矛盾还需进一步解决。由于考虑到教学进度,往往无法保证有足够的时间开展专题研究性学习的探究实践活动,解决这一问题的关键仍然是需要广大教师认真备好每一堂课,对实验探究的各个环节的预设尽量做到精细化。

三是跨领域与跨学科的专题研究性学习的实施策略还需进一步研究。今后该项目还可以继续探索如何将专题探究活动与学科竞赛课程、校本选修课程以及化学、生物等学科有机地结合起来,努力使这一实施策略能复制到更多课型的教学中去,使之适合更多不同层次学校的教学需求。

四是如何将课程实施成果从校内延伸至校外还需要进一步思考。学生历经了一个周期对选题进行研究,撰写出来的小论文和制作出来的小制作作品,可以在适当的时候在居民区、其他学校进行科普宣传,学生会感到自己做的事情很有意义,从而增强社会责任感。

总之,研究性学习课程的最终目的是要培养学生"关注科学、热爱科

学、传播科学"的能力和素养,提高学生的社会责任感[71],因此我们不仅要在校内优化课程、改进教学,更要致力于将研究性学习课程推广到更多学校。"高中物理专题研究性学习"课程的实施方案主要是以三明一中现有的条件为背景设计的,建议其他学校可以根据自己学校的情况和条件做适当的调整和改进。也希望通过我们所做的尝试与努力,将来能有越来越多的学校开设这样的科学课程,使专题探究活动能够更好地服务于课堂的主体教学,能够进一步促进学校的学科教学质量的提升。

参考文献

[1]中华人民共和国教育部.普通高中物理课程标准(2017年版)[S].北京:人民教育出版社,2018.

[2]罗翀.高中物理专题探究的实施策略与案例分析[J].中学物理教学参考,2017(10):43-47.

[3]罗翀.进阶式物理建模教学的设计与实施[J].教学与管理,2019(12):71-72.

[4]王俊鹏.强化探究 体悟思想 渗透人文[J].江苏教育,2016(9):74-76.

[5]林崇德.21世纪学生发展核心素养研究[M].北京:北京师范大学出版社,2016.

[6]叶澜.教育学原理[M].北京:人民教育出版社,2007.

[7]邢红军.物理教学论[M].北京:北京大学出版社,2015:148.

[8]里德利.自主课堂[M].沈湘秦,译.北京:中国轻工业出版社,2001.

[9]马克思,恩格斯.马克思恩格斯选集第2卷[M].中共中央马克思恩格斯列宁斯大林著作编译局,编译.北京:人民出版社,1995.

[10]昆兹曼,布卡特,魏德曼.哲学百科[M].黄添盛,译.南宁:广西人民出版社,2011.

[11]刘炳昇.科技活动创新教育原理与设计[M].南京:南京师范大学出版社,1999.

[12]温·哈伦.科学教育的原则和大概念[M].韦钰,译.北京:科学普及出版社,2011:2-61.

[13]蔡铁权,钱旭鸯,陈丽华.教学设计:基于学习环境的教和学[M].杭州:浙江教育出版社,2010.

[14]余文森,吴刚平.新课程的深化与反思[M].北京:首都师范大学出版社,2004.

[15]朱建廉.新课程高中教师手册·物理[M].南京:南京大学出版社,2012.

[16]黄志高,郑卫峰,赖恒.大学物理实验[M].北京:高等教育出版社,2008.

[17]郑志湖.高中物理高效课堂教学策略[M].杭州:浙江科学技术出版社,2013(11):25-267.

[18]李进,杨帆.中学物理演示实验资源开发的若干途径及其案例[J].中学物理教与学,2017(5):42-45.

[19]乔通."运动与相互作用"主题中的重要概念及其学习进阶研究[D].重庆:西南

大学,2015.

[20]贺向向.中学物理能量概念的学习进阶研究[D].延安:延安大学,2019.

[21]杨志明.打通题库建设瓶颈的关键手段——基于Rasch模型的题目参数等值技术[J].教育测量与评价,2017(1):5-11.

[22]朱正才,杨惠中,杨浩然.Rasch模型在CET考试分数等值中的应用[J].现代外语,2003(1):69-75.

[23]王孝玲.教育测量(修订版)[M].上海:华东师范大学出版社,2004.

[24]蔡旻君,曹洋洋,欧阳鑫颖.Rasch分析中Winsteps控制数据文件的生成与应用[J].教育测量与评价,2019(9):3-10,17.

[25]王教过,何传杰,张梦琴.探究式教学的有效性及其评价[J].教育理论与实践,2010(3):47-48.

[26]蔡铁权,姜旭英,胡玫著.概念转变的科学教学[M].北京:教育科学出版社,2009.

[27]NEUMANN K,VIERING T,BOONE W J,et al.Towards a learning progression of energy[J].Journal of Research in Science Teaching,2013,50(2):162-188.

[28]课程教材研究所,物理课程教材研究开发中心.普通高中课程标准实验教科书物理选修3-2[M].北京:人民教育出版社,2006.

[29]廖伯琴.普通高中课程标准实验教科书·物理(选修3-2)·教师用书[M].济南:山东科学技术出版社,2010.

[30]罗莹.物理核心素养研究:物理知识与物理观念[J].物理教师,2018,39(06):2-6.

[31]课程教材研究所,物理课程教材研究开发中心.普通高中课程标准实验教科书物理选修3-5[M].北京:人民教育出版社,2010:1-22,64-91.

[32]课程教材研究所,物理课程教材研究开发中心.普通高中课程标准实验教科书物理选修3-3[M].北京:人民教育出版社,2007:1-14,50-68.

[33]舒幼生.高中物理培优教程[M].杭州:浙江大学出版社,2007.

[34]戴国成.基于研究性实验构建物理综合实践课的探讨[J].物理教师,2015(6):41-43.

[35]齐泽维茨.物理原理与问题(上册)[M].钱振华,译.杭州:浙江教育出版社,2010.

[36]赵莹.猜想探究 自主构建——"几种常见的磁场"教学设计[J].物理教师,2015(2):27-29.

[37]廖伯琴.普通高中课程标准实验教科书(司南版)物理选修3-1·教师用书[M].3版.济南:山东科学技术出版社,2013.

[38]司南中学物理教材编写组.普通高中课程标准实验教科书(司南版)物理选修3-1[M].3版.济南:山东科学技术出版社,2010.

[39]约翰·杜威.我们怎样思维经验与教育[M].姜文闵,译.北京:人民教育出版社,1991.

[40]物理课程教材研究开发中心.普通高中课程标准实验教科书物理必修2[M].北京:人民教育出版社,2006:50-75.

[41]梁新灿.中小学思维教学的深化研究[J].课程·教材·教法,2016,36(7):33-39.

[42]范晓辉.物理竞赛教程(高二)[M].上海:华东师范大学出版社,2008.

[43]谢丽华,李卫东.试论高中物理科学方法教育的方式和实施途径[J].物理教师,2016(9):75-77.

[44]娄溥仁.物理方法的方法论意义[J].江西教育学院学刊,1981(2):33.

[45]王先健.如何在物理教学中提升学生的学科素养[J].科学咨询,2017(50):280.

[46]邢红军,张抗抗.论物理思想的教育价值及其启示[J].教育科学研究,2016(08):61-68.

[47]王元林."测定电源电动势和内阻"系统误差分析[J].教育学文摘,2016(03):28-30.

[48]张大同,范小辉等.名牌大学自主招生高效备考·物理[M].第2版.上海:华东师范大学出版社,2011:176.

[49]廖伯琴.普通高中物理课程标准(2017年版)解读[M].北京:高等教育出版社,2018.

[50]魏有莲.数学课堂中情感霸权现象及其破除[J].教学与管理,2016(8):57-59.

[51]王芳.创新设计·复习用书·物理[M].第1版.西安:陕西新华出版传媒集团,陕西人民出版社,2014:364.

[52]李兴达.一道常规题惯性思维错解分析[J].物理教师,2015(06):58-59.

[53]阎金铎,田世昆.中学物理教学概论[M].北京:高等教育出版社,1991:55-65.

[54]申洁.实践体验探究——以"物理小制作活动"为主题的综合实践活动的探索与思考[J].物理教师,2015(2):33-35.

[55]卞伯达.物理学——从高考到奥赛[M].2版.福州:福建教育出版社,2008:212-239.

[56]廖伯琴.普通高中课程标准实验教科书《物理1(必修)》[M].济南:山东科学技术出版社,2009:106-113.

[57]陈桂生.到中小学去研究教育—"教育行动研究"的尝试[M].上海:华东师范大学出版社,2000:25-42.

[58]应发宝,吴巧玲.从邮票上谈物理教学中STS教育的渗透[J].物理教师,2006,27(5):4-7.

[59]任长松.探究式学习:18条原则(上、下)[J].教育理论与实践,2002(1-2):47-50,56-59.

[60]王璐霞.物理学科科学推理能力的模型建构及测量工具探讨[D].上海:华东师范大学,2018.

[61]中华人民共和国教育部.普通高中物理课程标准(实验)[S].北京:人民教育出版

社,2003.

[62]郭玉英,张玉峰,姚建欣.物理学科能力及其表现研究[J].教育学报,2016,12(4):57-63.

[63]金芝.高中物理教学中科学探究素养培养的现状与分析[D].西安:陕西师范大学,2019.

[64]冯华.以物理观念统领物理教学[J].课程.教材.教法,2014,34(8):70-73,85.

[65]廖伯琴.普通高中课程标准实验教科书《必修2教师用书》[M].济南:山东科学技术出版社.2009.

[66]沈晨.更高更妙的物理:冲刺全国高中物理竞赛[M].杭州:浙江大学出版社,2008.

[67]高天一.浅析数学方法在高中物理竞赛解题中的巧妙应用[J].课程教育研究,2016(36):152.

[68]钟小平.高中物理竞赛解题方法[M].杭州:浙江大学出版社,2007.

[69]罗翀.关于物理实验教学中渗透STS教育的几点思考[J].物理教学探讨,2013(10):13-15.

[70]赵力红.低成本 高智慧 深探究(二)低成本实验在物理教学中的开发与运用[J].教学仪器与实验,2006(3):12-15.

[71]罗翀.中学物理教育中课题探究教学的实践与思考[J].福建基础教育研究,2015(5):58-59.

跋
让教学变成研究

  物理教学在培养学生科学素养的教育中具有独特的魅力和价值,物理教师要回归物理教学本原,深入研究并充分挖掘物理学科的教育教学价值,激发学生对物理科学的热爱,启发学生掌握良好的科学思维方法,培养学生的探究精神以及创新能力,实现促进学生主动并个性化发展的目标价值。

  教学研究过程首先是一个教育者学习并自我提升的过程。在此过程中,教师对教学本质的认知能力、教育理论水平和学科综合素养都将得到有效提高。同时,教学研究过程也是在具体教学情境下,创造性地应用教学规律不断总结归纳有效教学策略的探索过程,从而有力促成教师教学风格的形成与完善。

  新课程倡导自主科学探究,强调学生自己动手实践。如何通过物理探究学习来促进学生自主探究能力的培养,如何将专题探究教学与物理课堂教学深度融合起来,是很值得我们思考的重要课题。为此,"让教学变成研究"已经成为三明一中物理组乃至全校教师教育教学实践中一直努力的目标方向。多年来,在各级教科研部门的关心指导下,我们"高中物理专题研究性学习"课程资源建设团队克服诸多困难,努力探索实践,在物理专题探究教学的研究上有了一定的认识与收获,不但有利于团队成员的专业化成长,而且推动了学校课堂教学模式改革和促进物理教学质量的提高,为正在到来的新高考改革以及能更好地促进学生自主探究学习、培育学生的学科核心素养做出了有益的探索。

  我们的建设团队在课题研究过程中学习着、成长着、身体力行着,多年来用理论指导教学和课题研究,再用教学课题研究的成果验证现代教育理论。十多年来,项目组先后主持结项全国教育科学"十二五"规划2013年度教育部重点课题"促进自主探究——高中物理专题研究性学习实施策略研究"、福建省教育科学"十三五"规划2017年度常规课题"重探究,促思维——高中物理建模教学的实践与研究"等5项课题研究,这些课题研究内容螺旋提升,研究成果渐进发展,改革传统"接受—理解—巩固—解题"为"参与—体验—内化—外延"的新型教学模式。经过10年的实践应用,证明其对物理教学质量提高和拔尖学生的培养效果显著,且成果具可复制性,对省域乃至全国推广应用专题探究活动有一定的指导意义,该课题荣获2018年基础教育国家级教学成果二等奖和福建省省级特等奖。

  2017年5月,福建省"十三五"中小学名师名校长培养工程启动仪式在闽西上杭县古田举行,笔者有幸入选此批次名师培养人选,3年来得到省教育学院导师团队的悉心指导,经过不懈努力逐步凝练出自己的教学主张——体悟物理。正是以课题研究成果和教学主张思想为重要支撑,才促使我们对高中物理教学改革萌发出更多的思考。于是抛砖引玉,提笔拟做一粗浅探讨,《体悟物理:高中物理专题研究性学习》的写作初衷考虑两个关键词:体悟、专题研究性学习。拟此书名,一是突显了体悟物理这一教学主张,二是又能体现基于物理专题研究性学习来谈学生思维的进阶培养。本书以科学探究之系列课题为依托,围绕高中物理专题研究性学习的选题内容开发、教学策略设计和评价模式构建3个方面,采用前后测干预实验研究,提炼出专题探究活动与物理课堂教学之间优势互补的理论设计框架及实施策略。内容结合典型主题课例的创新教学设计,详细论述了如何将专题探究活动与高中物理概念规律教学、实验设计教学、解题方法教学以及课题探究教学等方面有机融合,提出系列教学结构模式。旨在回归物理教学本原,倡导学生要亲身经历物理知识的建构过程,在探本究源的过程中体验知识的动态生成,在学以致用的过程中领悟物理学的规律本质,努力构建进阶式的物理课堂,以彰显体悟物理这一教学主张。十分荣幸,能够邀请到正高级教师、特级教师刘若嘉老师为本书精彩作序。

  通过物理教学研究,建设团队老师在探索中得到了成长。同时通过成果汇报会、公开课讲座、送教送培下乡等形式,教学成果获得较大范围的推广应用,发挥了一定的引领示范辐射作用。当然,让我们建设团队更为欣慰的是,我们为孩子们科学意识的养成、科学思维的培育尝试做了一些基础性的研究工作。

  很高兴,《体悟物理:高中物理专题研究性学习》这本书即将与读者见面,更多的学生可以分享这份宝贵资源,更多的老师可以共同研讨,进行智慧与思维的碰撞。感谢郭春芳教授、林藩教授、于文安教授、黄志高教授、陈水源教授和翁东真校长的大力支持！感谢陈光明教授、刘若嘉正高级教师、郭少榕研究员、林立灿正高级教师的悉心指导！感谢"高中物理专题研究性学习"课程资源建设团队中廖柳清、林成、徐长兴、胡皓云、姜明姬、马国华、林良辉、林素玉、吴金泉、张绳强、廖乃平老师的辛勤付出！感谢对"高中物理专题研究性学习"课程资源建设及相关支撑课题的研究提出改进建议的每一位专家、老师！感谢陈松、柳碧莲、陈秀鸿、唐熙、丛敏、柯晓露、林冰冰、蔡晨芳、黄萍等老师的支持！感谢福建教育学院、福建师范大学物理与能源学院、三明一中物理教研组、三明一中教务处、三明一中教研室、参与课题调查和实验的所有合作校以及被试的同学们！特别要感谢福建省"十三五"中学教学名师班的各位导师和同学们的指导帮助！最后，要感谢我的夫人和女儿！

罗　翀

2020 年 12 月 29 日凌晨于三明一中